실험 논문 작성을 위한
통계학의 정석

Standard of Statistics for
Experimental Research Papers

최지범

박영사

대학원을 다니며 놀랐던 점 중 하나는 많은 연구자들이 통계에 대한 기초지식 없이 데이터를 분석하고 논문을 작성한다는 것이다. 이들은 3개의 실험군 중 두 실험군을 골라 정규성 검정(Normality test)도 없이 $t-$test를 수행하고, 선형 회귀(Linear regression)를 수행한 후 잔차(Residual)를 분석하지 않는다(만일 이런 행태가 괜찮다고 생각한다면 이 책을 정독할 필요가 있다). 이런 원시적이고 초보적인 수준의 오류는 우리 대학원에 만연해 있으며, 그런 식으로 통계를 돌려 논문을 작성하면 좋은 저널에서는 바로 게재 거부(Rejection) 결정을 내릴 것이다. 이걸 작성자 탓만 할 수 없는 게, 대학원에서는 이런 실용적인 통계 기술을 잘 가르치지 않는다. 통계학과에서 여러 수업을 개설하지만, 그런 수업은 대체로 이론적인 면에 치중되어 있다. 애당초 통계학 강사들은 실험 경험이 거의 없는 경우가 많아 수식만 설명할 뿐 현실과 동떨어진 이야기를 자주 한다. 실용 통계를 제대로 가르치기 위해서는 통계 지식을 갖출 뿐만 아니라 직접 실험을 설계, 수행하며 밤새 데이터를 모아보고, 그 데이터로 실험 논문을 작성해 발표한 경험이 있어야 한다. 이런 조건을 갖춘 강의자가 드물기에 논문 작성에 실질적으로 필요한 통계 기술을 배울 기회는 많지 않다. 통계 분석은 연구의 부수적인 부분이 아니라 핵심 요소 중 하나인데, 이를 간과하고 논문을 쓰는 것은 개탄스러운 일이다.

이런 문제의식 속에서 나는 2020년부터 생명과학부 대학원생을 대상으로 실용적인 통계 특강을 진행했다. 수업이 쉽고 친절하다는 입소문을 타면서 서울대학교 화학부와 고양 명지병원에서도 강의 요청이 들어왔다. 통계 특강을 열 때마다 지원자가 많아 모두에게 수강의 기회를 줄 수 없었다. 몇몇 타과 학생은 통계 특강을 수강하고 싶다며 절실함 가득한 메일을 보내기도 했다. 나 또한 제한된 시간에 모든 통계 이야기를 할 수 없어 아쉽기도 했다. 때문에 이런 실용 통계 기술을 더 널리 소개하고 싶어, 실험 논문 작성에 필요한 통계 기술을 한 권의 책으로 묶었다.

통계학의 철학과 기술을 최대한 알기 쉽게 전달해서, 실험 연구에 익숙한 독자가 스스로 자신의 데이터를 분석할 수 있도록 만드는 것이 이 책의 목표이다. 그 분석 결과를 논문에 어떻게 쓰는지 아는 것도 중요하다. 복잡한 수식만 앞세우는 그런 책이 아니라, 이론에도 충실하면서 내용을 알기 쉽게 전달하는 것이 이 책의 특징이라 할 수 있다. 이 책을 읽은 연구자가 자신의 데이터에 가장 알맞은 통계 검정법을 자신 있고 정확하게 사용하여 좋은 저널에 논문으로 출간하기를 희망한다.

이 교재를 검토해 여러 오류를 잡아준 서울대학교 생명과학부의 김재승에게 감사를 표한다. 이 책을 선택해 준 박영사와 정연환 선생님, 편집을 맡아준 김민조 선생님께 감사드린다. 무엇보다도 어려울 때나 즐거울 때나 늘 힘이 돼준 나의 가족에게 이 책을 바친다.

저자 최지범

CONTENTS
차 례

CHAPTER

01

통계학의 철학
The Zen of Statistics

통계학의 철학
(The Zen of Statistics)

이번 장에서는 통계학의 특징과 주요 용어의 의미를 배운다. 많은 사람들이 수학, 또는 통계학을 배우면서 용어의 엄밀한 의미를 간과하는 경우가 많다. 용어를 모호하게 알면 내용을 제대로 이해하지 못해 통계학이 어렵다고 느껴질 것이다. 통계가 어떤 철학과 논리 구조를 통해 복잡하고 불확실한 세상에서 시금석(試金石)이 되는지 알아보자.

실험 통계에 이러한 이론이 필요한지 의문을 가질 독자도 많을 것이다. 그렇지만 최소한의 이론을 이해해야 추후 실용적인 통계 검정을 익힐 때 그 개념을 직관적으로 받아들여 체득할 수 있다. 아무리 실험 연구자라도 직접 통계 분석을 수행해 논문에 녹여내기 위해서는 여기에 소개된 이론 정도는 숙지해야 한다고 생각한다. 그렇게 해야만 데이터에 맞는 통계 기법을 자신 있게 사용할 수 있으며, 오류 가능성을 최소화할 수 있다. 비록 지루하고 시간이 걸리더라도, 종이와 펜을 사용해 가며 익히기를 바란다.

1.1   확률 변수란 무엇인가

우리는 고등학교 시절 수학을 배웠다. 수학에서 다루는 대부분의 수는 상수(Constant)이다. 상수는 그 이름이 뜻하듯이 변하지 않고 일정한 수이다. 예컨대 $a = 5$로 정의되는 상수 a는 시간이 지나도 계속 5이다. 미지수도 마찬가지이다. $x^2 - 3x - 4 = 0$에서 x라는 미지수의 값을 몰라도, 그 값은 특정하게 고정되어 있다. 적어도 x를 관찰할 때마다 그 값이 변하지는 않는다. 만일 X를 주사위를 던져서 나온 값이라고 하면 어떨까? X를 관찰하면 3, 2, 4, 2, 6, 1, 1, 5, …처럼 그 값이 어느 하나로 고정되어 있지 않다. 실험을 하면서 얻는 관측값 역시 측정할 때마다 그 값이 변한다. 예컨대 가상의 신물질 TRZ 20 mg을 1 L의 물에 녹인 후 전기 전도도(Conductivity)를 잰다고 해보자. 여기서 X는 전도도의 관찰값이다. 5월 1일에 용액을 만들어 측정하고, 5월 2일에 용액을 만들어 측정하는 등 매일 새로 관찰한다면 X 역시 그 값이 고정되지 않고 변한다. X 값이 변하는 데에는 다음과 같은 원인이 있다.

(1) 실험을 아무리 정확하게 해도 본질적 무작위성(randomness)이 존재한다. 이것은 주사위를 같은 조건에서 던져도 숫자가 다르게 나오는 것과 같은 원리이다.

(2) 실험 과정에서 오차가 발생한다. 예컨대 20.00 mg의 TRZ가 아니라, 어느 날은 19.998 mg을 넣고, 어느 날은 20.003 mg을 넣을 수 있다.

(3) 전도도를 측정하는 기계 역시 약간의 오차를 생성한다. 같은 용액의 전도도를 여러 번 재면 이러한 오차가 존재한다는 것을 알 수 있다.

(4) 우리가 모르는 어떤 요소가 영향을 미친다. 예컨대 어제는 실험실 온도가 27도이지만, 오늘은 29도일 수 있다. 실험에 사용하는 물 역시 어제와 오늘의 상태가 다를 수 있다.

이와 같은 원인으로 인해 X는 고정되지 않고 매번 변한다. 그렇지만 X는 완전히 무작위적이지 않고 어떠한 분포를 따를 것으로 생각할 수 있다. 예컨대 X가 특히 자주 관찰되는 구간이 있을 것이다. 반면 X를 여러 번 구해도 어떤 구간에서는 X가 관찰되지 않을 것이다. 이처럼 어떤 분포를 따르면서 무작위적인 값을 보이는 변수를 확률 변수(Random variable, Stochastic variable)라고 부른다. 우리가 실험을 통해 관찰하는 결과값 역시 하나의 확률 변수이다. 통계학은 이러한 확률 변수를 다루기 위해 만들어진 학문이며, 우리는 통계의 기술을 사용해 실험군 간에 유의미한 차이가 있는지, 두 변수 사이에 유의미한 상관관계가 있는지 등을 파악한다.

1.2 확률밀도함수

신물질 TRZ를 넣고 매일 같은 조건에서 전도도를 측정한다고 해보자. 그렇게 몇 년간 자료를 모으면 전도도가 대략 어떤 분포를 따르는지 알 수 있다. 가장 간단한 방법은 히스토그램(Histogram, 도수 분포표)을 그려서 그 형태를 살펴보는 것이다. 히스토그램을 바탕으로 매끈한 곡선을 그려 그 넓이가 1이 되게 값을 조절하면 우리는 확률밀도함수(Probability density function)를 구할 수 있다.

연속적인 값을 갖는 확률 변수가 있다고 하자. 확률밀도함수는 이 확률 변수가 어떤 범위의 값을 얼마만큼의 확률로 가질지 보여주는 함수이다. 확률밀도함수의 x축은 확률 변수가 갖는 값이다. 그 값이 나올 확률의 밀도가 얼마나 될지를 보여주는 것이 y축이다. 확률밀도가 높을수록 그 근처의 값이 나올 확률이 높은 것은 사실이지만, 확률밀도는 확률과 동일한 개념이 아니다. 비유를 통해 살펴보자. 이리듐(Iridium)이라는 금속은 밀도가 22.56 g/cm³로 매우 높다. 그럼에도 불구하고 0.0001 cm³의 이리듐은 가볍다. 부피가 작기 때문이다. 아무리 밀도가 높아도 부피가 작다면 질량도 작다. 확률밀도함수도 마찬가지다. 이리듐의 부피에 해당하는 것은 확률 변수의 구간, 즉 x축 위에서의 범위이다. 밀도와 부피를 곱하면 질량이 되는 것처럼, 확률밀도와 확률 변수의 구간을 곱하면(적분하면) 비로소 확률을 구할 수 있다. 확률밀도가 높더라도, 구하는 구간이 짧으면 확률도 낮다.

[그림 1.1 (b)]과 같은 확률밀도함수를 구했다고 하자. 이제 새롭게 X를 관찰할 때, 그 값이 25 μS/mm에서 30 μS/mm(μS/mm는 전도도의 단위이다) 사이일 확률이

■ 그림 1.1 확률 변수의 히스토그램과 확률밀도함수

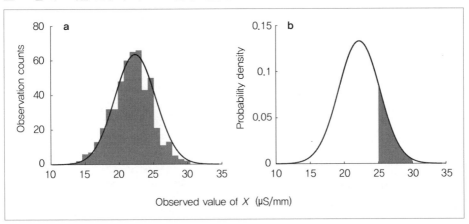

(a) 반복적인 실험을 통해 X의 분포를 관찰하면 어느 범위에서 많이 관찰되는지 알 수 있다. 이 경우, 20에서 25 사이에서 가장 많이 관찰되고, 10 이하, 35 이상에서는 X가 관찰되지 않는 것을 알 수 있다. 이 분포를 매끄럽게 만들어서 확률밀도함수를 그릴 수 있다. 검정 곡선은 히스토그램을 토대로 확률밀도함수의 개형을 피팅(Fitting)한 것이다. 확률밀도함수가 되려면 그 곡선에 적절한 값을 곱해 전체 넓이가 1이 되게 바꿔야 한다.
(b) 확률밀도함수는 해당 구간에서 X가 발견될 확률이 얼마인지를 알려주는 이론적인 곡선이다. 특정 구간에서의 넓이(그림에서는 25에서 30까지 표기)는 그 구간에서 X가 발견될 확률이다. 곡선의 전체 넓이는 1이 되어야 하므로 (a)의 y축과 (b)의 y축은 다르다.

얼마인지 예측할 수 있다. 그 확률은 확률밀도함수의 x축에서 원하는 구간의 확률밀도(y값)를 다 더한 값이다. 특정 구간에서의 y값을 더할 때 우리는 적분 기술을 사용한다.

$$P[25 \leq X \leq 30] = \int_{25}^{30} f_X(t)dt$$

여기서 $P[25 \leq X \leq 30]$는 X가 25 이상, 30 이하의 값을 보일 확률을 나타내는 표기법이다. $P[$조건$]$은 해당 조건을 만족시키는 확률을 뜻한다. f_X는 확률밀도함수이다. 적분 기호는 25부터 30까지 이 확률밀도함수의 넓이를 구한다는 것을 의미한다. 그 넓이는 [그림 1.1 (b)]의 색칠된 면적과 같으며 다른 임의의 구간에 대해서도 확률을 구할 수 있다.

X는 반드시 어떤 값을 갖는다. 때문에 $\int_{-\infty}^{\infty} f_X(t)dt = 1$이 되는 것이 자명하다. 즉, X가 마이너스 무한대에서 플러스 무한대 사이의 어떤 값을 가질 확률은 1이다. 이 때문에 확률밀도함수의 넓이는 1이 되어야 한다.

반면 적분의 성질에 의해 어떤 v를 가져오더라도 $\int_{v}^{v} f_X(t)dt = 0$이다. 이 점에 유의해 확률밀도함수에서 전도도가 정확하게(오차가 전혀 없이) 20.000000... μS/mm일 확률이 얼마일지 생각해보자. 참고로 [그림 1.1 (b)]의 확률밀도함수에서 $f_X(20) = 0.1016$이다.

이론적으로 관측값이 정확하게 오차없이 20.000000... μS/mm일 확률은 0이다. $\int_{20}^{20} f_X(t)dt = 0$이기 때문이다. 아무리 밀도가 높은 물질이라고 해도 부피가 0이면 질량도 0인 것처럼, 아무리 밀도 값이 커도 구간 길이가 0이면, 확률도 0이다.

다만 우리는 보통 유효숫자를 사용한다. 전도도가 20.00 μS/mm라고 한다면 최소 단위는 0.01 μS/mm이다. 전도도가 실제로 19.995 μS/mm에서 20.005 μS/mm 사이라면 0.01 μS/mm의 최소 단위에서 20.00 μS/mm로 읽힌다. 때문에 전도도가 20.00 μS/mm일 확률은

$$\int_{19.995}^{20.005} f_X(t)dt > 0$$

이며 그 값은 0이 아니다.

앞서 살펴본 주사위의 숫자는 연속적인 확률 변수가 아니다. 1, 2, 3, 4, 5, 6의

값만 가질 수 있기 때문이다. 반면 전기 전도도는 주사위처럼 특정 값만 갖는 것이 아니라 연속적인 값을 가질 수 있다. 확률밀도함수는 연속적인 값을 갖는 확률 변수에 대해서만 정의될 수 있다. 주사위의 경우, 확률 변수 X가 3일 확률이 1/6이라는 것을 표현하기 위해 다음과 같이 적을 수 있다.

$$P[X=3] = \frac{1}{6}$$

나머지 숫자인 1, 2, 4, 5, 6에 대해서도 마찬가지이다. 이 경우에는 확률 변수가 정확하게 3이 나올 확률을 정의할 수 있다. X가 연속적이지 않고 띄엄띄엄한 값을 갖기 때문이다.

1.3 평균과 분산

확률 변수 X를 설명할 때, 매번 그 확률밀도함수의 그래프를 보여주는 것은 효율적이지 못하다. 때문에 몇 가지 대표적인 성질을 통해 X를 기술한다. 가장 대표적인 것은 평균(Average)이다. 평균은 모든 관측값을 더한 뒤, 관측 횟수로 나눠준 값이다. 예컨대 5번의 관찰이 있다고 하면 그 평균 $\overline{X}$는 다음과 같다.

$$\overline{X} = \frac{X_1 + X_2 + X_3 + X_4 + X_5}{5} = \frac{1}{5}\sum_{i=1}^{5} X_i$$

X_i는 i번째 관찰값을 뜻한다. 예컨대 X_3는 세 번째 관찰값이다. 각 X_i는 모두 확률 변수이다. 다섯 개의 확률 변수를 모아서 나눠준 $\overline{X}$ 역시 확률 변수다. 어제 5번 실험을 해서 평균을 낸 $\overline{X}$는 오늘 같은 조건으로 5번 실험을 해서 얻은 평균 $\overline{X}$와 다를 것이다. X_i들은 어떠한 분포를 따르고, $\overline{X}$ 또한 특정 분포를 따른다. $\overline{X}$는 몇 번의 관찰로 평균을 내는지에 영향을 받는다. 방금은 5번으로 평균을 냈지만, 2번으로 평균을 낼 수도 있고 100번으로 평균을 낼 수도 있다. 많은 수의 관찰로 $\overline{X}$를 구한다면, 어제 구한 $\overline{X}$와 오늘 구한 $\overline{X}$의 값 차이는 크지 않을 것이다. 예컨대 주사위를 100번 던져서 평균을 내면 그 평균값 $\overline{X}$는 3.64나 3.21처럼 이론적 평균인 3.5와 크게 차이나지 않을 것이다. 반면 주사위를 2번 던져서 평균을 내면 $\overline{X}$는 가

끔씩 1이 될 수도, 6이 될 수도 있다. 이처럼 여러 번 관찰하고 평균을 내면 $\bar{X}$가 이론적 평균과 가까워지는 경향성을 큰 수의 법칙(The law of the large numbers)이라고 부른다.

한편 분산(Variance)은 '편차의 제곱의 기댓값'이다. 이 정의는 소리내어 외우기를 바란다. 편차(Deviation)는 관측값과 기댓값의 차이다. 참고로 Deviation에는 일탈이라는 뜻이 있기 때문에 기댓값으로부터 일탈된 정도를 편차라고 생각하면 편하다.

확률 변수 X의 기댓값은 $E[X]$라고 쓰고 'Expected value of X'라고 읽는다. X는 어떠한 이상적인 가상의 집단에서 추출한 값으로 볼 수 있다. 그 가상의 집단을 모집단(Population)이라고 부르며, $E[X]$는 다시 말해 모집단 분포의 평균이다. 모집단의 평균을 간단하게 그리스 문자 μ로 표현한다(μ는 보통 기댓값을 나타내며 뮤라고 읽는다). 모집단에 대해서는 1.11절에서 자세히 설명할 것이다.

따라서 편차는 $(X-\mu)$이며, 분산은 다음과 같다.

$$V[X] = E\big[(X-\mu)^2\big] = \sigma^2$$

$V[X]$는 X의 분산이라는 뜻이다. σ^2는 앞서 말한 모집단의 분산을 뜻한다. 간단히 말해 분산은 데이터가 평균으로부터 퍼져있는 정도를 뜻한다. 평균과 분산은 분포를 설명하는 가장 기본적인 두 성질이다. 한편 표준편차는 분산에 루트($\sqrt{\ }$)를 씌운 값이다.

$$\sigma = \sqrt{V(X)}$$

분산은 제곱의 기댓값이므로 음수일 수 없으며, 따라서 표준편차도 0 또는 양수이다. X가 항상 한 가지 값만 나오면 분산은 0이며, 표준편차도 0이다. 이 경우 X는 확률 변수가 아닌 상수이다.

9명의 학생이 있다. 이들이 시험을 봐서 성적을 받았다. 편의상 동점을 받은 학생은 없다고 하자. 9명 중에 중간인 등수는 5등이다. 따라서 5등의 점수는 평균 점수가 아닌 중간 점수라고 할 수 있다. 이와 같은 중간 등수의 값을 중앙값(Median)이라고 부른다.

중앙값에는 평균과는 다른 성질이 있다. 9명의 학생 중에서 1등의 점수가 월등히 높다고 하자. 예컨대 1등은 936점을 받았는데, 2등부터 9등이 100점에서 200점 사이를 받았다고 하자. 이 경우 평균은 240점이지만 중앙값은 이보다 훨씬 낮은 160점일 수도 있다. 즉 평균은 극단적인 값들에 영향을 크게 받지만, 중앙값은 이런 영향을 덜 받는다. 1등이 성적 클레임을 걸어 점수가 960점으로 더 올라갔다고 하자. 평균은 2.67점 상승하지만, 5등의 성적은 변함이 없으므로 중앙값은 변하지 않는다. 따라서 중앙값은 평균에 비해 극단값에 강건(Robust)하다. 강건하다는 것은 휘둘리지 않는다는 뜻이다.

중앙값은 50% 등수의 점수라고 할 수 있다. 중앙값과 더불어 상위 25% 등수의 점수와, 하위 25% 등수의 점수도 살펴볼 수 있다. 상위 25%의 값은 3사분위수(Q3, Upper quartile), 하위 25%의 값은 1사분위수(Q1, Lower quartile)라고 부른다. 다만 9명의 학생 중에서 상위 25%가 몇 등을 뜻하는지는 명확하지 않을 수 있다. 9명 중에 5등이 중간인 것은 확실하지만, 3등이 상위 25%인지는 확실치 않기 때문이다. 3등 위로 2명, 아래로 6명이 있어 3등을 25%라고 하기에는 무언가 애매하다. 이런 경우 3사분위수의 점수를 구하는 방법에는 여러 가지가 있는데, 보통 3등의 점수나, 2등과 3등의 평균값을 구한다. 데이터의 분포를 나타낼 때 이런 사분위수를 활용한 박스 플롯(Box plot)이 자주 사용된다. 박스 플롯은 상자와 수염(Whisker)으로 구성되어 있으며, 여러 관측값이 있을 때 이들의 분포를 직관적으로 보여주는 역할을 한다.

상자의 천장은 Q3, 상자의 바닥은 Q1의 위치를 나타낸다. 상자 가운데의 선은 중앙값이다. 즉 상자의 범위 안에 전체 데이터의 50%가 분포한다. Q3와 Q1의 거리, 즉 상자의 높이를 IQR(Interquartile Range)이라고 부른다. IQR은 데이터의 퍼진 정도를 나타낸다는 점에서 분산과 유사한 개념이다.

상자의 위와 아래에는 수염이 있는데 수염의 끝은 데이터의 최댓값과 최솟값을

▶ 그림 1.2 원본 데이터(Raw data)와 이에 대한 박스 플롯

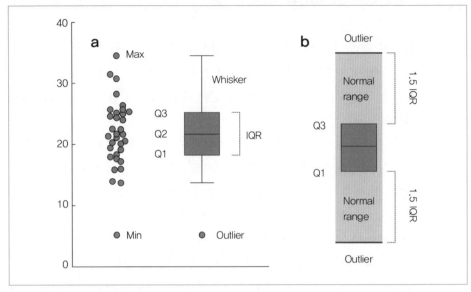

(a) 회색 점들은 관찰값이다. 점들이 겹치지 않게 양쪽으로 조금씩 퍼져서 배치되었다. 이에 대한 박스 플롯이 오른쪽에 표시되어 있다. 박스 플롯에는 상자와 수염이 있다. 상자는 Q3, 중앙값 (Q2), Q1의 위치를 알려준다. 수염의 위, 아래는 데이터의 최댓값과 최솟값을 나타낸다. 위쪽 수염의 끝은 최대치(Max라고 표시된 점)의 높이와 같다. 한편 이상치로 판단된 값은 수염 밖에 따로 점으로 표시한다. 최소치(Min으로 표시된 점)가 그런 경우이다.

(b) Q1−1.5IQR에서 Q3+1.5IQR까지는 정상 범위로 간주된다. 이 범위 밖에 있는 데이터는 이상 치로 분류된다.

나타낸다. 다만 지나치게 동떨어진 데이터는 수염의 끝으로 나타내지 않는다. 이런 값들은 이상치(Outlier)로 분류되어 따로 표시한다. 보통은 IQR을 기준으로 이상치를 판단한다. 데이터가 Q3+1.5IQR보다 크거나, Q1−1.5IQR보다 작으면 보통 이상치라고 판단해 따로 적는다[그림 1.2]. 때로는 1.5IQR이 아닌 3IQR을 기준으로 잡기도 한다.

참고로 사분위수는 Quarter에서 유래한 Quartile이라고 부르지만, 분위수를 뜻하는 Quantile이라는 단어가 따로 있다는 점에 유의하라. 사분위수는 Q1, Q2, Q3 이지만(때로는 최솟값과 최댓값을 나타내기 위해 Q0, Q4를 쓴다), 분위수는 더 많은 위치를 나타낼 수 있다. 예컨대 데이터를 균등한 10개의 구간으로 나눈 것은 10−quantile이라고 쓴다. 즉 Quartile은 4−quantile이다. 100개의 균등한 그룹으로 나는 것은 Percentile이다. 소수를 사용해서 0.33−quantile이라고 쓴다면 그보다 작

은 값이 전체의 33%가 되는 값을 칭한다. 따라서 0.25-quantile은 Q1이다.

한편 평균과 중앙값의 특징을 합친 절삭 평균(Trimmed mean)이라는 값도 있다. 예컨대 10% 절삭 평균은 상위 5% 값과 하위 5% 값을 제외한 나머지의 평균이다. 마찬가지로 50% 절삭 평균은 Q1에서 Q3에 속한 값들의 평균이다. 극단적인 값들을 제외한 평균이므로, 이상치의 영향을 덜 받는다는 장점이 있다. 절삭 평균은 올림픽 체조, 피겨스케이팅의 채점 규정에서 찾아볼 수 있다. 이런 경기에서는 여러 심사위원의 평점 중 최고점과 최저점을 제외한 점수들의 평균을 해당 선수의 점수로 삼는다. 한 심사위원이 특정 국가의 선수에게 악의적으로 극단적인 점수를 주더라도 해당 점수는 총점에 포함되지 않는다.

1.5   최빈값(Mode)과 왜도(Skewness)

확률밀도함수가 하나의 봉우리를 갖는 단봉 함수(Unimodal function)라면, 관찰값은 봉우리 근처에서 많이 관찰되고, 그 영역에서 멀어질수록 발견될 가능성이 낮아진다. 봉우리의 정상에 해당하는 관찰값을 최빈값(Mode)이라고 부른다. 히스토그램의 경우, 가장 높은 관찰 횟수를 기록한 칸이 최빈값이 된다.

단봉 함수가 아니라면, 최빈값만 가지고 데이터 분포를 판단하는 것은 정확하지 않을 수 있다. 예컨대 [그림 1.3]과 같은 데이터 분포는 봉우리가 10 근처와 20 근처에서 형성되는 쌍봉(Bimodal) 형태이다('Bi-'는 둘이란 뜻이고, 'Modal'은 최빈값을 뜻하는 Mode의 형용사이다. 따라서 Bimodal은 최빈값에 해당하는 봉우리가 2개 있다는 뜻이다). 최빈값은 10 근처이지만, 하나의 최빈값은 20 근처에도 봉우리가 있다는 것을 알려주지 않는다. 이러한 쌍봉 함수는 흔히 M자형 분포라 부른다. M이라는 모양이 두 개의 봉우리를 갖기 때문이다. 상위권과 하위권은 많으나, 중위권이 없는 학급의 점수 분포가 이런 식의 쌍봉 분포를 따를 것이다.

지금까지 데이터의 전반적인 값을 나타내기 위해 평균, 중앙값, 최빈값을 알아보았다. 만일 정규 분포처럼 대칭적인 단봉 함수라면, 평균, 중앙값, 최빈값은 거의 같다. 반면 단봉 함수라도 비대칭적이라면 이 세 값은 상당히 다르다. 또한 그 값들의 차이를 통해 데이터의 분포를 어느 정도 설명할 수 있다. 예컨대 [그림 1.4]의 분포는 대칭적이지 않다. 최빈값(정상의 위치)보다 큰 관찰값들이 많이 보인다. 이

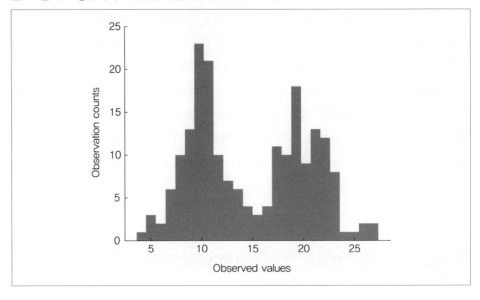

경우, 오른쪽의 꼬리가 두껍다고 말한다. 때문에 평균값은 중앙값보다 오른쪽에 위치한다. 다음과 같은 지표를 만들면 이러한 차이를 정량화할 수 있다.

$$S_k = \frac{\mu - \nu}{\sigma}$$

이 지표는 피어슨의 비대칭 계수(Pearson's coefficient of skewness)라고 불리며, 평균(μ)에서 중앙값(ν)을 뺀 뒤, 표준편차(σ)로 나눈 형태이다. 데이터가 많이 퍼지면 평균과 중앙값의 차이도 커지므로 그 효과를 상쇄하기 위해 표준편차로 나누어 준다. [그림 1.4]처럼 오른쪽 꼬리가 두껍다면 비대칭 계수는 양수이다. 오른쪽 꼬리가 두꺼운 경우 양의 왜도(Positive skew), 왼쪽 꼬리가 두꺼운 경우 음의 왜도(Negative skew)를 가진다고 말한다. 단봉 함수라면 왜도를 통해 데이터가 대략 어떤 모양인지 유추할 수 있다. 왜도는 관찰 데이터가 정규 분포를 따르는지 확인할 때 봉우리의 뾰족함을 나타내는 첨도(Kurtosis)와 함께 유용하게 사용된다. 첨도와 왜도는 8.3절에서 더 자세히 다룬다.

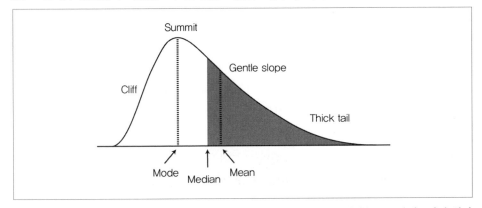
■ 그림 1.4 중앙값이 최빈값보다 큰 단봉 확률밀도함수의 예시

이 확률밀도함수는 봉우리가 하나 있는 단봉 분포를 보인다. 가장 높은 정상(Summit)의 x값이 최빈값이다. 중앙값은 좌우의 면적을 정확히 반으로 나누는 값이다. 즉 왼편의 흰색 면적과 오른편의 회색 면적은 같다. 이 확률밀도함수는 오른쪽의 꼬리가 두껍다. 즉 최빈값보다 꽤 큰 값들도 자주 관찰된다. 반면 최빈값보다 꽤 작은 값이 관찰될 확률은 더 낮다. 산으로 비유하면 왼쪽에는 절벽이, 오른쪽에는 완만한 경사가 있는 셈이다. 이 경우 평균이 최빈값보다 오른쪽에 위치하므로 왜도는 양수이다.

1.6 평균과 분산의 성질 1

5명의 성인이 있다. 각 사람의 수축기 혈압을 x_1부터 x_5라고 했을 때, 그 값은 다음 표와 같다.(단위: mmHg)

x_1	x_2	x_3	x_4	x_5
135	118	127	126	129

이들 5명 중 무작위적으로 고른 사람의 수축기 혈압을 X라고 하자. X는 확률 변수이다. X의 기댓값(평균)은 각 사람의 혈압을 모두 더한 뒤 5로 나눈 값이다.

$$E[X] = \frac{x_1 + x_2 + x_3 + x_4 + x_5}{5} = \frac{1}{5}\sum_{i=1}^{5} x_i = 127$$

따라서 X의 기댓값($E[X] = \mu$)은 127 mmHg임을 알 수 있다. 한편, 분산은 편차 $(x_i - \mu)$의 제곱의 기댓값이다.

$$V[X] = \frac{1}{5}\left((x_1 - \mu)^2 + (x_2 - \mu)^2 + (x_3 - \mu)^2 + (x_4 - \mu)^2 + (x_5 - \mu)^2\right)$$

$$= \frac{1}{5}\sum_{i=1}^{5}(x_i - \mu)^2 = 30$$

즉, 분산은 30 mmHg²이다. 여기서 단위가 mmHg²인 이유는 각 값들을 제곱하여 더하고 나누었기 때문이다. 숫자뿐만 아니라 단위 역시 제곱이 되어 계산된다. 표준편차는 분산의 (양수) 제곱근이므로 $\sigma[X] = \sqrt{30}$이며 단위는 mmHg이다.

대상이 된 5명이 혈압약을 복용했다. 이 약은 혈압을 10 mmHg 떨어뜨리는 효과가 있다. 이 경우 전체 평균은 어떻게 변할까? 약을 먹은 후, 5명 중 무작위적으로 고른 사람의 수축기 혈압을 Y라고 하자. 확률 변수 Y는 X에 10을 뺀 값이므로 $Y = X - 10$이 성립한다.

$$E[Y] = \frac{(x_1 - 10) + (x_2 - 10) + (x_3 - 10) + (x_4 - 10) + (x_5 - 10)}{5}$$

$$= \frac{x_1 + x_2 + x_3 + x_4 + x_5}{5} - 10 = E[X] - 10$$

즉, $E[Y] = E[X-10] = E[X] - 10$이 성립한다. 약을 먹은 후 혈압의 평균은 127 mmHg에서 10 mmHg가 떨어진 117 mmHg가 된다. 일반적으로 생각해서 임의의 상수 b에 대하여

$$E[X+b] = E[X] + b$$

가 성립한다.

한편 충분한 시간이 지나서 혈압이 원래대로 돌아온 후, 이들은 다른 약을 먹었다. 그 약은 혈압을 50% 상승시키는 효과가 있다. 이제 $Y = 1.5X$가 성립한다. 이 경우 평균은 어떻게 변할까?

$$E[Y] = 1.5\frac{x_1 + x_2 + x_3 + x_4 + x_5}{5} = 1.5E[X]$$

따라서 약을 먹은 후 혈압의 평균은 127 mmHg의 1.5배인 190.5 mmHg가 된다. 일반적으로 임의의 상수 a에 대하여, $E[aX] = aE[X]$가 성립한다.

방금 언급한 두 약을 거의 동시에 먹으면 어떨까? 혈압을 1.5배 상승시키는 약을

먹고, 직후에 혈압을 10 mmHg 하락시키는 약을 먹는 것이다. 그렇다면 두 약을 먹은 후의 혈압은 $Y=1.5X-10$이 된다.

$$E[Y] = \frac{(1.5x_1-10)+(1.5x_2-10)+(1.5x_3-10)+(1.5x_4-10)+(1.5x_5-10)}{5}$$

$$= 1.5E[X]-10$$

일반적으로 $E[aX+b]=aE[X]+b$가 성립한다.

한편 혈압이 10 mmHg만 상승한다면, 분산은 변하지 않는다. 약을 먹기 전의 분산은 $\frac{1}{5}\sum_{i=1}^{5}(x_i-\mu)^2$인데, 약을 먹은 후의 혈압은 x_i+10이 되고, 그때의 평균은 $\mu+10$이다. 따라서 약을 먹은 후의 분산은

$$V[Y] = V[X+10] = \frac{1}{5}\sum_{i=1}^{5}((x_i+10)-(\mu+10))^2 = \frac{1}{5}\sum_{i=1}^{5}(x_i-\mu)^2 = V[X]$$

즉, 평균만 변한다면 데이터의 퍼진 정도는 변하지 않는다.

만일 혈압이 50% 상승하면 어떻게 될까? 이 경우, 평균도 50% 상승한다. 따라서

$$V[Y] = V[1.5X] = \frac{1}{5}\sum_{i=1}^{5}(1.5x_i-1.5\mu)^2 = 1.5^2\frac{1}{5}\sum_{i=1}^{5}(x_i-\mu)^2 = 1.5^2V[X]$$

분산은 제곱한 것들의 평균이므로, 데이터가 1.5배 커지면, 분산은 1.5의 제곱인 2.25배가 커진다. 즉, 일반적으로 다음이 성립한다.

$$V[aX+b]=a^2V[X]$$

데이터가 평행하게 이동하는 것은(일정값을 더하거나 빼는 것은) 데이터의 퍼짐에 영향을 주지 않으므로 분산도 그대로이다. 반면 데이터가 모두 a배만큼 변하면, 분산은 a^2배만큼 변한다. 표준편차는 분산의 제곱근 중 양수값이다. 따라서

$$\sigma[aX+b] = \sqrt{V[aX+b]} = \sqrt{a^2V[X]} = |a|\sigma[X]$$

$aX+b$라는 확률 변수의 표준편차는 X의 표준편차에 a의 절댓값을 곱한 값이 된다. 여기서 절댓값 a가 나오는 이유는 a를 제곱한 값에 루트를 씌웠기 때문이다. 0이 아닌 a를 제곱하면 양수가 되고, 여기에 루트를 씌우면 역시 양수이다. 즉,

$\sqrt{a^2}=|a|$가 된다. 예컨대 -3을 제곱하면 9이다. 여기에 루트를 씌우면 -3이 아닌 3이 된다.

분산은 제곱한 것들의 평균이므로 당연히 0 또는 양수이고, 표준편차 역시 0 또는 양수에 루트를 씌운 것이므로 0 또는 양수이다. 분산과 표준편차 모두 퍼짐의 정도를 나타내는 값이기에 0 또는 양수가 되는 것이 자연스럽다.

예제를 한번 풀어보자. 어떠한 데이터는 평균이 10이고, 분산이 4이다. 이 데이터에 -2를 곱한 후 3을 더하면, 평균과 분산, 표준편차는 어떻게 변하는가?

데이터를 나타내는 확률 변수를 X라 하면 $E[X]=10$, $V[X]=4$, $\sigma[X]=2$이다. $E[-2X+3]=-2E[X]+3=-17$이며, $V[-2X+3]=4V[X]=16$이 성립한다. 표준편차는 $\sigma[-2X+3]=|-2|\sigma[X]=4$가 된다.

1.7 평균과 분산의 성질 2

이전 절에서는 확률 변수에 상수를 곱하거나 더했을 때의 기댓값, 분산의 변화를 살펴보았다. 이제는 서로 독립인 두 확률 변수 X와 Y가 있다고 하자(독립은 바로 다음 절에서 다룬다). 일례로 X는 한국에서 무작위 추출한 사람의 몸무게, Y는 미국에서 무작위 추출한 사람의 몸무게라고 생각할 수 있다. $E[X]=\mu_X$, $E[Y]=\mu_Y$라고 하자. 그렇다면 $E[X+Y]$는 얼마일까? 즉 한국 사람을 한 사람 고르고, 미국 사람을 한 사람 고르면, 이 두 사람 몸무게 합의 기댓값은 얼마일까? 수식으로 증명할 수도 있지만, 직관적으로도 두 사람 몸무게 합의 기댓값은 한국 사람 몸무게의 기댓값과 미국 사람 몸무게의 기댓값을 더한 값이다. 수식으로 표현하면 다음과 같다.

$$E[X+Y]=\mu_X+\mu_Y$$

그렇다면 몸무게 합의 분산은 어떨까? 우리는 분산을 편차의 제곱의 기댓값이라고 배웠다. 관찰값과 기댓값의 차이라는 편차의 정의에 따라 편차가 $X+Y-(\mu_X+\mu_Y)$라는 것을 알 수 있다. 따라서 분산은 다음과 같이 정의된다.

$$V[X+Y]=E\left[(X+Y-(\mu_X+\mu_Y))^2\right]$$

여기서 항의 순서를 약간 바꾼 후 전개를 수행할 수 있다.

$$E\left[(X+Y-(\mu_X+\mu_Y))^2\right]=E\left[(X-\mu_X+Y-\mu_Y)^2\right]$$
$$=E\left[(X-\mu_X)^2+2(X-\mu_X)(Y-\mu_Y)+(Y-\mu_Y)^2\right]$$
$$=E\left[(X-\mu_X)^2\right]+E\left[2(X-\mu_X)(Y-\mu_Y)\right]+E\left[(Y-\mu_Y)^2\right]$$
$$=V[X]+V[Y]+2E\left[(X-\mu_X)(Y-\mu_Y)\right]$$

여기서 $E[(X-\mu_X)(Y-\mu_Y)]$는 조금 뒤에 배울 X와 Y의 공분산이다. 만일 두 확률 변수가 서로 독립이라면, $E[(X-\mu_X)(Y-\mu_Y)]=0$이라는 것도 배운다. 따라서 서로 독립인 X와 Y에 대해 다음이 성립한다.

$$V[X+Y]=V[X]+V[Y] \qquad\qquad\qquad \text{수식 1.1}$$

이처럼 독립인 두 확률 변수를 더한 분포의 분산이 각 변수의 분산의 합이라는 것은 상당히 유용한 성질이다. 표준편차에 대해서는 이런 성질이 성립하지 않는다. 즉 $\sigma[X+Y]=\sigma[X]+\sigma[Y]$는 표준편차가 0이 아닌 이상 성립하지 않는다.

그렇다면 $X+Y$가 아닌 $X-Y$의 분산은 어떨까? 많은 사람들이 다음과 같이 생각할지 모른다.

$$V[X-Y]=V[X]-V[Y] \quad (?)$$

만일 X와 Y가 독립이지만 분산이 같은 확률 변수라고 해보자. 위 식이 맞을 경우 $V[X-Y]=0$이 된다. 분산이 0이라는 말은 매번 같은 값이 나온다는 뜻이다. 즉 $X-Y$는 더이상 확률 변수가 아닌 상수가 된다. 간단한 예로 X는 한 주사위를 던질 때 나온 수, Y는 다른 주사위를 던질 때 나온 수라고 하면 $X-Y$는 -5부터 5까지 다양한 수가 나올 수 있고, 따라서 분산은 절대 0이 아니다. 즉 위의 식을 사용하면 모순적인 결과가 나온다.

두 분산의 차이 역시 앞서 배운 $V[X+Y]=V[X]+V[Y]$와 $V[aX+b]=a^2V[X]$를 통해 구할 수 있다.

$$V[X-Y]=V[X+(-Y)]=V[X]+V[-Y]=V[X]+(-1)^2V[Y]=V[X]+V[Y]$$

즉, 한 확률 변수에서 다른 확률 변수를 빼도, 그 분산은 각 확률 변수의 분산의 합과 같다. 확률 변수를 더하거나 뺄수록 그 합이나 차의 범위도 넓어지기 때문에 분산도 커진다고 이해할 수 있다. 앞선 두 주사위의 예에서, 한 주사위에서 나온 값을 다른 주사위에서 나온 값으로 빼면 이론적인 기댓값은 0이지만, 나올 수 있는 수의 범위가 −5에서 5로 주사위 하나를 던질 때인 1에서 6보다 더 넓다는 것을 알 수 있다.

100 g의 미생물이 하루 동안 만든 액체 물질을 매스 실린더에 넣고 그 부피를 측정한다고 해보자. 부피를 측정하는 과정에서 실험자는 값을 반올림하거나, 숫자를 잘못 읽어서 어느 정도의 측정 오차를 발생시킨다. 그러한 오차는 기댓값이 0이지만 어느 정도의 분산을 가진다. 미생물이 만든 액체 물질을 확률 변수 T라고 쓰자. T의 평균은 μ이고 분산이 σ^2이다. 한편 오차에 의한 확률 변수는 R이며, 평균은 0이지만 분산이 ε^2이다. 우리가 '측정한' 액체 물질의 부피는 실제 액체 물질의 부피에 오차를 더한 값이다. 그 평균과 분산은 다음과 같다.

$$E[T+R] = \mu$$
$$V[T+R] = \sigma^2 + \varepsilon^2$$

즉, 기댓값이 0인 오차는 측정치의 평균을 변화시키지는 않지만, 그 분산을 늘리는 효과가 있다. 분산이 크면 일반적으로 통계 분석이 어려워진다.

이번에는 여러 번 관찰한 값의 기댓값을 구해보자. 한국 사람들 중 무작위로 4명을 추출해 그 몸무게의 평균을 구한다고 하자. 이처럼 동질적인 집단에서 임의로 추출한(관찰한) 값들의 집단을 표본(Sample)이라 부른다. i번째로 뽑은 사람의 몸무게를 X_i라고 한다면, 집단의 크기가 충분히 크기 때문에 X_1, X_2, X_3, X_4 모두 같은 확률밀도함수를 따르며 이들은 독립이다. 즉, 각 X_i의 기댓값은 모두 μ로 같으며, 분산도 σ^2라고 하자. 이처럼 같은 확률 분포를 따르지만, 서로 독립인 분포들을 독립항등분포(Independent and identical distribution)라고 부르며, 영어의 앞 글자를 따서 iid라고도 쓴다. X_i들의 평균을 $\overline{X}$라고 하자. 즉 $\overline{X}$는 표본의 평균이다. 지금까지 배운 성질들을 이용하면

$$E[\overline{X}] = E\left[\frac{1}{4}(X_1 + X_2 + X_3 + X_4)\right] = \frac{1}{4}E[X_1 + X_2 + X_3 + X_4]$$
$$= \frac{1}{4}(E[X_1] + E[X_2] + E[X_3] + E[X_4]) = \frac{4\mu}{4} = \mu$$

라는 것을 알 수 있다. 즉, 독립항등분포를 따르는 확률 변수의 평균의 기댓값은 각 확률 변수의 기댓값과 같다.

그렇다면 $\overline{X}$의 분산은 어떨까?

$$V[\overline{X}] = V\left[\frac{1}{4}(X_1 + X_2 + X_3 + X_4)\right] = \frac{1}{4^2}V[X_1 + X_2 + X_3 + X_4] = \frac{4\sigma^2}{4^2} = \frac{1}{4}\sigma^2$$

즉, n개의 데이터로 표본평균($\overline{X}$)의 분산을 구하면 그 분산은 각 데이터의 분산($V[X_i]$)보다 $1/n$배만큼 감소한다. 분산이 작다는 것은 기댓값과 가까워진다는 뜻이다. 다시 말해 여러 데이터를 통해 표본평균을 구하면 이론적 평균인 기댓값 μ와 가까울 확률이 높다. 예를 들어서 주사위를 3번 던져서 평균을 구하면 기댓값인 3.5에서 멀리 떨어져 있을 확률이 높다. 심지어 약 1%의 확률로 표본평균은 극단치인 1 또는 6이 될 수 있다. 주사위를 100번 던져서 표본평균을 구하면 그 평균은 3.5에 매우 가깝고, 극단치가 나올 확률은 0에 가깝다. 즉 표본이 커질수록 표본평균이 기댓값에 가깝기 때문에 표본평균의 분산이 작아진다. 이것이 1.3절에서 말한 큰 수의 법칙(The law of large numbers)이다.

실험 논문에서 데이터의 퍼진 정도를 나타낼 때 보통 표준편차(SD, standard deviation)나 표준오차(SEM, standard error of the mean)를 자주 사용한다. 표준편차는 앞서 살펴본 것처럼 각 관측치(X_i)가 얼마나 퍼져있는지를 알려준다. 반면 표준오차는 각 관측치가 아닌 표본평균($\overline{X}$)의 표준편차를 뜻한다. 즉 $\overline{X}$를 여러 번 측정한다면, 그 분산이 어떻게 될지를 예측하는 것이다. 특정 조건을 만족하는 실험 결과 전체가 하나의 $\overline{X}$므로 일반적인 실험에서 $\overline{X}$는 단 한 번만 측정한다.

표본평균의 분산은 방금 살펴본 것처럼 각 데이터의 분산의 $1/n$배이므로 그 표준편차는 $1/\sqrt{n}$ 배이다. 즉, 표준편차는 기댓값이 σ지만, 표준오차는 기댓값이 $\frac{\sigma}{\sqrt{n}}$이다. 따라서 표준오차의 값은 무조건 표준편차보다 작다. 이러한 표준오차는 추후에 설명할 신뢰 구간을 구하는 데 유용하게 사용된다.

데이터의 변동을 작게 말하고 싶을 때는 표준편차가 아닌 표준오차가 사용된다. 예컨대 10번 측정해서 구한 호르몬 농도의 평균이 4.5, 표준편차가 1.3이라고 해보자. 논문에서는 "The average hormone level of patients were 4.5 (± 1.3)."라고 작성될 것이다. 만일 표준편차가 아닌 표준오차를 사용하면 4.5 (± 0.41)라고 쓸 수 있다. 이 경우 데이터가 더 정확한 것 같은 인상을 준다. 표준편차를 쓸지, 표준오차를 쓸지는 논문 작성자가 결정할 일이지만, 데이터 자체의 성질을 말하고 싶을 때에는 표준편차를 사용하고, 그룹 간 비교가 주 목적이라면 신뢰 구간에 활용되는 표준오차를 사용하는 것이 바람직하다. 그래프에서 오차 막대(Error bar)를 그릴 때에도 마찬가지다. 다만 표준편차를 썼는지, 표준오차를 썼는지는 반드시 명시해야 하며, 표준오차를 쓸 경우 n 수를 명시하는 것이 좋다. 오류를 작아 보이게 하려고 무조건 표준오차를 쓰는 것은 지양해야 한다. 표준편차와 표준오차를 비교한 Cumming et al. (2007), Altman & Bland (2005)의 분석을 살펴보는 것도 좋다.

📖 참고문헌

• Altman, D. G., & Bland, J. M. (2005). Standard deviations and standard errors. *Bmj, 331*(7521), 903.
• Cumming, G., Fidler, F., & Vaux, D. L. (2007). Error bars in experimental biology. *The Journal of cell biology, 177*(1), 7–11.

1.8 확률 변수의 독립성

두 확률 변수가 있다. 각 변수를 X와 Y라고 하자. 여기서 가장 먼저 확인해야 할 것은 두 변수가 서로 독립(Independent)인지 여부이다. 독립은 영향을 받지 않는다는 뜻이다. X가 큰 값이 나오면, Y 역시 큰 값이 나올 확률이 높아진다고 해보자. X가 한 사람의 키, Y가 그 사람의 몸무게라면, 두 확률 변수는 독립이 아니다. 몸무게가 많이 나가는 사람은 키가 클 확률도 높기 때문이다. 반면, X가 첫 번째 던져서 나온 주사위의 수, Y가 두 번째 던져서 나온 주사위의 수라면 X와 Y는 독립이다. 주사위는 기억 능력이 없기 때문에 그 전에 나온 수가 얼마인지 알지 못한다. 때문에 그 전에 얼마의 수가 나왔든, 다음에 나오는 수는 영향을 받지 않는다. 흔히들 주사위를 던져서 6이 연속으로 3회 나오면, '지금까지 6이 연속으로 나왔으니, 이번에는 6이 나올 가능성이 낮다.'라고 말하기도 하는데, 이는 독립의 개념을 이해하지 못한 오류이다. 독립의 개념을 수학적으로 다루기 위해 우리는 조건부 확률의 개념을 이해할 필요가 있다.

확률 변수를 추출할 때 어떠한 선행 조건이 주어진 경우가 있다. 예컨대 X와 Y가 각각 대한민국 성인의 키와 몸무게를 나타내는 확률 변수라고 해보자. 대한민국 성인의 평균 키는 170 cm, 평균 몸무게는 65 kg라고 가정한다. 아무런 선행 조건이 없다면, 무작위적으로 성인을 선정했을 때 키의 기댓값은 170 cm이다. 즉, $E[X] = 170$이다.

이번에는 몸무게가 80 kg 이상인 성인 중에서 무작위 선정을 진행해 키를 재보자. 다시 말해 우리는 몸무게가 80 kg 이상이라는 조건하에서 키의 기댓값을 구하고 싶다. 이럴 때 우리는 다음과 같이 표현한다.

$$E[X \mid Y > 80]$$

여기에는 수직선(Verical bar, pipe)이 X 뒤에 등장해서 조건을 설명해 준다. 이 식은 $Y > 80$이라는 조건에서 X의 기댓값을 나타낸다. 수직선은 'given that'(~가 주어진)으로 해석하면 편리하다. 위 식은 'The expected value of X given that Y is greater than 80.'라고 읽으면 된다. 이 경우, 키의 기댓값은 170 cm보다 더 크다.

수식을 통한 조건의 표현은 특히나 확률을 나타내는 확률 함수 $P[\cdot]$와 자주 쓰인다(여기서 P 옆에 $[\cdot]$이 붙은 이유는 대괄호 안에 무언가가 들어가는 함수라는 것을 강조하기 위해서이다). 예컨대 무작위로 고른 성인의 키가 150에서 160 cm 사이일 확률을 다음과 같이 표현한다.

$$P[150 < X < 160]$$

P는 'The probability that'이라고 생각하면 편하다. 위 수식은 'The probability that X is larger than 150 and smaller than 160.'으로 보면 된다.

확률 함수에서도 조건이 사용된다. 몸무게가 80 kg 이상일 때, 키가 150에서 160 cm 사이일 확률은 다음과 같이 쓴다.

$$P[150 < X < 160 \mid Y > 80]$$

이제 우리는 독립을 정의할 준비가 끝났다. 임의의 수 a, b가 있다고 하자. 두 확률 변수 X, Y가 독립이라면 다음의 조건이 만족된다.

$$P[X=a, Y=b] = P[X=a]\,P[Y=b] \qquad \text{수식 1.2}$$

여기서 $P[X=a, Y=b]$는 X, Y가 각각 a와 b가 나올 확률이다. $Y=b$가 일어난 뒤, 그 상황에서 $X=a$가 일어날 수도 있고, 아니면 $X=a$가 일어난 뒤, 그 상황에서 $Y=b$가 일어날 수도 있다. 다시 말해서,

$$P[X=a, Y=b] = P[Y=b]\,P[X=a \mid Y=b] = P[X=a]\,P[Y=b \mid X=a]$$

$P[Y=b]\,P[X=a \mid Y=b]$는 $Y=b$가 일어날 확률($P[Y=b]$)에 그 조건을 가정하고 $X=a$가 일어날 확률($P[X=a \mid Y=b]$)을 곱한 것이다. 이 확률이 X는 a가 나올 확률($P[X=a]$)에 Y는 b가 나올 확률($P[Y=b]$)을 곱한 값과 같다면 X, Y는 서로 독립이다. 부등식에 대해서도 두 확률 변수가 독립이라면 다음과 같은 조건이 성립한다. 임의의 수 a, b, c, d에 대하여 $(a < b,\ c < d)$

$$P[a < X < b,\ c < Y < d] = P[a < X < b]\,P[c < X < d] \qquad \text{수식 1.3}$$

부등호에 등호가 같이 들어간 기호($\leq$)를 사용해도 위 방법은 그대로 유지된다. 수식 1.2나 수식 1.3이 성립하지 않으면, X와 Y는 독립이 아니다. 독립이 아닌 두 확률 변수를 종속 관계에 있다고 부른다. X와 Y가 키와 몸무게라면 둘은 종속 관계에 있을 것이다. 예컨대 몸무게가 40 kg 이하이면서 키가 2 m 이상일 확률은 0에 가까운데, 몸무게가 40 kg 이하일 확률과 키가 2 m 이상일 확률을 곱하면 0보다 더 크기 때문에 수식 1.3이 성립하지 않는다는 것을 알 수 있다. 종속 관계가 있는 두 확률 변수는 어떤 성질을 가질까?

☑ Tips for Practitioners

한 가지 주의할 점은 성질에 대한 추정치와 독립성을 헷갈리면 안 된다는 것이다. 균등하지 못한 주사위가 있다고 해보자. 이 주사위는 6이 자주 나오고, 1은 적게 나온다. 이런 주사위를 1,000번 던져서 6이 많이 나오고, 1이 적게 나온다는 것을 확인했다. 이 정보를 가지고 주사위를 새로 던지면 우리는 6이 나올 확률이 높고, 1이 나올 확률이 낮을 것이라 기대할 수 있다. 때문에 이전의 사건들이 새로운 사건에 영향을 미친다고 생각해서 독립이 아니라고 착각할 수 있다. 독립을 확인할 때는 주사위에 기억력이 있는지 확인하면 된다. 이전에 6이 나오든, 1이 나오든, 4가 나오든, 그 사건 자체가 새로운 사건에 직접적으로 영향을 미치지는 않는다. 예컨대 방금 전 6이 나왔으니, 이번에 6이 나올 확률이 떨어진다고는 볼 수 없다. 새로 던지는 주사위는 방금 전 사건을 기억하지 못하기 때문이다. 다만 이 주사위에는 6이 많이 나오고 1이 적게 나오는 성질이 있으므로, 새로운 사건에서 6이 나올 확률이 높다고 기대할 수는 있다. 그것은 이 주사위의 성질 때문이지 이전 사건에 의한 것이 아니다.

두 확률 변수 중 하나가 변할 때 다른 하나가 영향을 받으면 종속 관계에 있다고 한다. 하나가 커질 때 다른 하나가 따라서 커질 수도 있고, 하나가 커질 때 다른 하나가 작아질 수도 있다. 전자의 경우에는 양의 상관관계(Positive correlation), 후 자의 경우에는 음의 상관관계(Negative correlation)가 있다고 말한다. 두 관계 외에 도 다양한 관계가 있을 수 있다. 몸무게와 키는 서로 양의 상관관계에 있다. 반면, 시중은행의 이율과 주가는 서로 음의 상관관계에 있다. 일반적으로 이율이 올라가 면, 사람들이 주식보다는 예금을 선택하여 주가가 내려가기 때문이다. 이러한 상관 관계를 나타내기 위해 우리는 공분산의 개념을 사용한다. X와 Y의 공분산은 X의 편차와 Y의 편차를 곱한 값의 기댓값이다. 앞서 분산을 설명할 때, 편차를 관찰값과 기댓값의 차이라고 설명했다. 편의상 $E[X] = \mu_X$, $E[Y] = \mu_Y$라고 쓰자. X의 편차는 $(X-\mu_X)$, Y의 편차는 $(Y-\mu_Y)$이므로 공분산(Covariance)은 다음과 같이 정의된다.

$$\text{cov}[X, Y] = E[(X-\mu_X)(Y-\mu_Y)] \qquad\qquad \text{수식 } 1.4$$

X를 관찰해 구한 값의 편차가 양이라고 해보자. 즉, X가 평균보다 큰 값이 나왔 다. 예컨대 X가 키라면, $\mu_X = 170$인데, $X = 180$이 관찰된 경우이다. 다시 말해 평균 이 170 cm인 집단에서 무작위적으로 고른 사람의 키가 180 cm인 것이다. 그렇다 면 몸무게인 Y 역시 평균인 65 kg보다 클 것으로 기대할 수 있다. 따라서 이 경우 에 두 편차의 곱은 양수이다.

한편 X를 관찰해 구한 값의 편차가 음이라고 해보자. 예컨대 $X = 160$인 상황이 다. 몸무게 역시 평균보다 작을 것으로 예상되므로 $(X-\mu_X)$와 $(Y-\mu_Y)$ 모두 음수라 서 두 편차의 곱은 양수이다. 즉, 하나가 커질 때 다른 하나도 커지면 공분산은 양 수이다.

반대로 X는 시중은행 금리, Y는 주가 총액이라고 해보자. $(X-\mu_X)$가 양수라면, 즉 시중은행 금리가 높다면 $(Y-\mu_Y)$는 음수일 것이다. 주가 총액이 낮다는 뜻이다. $(X-\mu_X)$가 음수라면, $(Y-\mu_Y)$는 양수가 된다. 즉, 두 변수의 편차는 부호가 반대이 다. 때문에 둘을 곱한 값은 음수가 되어 공분산 역시 음수가 된다.

두 변수의 연결성을 간과하지 않도록 주의한다. X, Y를 개별 성인의 몸무게와 키라고 했을 때, 이 둘은 '각 사람'의 측정값이다. 즉, 한 사람을 뽑은 후 키와 몸무

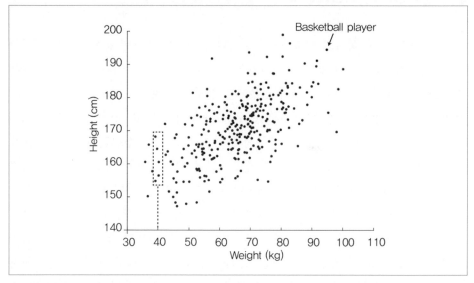

산점도에서는 각 사람의 몸무게와 키가 하나의 점으로 나타난다. 예컨대 키 194.5 cm, 몸무게 94.8 kg 인 농구 선수의 데이터는 화살표로 표시되었다. 어떤 사람을 선정했는데, 그 사람의 몸무게가 40 kg 근방이라고 하자. 이 경우, 그 사람의 키는 155에서 170 cm 사이라고 기대할 수 있다(점선으로 표시된 영역). 따라서 평균보다 낮은 몸무게는 평균보다 낮은 키를 기대하게끔 한다. 반대로 평균보다 큰 몸무게는 평균보다 큰 키를 기대하게 한다. 따라서 몸무게와 키 사이에는 양의 상관관계가 있으며, 이들 사이의 공분산은 양수이다.

게를 재서 몸무게와 키의 2차원 그래프에 한 점을 찍는 것이다. [그림 1.5]처럼 키 194.5 cm, 몸무게 94.8 kg인 농구 선수의 데이터를 한 점으로 찍어서 표시하고 나머지 사람들의 데이터도 같은 식으로 표시한다. 이처럼 각 피험체(Subject)의 데이터를 2차원, 3차원 공간에 점으로 표시한 것을 산점도(Scattergram)라고 한다. 데이터를 잘못 정리해서 김 모 씨의 몸무게와 박 모 씨의 키를 하나의 점으로 찍으면 안 된다.

두 변수 간의 상관관계는 피어슨 상관계수(Pearson correlation coefficient)를 통해 나타낼 수 있다. 피어슨 상관계수는 다음과 같이 정의된다.

$$\rho_{X,Y} = \frac{\text{cov}\,[X, Y]}{\sigma_X \sigma_Y}$$

피어슨 상관계수는 공분산을 X의 표준편차와 Y의 표준편차로 나눈 값인데, 이렇게 하면 이 상관계수의 값이 −1과 1 사이가 되는 장점이 있다. 즉 데이터의 스케일에 관계없이 피어슨 상관계수는 −1에서 1 사이이다. 만일 공분산만을 둘의 상관성을 보는 지표로 삼으면 단순히 단위에 따라 그 값이 커지거나 작아질 수 있다. 예를 들어 X와 Y를 신장이라고 했을 때, 미터 단위로 공분산을 구하면, 센티미터 단위로 공분산을 구할 때보다 숫자 크기가 만 배 작아진다. 때문에 공분산을 볼 때는 어떤 단위에서 구했는지를 확인해야 한다. 좀 더 전문적으로 말하면 길이의 단위라는 차원이 상쇄되지 않는다. 때문에 공분산은 단위에 따라 무한히 커질 수도, 무한히 작아질 수도 있다. 피어슨 상관계수에서 분자의 두 표준편차는 단위의 차원을 상쇄시켜서 어떤 단위를 사용하든 그 상관관계가 변하지 않도록 만들어준다. 즉 분모의 표준편차는 상관관계를 −1에서 1 사이가 되게 하는 동시에, 측정 단위에 영향을 받지 않도록 만들어준다. 두 데이터 사이의 상관관계는 6장에서 배울 회귀(Regression)를 통해서도 확인할 수 있다.

1.10 (참고) 피어슨 상관계수와 코시−슈바르츠 부등식

이번 절은 본질적이지는 않은 세부 사항을 다루므로 관심이 크지 않은 경우 넘어가도 된다.

고등학교 과정에도 등장하는 코시−슈바르츠 부등식(Cauchy−Schwarz inequality)은 다음과 같은 내용을 담고 있다.

$$\left(x_1^2 + x_2^2 + \ldots x_n^2\right)\left(y_1^2 + y_2^2 + \ldots y_n^2\right) \geq \left(x_1 y_1 + x_2 y_2 + \ldots + x_n y_n\right)^2$$

양변에 루트를 취하면 다음과 같이 된다.

$$\sqrt{\left(x_1^2 + x_2^2 + \ldots + x_n^2\right)}\sqrt{\left(y_1^2 + y_2^2 + \ldots + y_n^2\right)} \geq \mid x_1 y_1 + x_2 y_2 + \ldots + x_n y_n \mid$$

제곱을 한 뒤에 루트를 적용하면 절댓값이 되므로 우변에 절댓값 기호가 등장한다. 이번에는 양 변을 n으로 나눠보자.

$$\sqrt{\frac{x_1^2 + x_2^2 + \ldots + x_n^2}{n}}\sqrt{\frac{y_1^2 + y_2^2 + \ldots + y_n^2}{n}} \geq \frac{\mid x_1 y_1 + x_2 y_2 + \ldots + x_n y_n \mid}{n}$$

x_i를 $X_i - \mu_X$로 바꾸고, y_i를 $Y_i - \mu_Y$로 바꾸면 다음과 같이 된다.

$$\sqrt{\frac{(X_1 - \mu_X)^2 + (X_2 - \mu_X)^2 + ... + (X_n - \mu_X)^2}{n}} \times$$

$$\sqrt{\frac{(Y_1 - \mu_Y)^2 + (Y_2 - \mu_Y)^2 + ... + (Y_n - \mu_Y)^2}{n}}$$

$$\geq \frac{|(X_1 - \mu_X)(Y_1 - \mu_Y) + (X_2 - \mu_X)(Y_2 - \mu_Y) + ... + (X_n - \mu_X)(Y_n - \mu_Y)|}{n}$$

$\sqrt{\dfrac{(X_1 - \mu_X)^2 + (X_n - \mu_X)^2 + ... + (X_n - \mu_X)^2}{n}}$ 는 그 구조상 σ_X에 대응되며,

$\sqrt{\dfrac{(Y_1 - \mu_Y)^2 + (Y_2 - \mu_Y)^2 + ... + (Y_n - \mu_Y)^2}{n}}$ 는 σ_Y에 대응된다.

$\dfrac{(X_1 - \mu_X)(Y_1 - \mu_Y) + (X_2 - \mu_X)(Y_2 - \mu_Y) + ... + (X_n - \mu_X)(Y_n - \mu_Y)}{n}$ 는 $\mathrm{cov}[X, Y]$에 대
응되는 구조다. 약간 거친 증명이기는 하지만, 이를 통해 다음을 알 수 있다.

$$\sigma_X \sigma_Y \geq |\mathrm{cov}[X, Y]|$$

$\sigma_X \sigma_Y$는 양수이므로, 다음과 같이 쓸 수 있다.

$$\left| \frac{\mathrm{cov}[X, Y]}{\sigma_X \sigma_Y} \right| \leq 1$$

무언가의 절댓값이 1보다 작거나 같다면, 그 값은 -1에서 1 사이라는 뜻이다.

$$-1 \leq \frac{\mathrm{cov}[X, Y]}{\sigma_X \sigma_Y} \leq 1$$

따라서 피어슨 상관계수는 필연적으로 -1에서 1 사이가 될 수밖에 없다.

코시-슈바르츠 부등식의 성질에 의해 위 부등식의 등호가 성립하려면, 즉
$\dfrac{\mathrm{cov}[X, Y]}{\sigma_X \sigma_Y} = 1$ 또는 $\dfrac{\mathrm{cov}[X, Y]}{\sigma_X \sigma_Y} = -1$이 되려면 모든 i에 대해 다음이 성립해야 한다.

$$k(X_i - \mu_X) = (Y_i - \mu_Y)$$

여기서 k는 0이 아닌 어떤 수이다. 이 식을 바꿔서 쓰면 다음과 같다.

$$Y_i = kX_i + \mu_Y - k\mu_X$$

이 식은 $Y = aX + b$처럼 1차식의 형태이다. 즉 X_i와 Y_i는 한 직선 위에 있다. k가 양수이면, 즉 직선의 기울기가 양수이면 피어슨 상관계수는 1이다. k가 음수이면 피어슨 상관계수는 -1이다. k의 크기는 상관이 없다. 다시 말해서, 한 X_i와 Y_i가 직선 위에만 있다면 기울기의 크기에 상관없이 (0만 아니라면) 피어슨 상관계수는 -1 또는 1이 된다[그림 1.6 (a)].

▶ 그림 1.6 여러 데이터 분포에 대한 상관계수

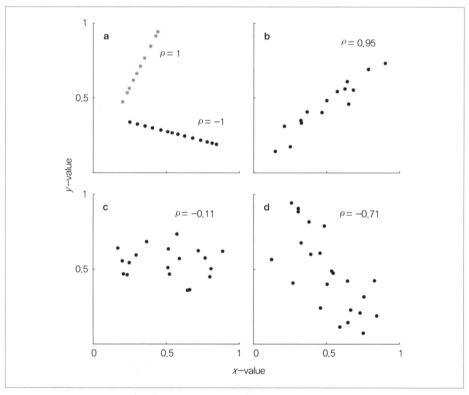

(a) 만일 데이터가 양의 기울기를 갖는 직선 위에 있으면 상관계수는 1이다(회색 점). 기울기가 음인 직선 위에 있으면 상관계수는 -1이다(검정색 점).
(b) 데이터가 전반적으로 x값에 따라 증가하고 데이터가 밀집되어 있으면, 상관계수는 1에 가깝다.
(c) x값이 변해도 y값이 크게 변하지 않으면 점들은 수평적인 형태를 띄고 상관계수는 0에 가깝다.
(d) 데이터가 많이 퍼져 있으면 음의 상관관계가 있어도 상관관계의 크기 자체는 작아진다.

실험자가 얻는 데이터가 직선 위에 놓이는 경우는 극히 드물다. 보통은 하나의 직선을 중심으로 오차가 존재한다. 오차가 커질수록 피어슨 상관계수는 0에 가까워진다. 피어슨 상관계수가 0에 가깝다면 두 변수 사이에는 별다른 상관관계가 없다고 볼 수 있다.

상관관계가 예상되는 데이터에서 상관계수가 발견되지 않으면 그것 또한 흥미로운 발견이 될 수 있다. 암은 세포의 돌연변이(Mutation)에 의해 발생하므로, 개체의 수명이 길고 몸무게가 클수록(세포 수가 많을수록) 암이 더 잘 발생할 것으로 예상할 수 있다. 그렇지만 쥐부터 원숭이, 치타, 사슴, 사자, 코끼리까지 다양한 크기와 수명의 동물들이 암에 의해 사망하는 비율을 조사해보면 별다른 상관관계가 발견되지 않는다(Abegglen et al. 2015). 이와 같은 상관관계의 부재는 페토의 역설(Peto's paradox)이라고 불린다.

📖 참고문헌

Abegglen, L. M., Caulin, A. F., Chan, A., Lee, K., Robinson, R., Campbell, M. S., ... & Schiffman, J. D. (2015). Potential mechanisms for cancer resistance in elephants and comparative cellular response to DNA damage in humans. *Jama, 314*(17), 1850–1860.

1.11 모집단과 표본집단

우리가 실험을 수행하는 이유는 알지 못하는 무언가를 밝히기 위해서이다. 새로운 백신이 항체 수치를 높이는지, 높인다면 얼마나 높이는지 우리는 알지 못한다. 그것을 밝히기 위해 우리는 피험자를 모집해 실험을 진행한다.

모든 것을 알고 있는 신이 있다고 하자. 신은 백신을 접종했을 때 항체 수치가 상승하며, 그 기댓값이 μ라는 것을 알고 있다. 반면 인간들은 μ가 어떤 값인지 알지 못하며, 실험을 통해 유추하더라도 그 추정치는 실제 μ와 약간 다를 것이다. 아주 많은 사람을 대상으로 오랫동안 실험을 진행하면 추정치가 실제 μ와 비슷할 것으로 기대할 수 있다.

μ를 추정하기 위해 실험을 진행한다고 하자. 두 그룹의 피험자를 모집해 한 그룹

에는 위약을, 다른 그룹에는 백신을 투여해 항체의 변화를 관찰한다. 두 그룹의 항체 수치 차이의 평균은 $\overline{X}$로 관찰되었다. μ는 그 값이 고정된 상수지만, $\overline{X}$는 측정할 때마다 값이 달라지는 확률 변수이다. 새로 사람들을 모집해 두 그룹을 구성하면 $\overline{X}$의 값이 달라지기 때문이다. 이처럼 이상적인 차이의 '진짜 값'인 μ를 모평균 (Population mean)이라고 한다. 모평균은 다시 말해 모집단(Population)의 오차 없는 평균인데, 모집단은 모든 사람들의 집단을 뜻한다. 우리는 모든 사람을 오차 없이 측정할 수 없기 때문에, 그중 일부를 추출한 표본(Sample)에 대해 오차가 있는 관찰을 유한하게 시행한다. 때문에 어떤 표본집단이 선정되는지, 얼마만큼의 오차가 있는지에 따라 표본평균(Sample mean)인 $\overline{X}$의 값도 매번 달라진다.

평균만이 아니다. 백신의 효과에도 분산이 존재한다. 매번 정확하게 μ만큼 효과를 높이는 것이 아니라, 때로는 μ보다 조금 크고, 때로는 조금 작은 효과가 나타나는 것이 모집단에서 백신의 효과일 수 있다. 이러한 이론적인 분산의 기댓값을 σ^2으로 표현한다. 만일 백신의 효과가 정규 분포를 따른다면, 그 확률밀도함수는 $N(\mu,\ \sigma^2)$이 된다. $N(\mu,\ \sigma^2)$은 평균이 μ이고 분산이 σ^2인 정규 분포라는 뜻이다.

표본집단에서도 분산을 구할 수 있는데, 그 분산은 모집단의 분산과 다소 차이가 날 것이다. 또한 매번 달라지는 확률 변수이다. 모집단의 분산(Population variance)은 σ^2로 표기하며, 표본집단의 관측된 분산(Sample variance)은 S^2으로 표기한다. 우리는 확률 변수인 $\overline{X}$와 S^2을 통해 모집단의 성질인 μ와 σ^2을 유추한다. 일반적으로 모집단의 값은 그리스 문자로 표기하고, 표본집단의 값은 알파벳으로 표기한다.

플라톤의 『국가』에는 본질, 진실 등을 뜻하는 이데아가 등장하며 이 개념을 설명하기 위해서 플라톤은 동굴 속 죄수의 비유를 사용한다. 동굴 속에 죄수가 있고 이들은 쇠사슬에 묶인 채 벽면만을 바라본다. 죄수의 반대편에는 누군가가 인형을 들고 있으며, 모닥불로 인해 그 인형의 그림자가 생겨난다. 죄수는 모닥불에 비친 인형의 그림자만 볼 수 있다. 인형 자체는 고정되어 있으나, 그림자는 매 순간 변한다. 벽면만 바라보는 죄수는 인형의 진짜 모습을 모른 채, 변형된 모습의 그림자가 진짜라고 믿는다. 죄수가 바라보는 그림자는 인간이 감각하는 세상에 대응된다. 이를 통해 플라톤은 우리가 감각하는 세상이 본질적이지 않다고 설명한다. 본질적인 이데아를 보기 위해서는 쇠사슬을 끊고 동굴을 나가야 한다.

실험 연구자 역시 이와 비슷하다. 어떠한 진실된 값들이 있다. 그것들은 모집단의 기댓값과 분산이다. 이 값은 그 형태가 고정된 인형에 비유될 수 있다. 우리는 실험을 통해 모집단의 값을 유추하는데, 그 관찰값은 모집단의 값과 조금씩 다르며 매번 변화한다. 따라서 실험 결과값은 벽에 비친 그림자와 같다. 실험 연구자는 쇠사슬에 묶인 죄수이며, 이들은 그림자(표본집단)를 통해 원래 인형의 모습(모집단), 즉 자연의 참된 원리를 유추해야 한다. 모집단과 표본집단의 구분은 이 교재 전체에 걸쳐 중요하게 나오므로 개념을 이해하고 넘어가길 바란다.

▶ 그림 1.7 플라톤의 동굴 속 죄수의 비유

플라톤은 현실 세계 속의 인간을 동굴 속의 죄수에 비유했다. 동굴 속의 죄수는 모닥불 때문에 일렁이는 인형의 그림자를 보고 인형의 모습을 유추한다. 죄수가 유추한 인형의 모습은 실제 인형과 유사하지만 조금은 다를 것이다. 실험과 통계적 추론도 이와 같이 이해할 수 있다. 자연 세계의 원리인 모평균(μ)과 모분산(σ^2)은 우리가 직접 볼 수 없는 본질이다. 우리는 관찰을 통해 표본평균($\bar{X}$)과 표본분산(S^2)을 구하는데, 그 값은 모집단의 값과 유사하지만 어느 정도 오차가 있다. 일렁이는 그림자를 보고 인형을 유추하는 죄수처럼, 연구자들은 흔들리는 관찰값을 통해 모집단의 성질을 추론한다.

앞서 분산이란 편차의 제곱의 기댓값이라고 설명했다. 1.6절에서는 5명의 사람에 대한 분산을 구했다. 이 경우에는 5명의 사람이 모집단을 이루기 때문에 모평균은 곧 5명 혈압의 평균이다. 모분산($V[X] = \sigma^2$) 역시 편차의 제곱의 평균을 통해 구했다. 대부분의 경우, 우리는 모집단 전체를 측정할 수 없다. 때문에 모집단의 일부인 표본에 대한 값을 구한다. 이 표본집단의 평균과 분산은 모집단의 값과 조금은 다를 것이다. 또한 어떤 표본을 선정하는지에 따라 값이 달라진다.

표본평균($\overline{X}$)은 다음과 같이 정의된다.

$$\overline{X} = \frac{1}{n}\sum_{i=1}^{n} X_i$$

여기서 n은 표본의 크기(관찰한 값들의 개수)이고, X_i는 i번째 시행의 측정값이다. 문제는 표본분산을 구할 때 발생한다. 표본분산(S^2)은 다음과 같이 정의된다.

$$S^2 = \frac{1}{n-1}\sum_{i=1}^{n}\left(X_i - \overline{X}\right)^2$$

이 식을 접한 많은 사람들이 혼란을 겪는다. 모집단의 분산을 구할 때는 편차($X_i - \mu$)의 제곱을 구한 다음 집단의 크기인 n으로 나누었는데, 표본분산을 구할 때는 n이 아니라 $n-1$로 나누기 때문이다. 나도 이 부분에 대해 큰 궁금증을 가지고 있었다. 보통 이 식을 설명할 때, 자유도가 $n-1$이므로 $n-1$로 나눈다고 설명하는데, 이 역시 추상적인 답변일 뿐 궁금증을 해결해 주지는 못했다.

지금까지 배운 지식으로도 왜 표본분산이 위와 같은 형태를 가져야 하는지 증명할 수 있다. 그 증명을 시행하기 전에 몇 가지 기본적인 '무기'를 갖출 것이다. 첫 번째 무기는 분산과 기댓값의 관계이다. 앞서 분산은 편차의 제곱의 기댓값이라는 것을 배웠다. 즉,

$$V[X] = E\left[(X-\mu)^2\right]$$

이 식을 전개하면

$$V[X] = E\left[X^2 - 2\mu X + \mu^2\right] = E\left[X^2\right] + E\left[-2\mu X\right] + \left(E[\mu]\right)^2$$

$$= E[X^2] - 2\mu E[X] + (E[\mu])^2$$

μ는 상수이므로, μ의 기댓값($E[\mu]$)은 μ이다. 또한 μ는 X의 기댓값($E[X]$)이라 정의되었다. 따라서

$$V[X] = E[X^2] - E[X]^2$$

$E[X^2]$는 X를 제곱한 값의 기댓값이고, $E[X]^2$는 X의 기댓값의 제곱이다. 이 둘은 엄연히 다르다. 주사위를 예로 들어 보면, 기댓값의 제곱($E[X]^2$)은 3.5의 제곱인 12.25이다. 반면 확률 변수의 제곱의 기댓값($E[X^2]$)은 1^2, 2^2, 3^2, 4^2, 5^2, 6^2의 평균인 15.1667이다.

한편 $V[X] = E[X^2] - E[X]^2$을 $E[X^2]$에 대해 쓰면 다음과 같다.

$$E[X^2] = \sigma^2 + \mu^2$$

표본평균($\overline{X}$)의 분산은 어떨까? $\overline{X}$ 또한 하나의 확률 변수이므로 방금 사용한 기술을 통해 다음과 같이 쓸 수 있다.

$$V[\overline{X}] = E[\overline{X}^2] - E[\overline{X}]^2$$

여기서 $\overline{X}^2$는 X의 제곱의 평균이 아니라, X의 평균의 제곱임을 주의한다. 앞서 우리는 $V[\overline{X}] = \dfrac{\sigma^2}{n}$이고 $E[\overline{X}] = \mu$라는 것을 배웠다. 따라서 다음 관계가 성립한다.

$$E[\overline{X}^2] = \frac{\sigma^2}{n} + \mu^2$$

다른 하나의 무기는 서로 독립인 여러 번의 추출 중 i번째 추출값(X_i)과 표본평균의 관계이다. 표본평균은 여러 관찰값의 평균이며, 물론 X_i를 포함한다. 즉,

$$\overline{X} = \frac{X_1 + X_2 + \ \dots \ + X_{i-1} + X_i + X_{i+1} + \ \dots \ + X_n}{n}$$

그렇다면 $E[X_i\overline{X}]$는 어떨까? 방금의 정의를 사용하면,

$$E[X_i\overline{X}] = E\left[\frac{X_iX_1 + X_iX_2 + \ \dots \ + X_iX_{i-1} + X_iX_i + X_iX_{i+1} + \ \dots \ + X_iX_n}{n}\right]$$

i와 j가 다를 경우, 앞선 가정에 의해 X_i와 X_j는 독립이다. 그러므로 둘의 공분산은 0이다. 수식 1.4의 X, Y 자리에 각각 X_i, X_j를 대입하면, $(i \neq j)$

$$\mathrm{cov}\left[X_i, X_j\right] = E\left[(X_i - \mu)(X_j - \mu)\right] = 0$$
$$E\left[(X_i - \mu)(X_j - \mu)\right] = E\left[X_i X_j - \mu(X_i + X_j) + \mu^2\right] = E\left[X_i X_j\right] - \mu^2 = 0$$

따라서 $E[X_i X_j]$는 $E[X_i]E[X_j]$와 같은 μ^2임을 알 수 있다. 한편 $E[X_i X_i] = E[X_i^2] = \sigma^2 + \mu^2$이다. 이 정보들로 $E[X_i \overline{X}]$를 계산하면

$$E[X_i \overline{X}] = E\left[\frac{(n-1)\mu^2 + (\sigma^2 + \mu^2)}{n}\right] = \mu^2 + \frac{\sigma^2}{n}$$

이제 우리는 증명에 필요한 모든 무기를 갖추었다.

분산은 편차의 제곱의 평균으로 정의되는데, 우리는 모평균(μ)을 모르기에 정확한 편차도 모른다. 때문에 모평균 대신에 표본평균($\overline{X}$)을 사용하는데, 관측값과 표본평균을 뺀 값의 제곱의 기댓값은 얼마일까? 즉 $E[(X_i - \mu)^2]$가 아닌 $E[(X_i - \overline{X})^2]$은 무엇일까?

$$E\left[(X_i - \overline{X})^2\right] = E\left[X_i^2 - 2X_i \overline{X} + \overline{X}^2\right] = E\left[X_i^2\right] - 2E\left[X_i \overline{X}\right] + E\left[\overline{X}^2\right]$$
$$= (\sigma^2 + \mu^2) - 2\left(\mu^2 + \frac{\sigma^2}{n}\right) + \left(\frac{\sigma^2}{n} + \mu^2\right) = \sigma^2 \frac{n-1}{n}$$

즉 $E[(X_i - \overline{X})^2]$는 $\sigma^2 = E[(X_i - \mu)^2]$가 아닌, 이보다 약간 작은 $\sigma^2 \frac{n-1}{n}$이 된다. $\overline{X}$가 확률 변수이기 때문에 생기는 변동성과 $\overline{X}$와 X_i의 관련성 때문에 이런 차이가 난다고 이해할 수 있다. 따라서 $\overline{X}$를 활용해 구한 기댓값은 다음과 같다.

$$E\left[\sum_{i=1}^{n}(X_i - \overline{X})^2\right] = \sum_{i=1}^{n}E\left[(X_i - \overline{X})^2\right] = nE\left[(X_i - \overline{X})^2\right] = (n-1)\sigma^2 \quad \text{수식 1.5}$$

여기서 i가 어떤 값이든, 독립성에 의해 $E[(X_i - \overline{X})^2]$의 기댓값은 동일하다. 때문에 $E\left[\sum_{i=1}^{n}(X_i - \overline{X})^2\right]$를 n이 아닌 $n-1$로 나눠줘야만 $\dfrac{\sum_{i=1}^{n}(X_i - \overline{X})^2}{n-1}$로 정의되는 S^2의 기댓값이 정확하게 σ^2이 된다는 것을 확인할 수 있다. 표본분산은 모분산과 다르지

만, 표본분산의 기댓값이 모분산과 같기를 바라기 때문에 $n-1$의 분모를 갖는 S^2을 표본분산의 지표로 사용한다.

1.13 이항 분포와 정규 분포

동전을 10번 던진다고 해보자. 앞면과 뒷면이 나올 확률은 같다. i번째 동전을 던졌을 때, 앞면이 나오면 $X_i=1$이고, 뒷면이 나오면 $X_i=0$이라고 하자. X_i는 확률 변수이지만, 나올 수 있는 값은 2개이다. 나올 수 있는 항의 수가 둘이므로, X_i는 이항적(Binary)이다(bi-는 둘을 뜻하는 접두사이다). 10번 중에 앞면이 나오는 횟수를 확률 변수 Y라고 하자. Y는 다음과 같이 쓸 수 있다.

$$Y = X_1 + X_2 + X_3 + ... + X_{10}$$

Y는 0부터 10까지의 값을 가지며, 아무래도 5가 나올 확률이 제일 높을 것이다. 4나 6이 나올 확률도 꽤 되지만, 모두 뒷면이 나와야 가능한 0이나, 모두 앞면이 나와야 가능한 10이 나올 가능성은 작다.

동전을 10번 던져서 Y를 구하고, 다시 동전을 10번 던져 또 다른 Y를 구하고, 이런 과정을 반복해 Y의 분포를 구한다고 해보자. 이 경우, Y는 어떠한 확률밀도 함수를 따르는데, 우리는 이것을 이항확률분포라고 명하며, 다음과 같이 기술한다.

$$Y \sim B(n, \ p)$$

여기서 B는 이항확률분포인 Binomial distribution을 뜻하는데, B는 숫자를 뜻하는 것이 아니라 $f(x)$의 f처럼 함수를 나타낸다. n은 시행 횟수(10), p는 X_i가 1이 될 확률(0.5)을 나타낸다. 실제로 10번씩 던지는 것을 100세트 시행해 히스토그램을 그리면 [그림 1.8]과 같이 나온다.

이항확률분포는 기대 확률에 '언덕'이 있는 단봉 함수이다. 이항확률분포의 기댓값과 분산은 앞서 얻은 지식으로 도출할 수 있다. 논의의 편리함을 위해 앞면이 나올 확률이 p인 비대칭 동전을 n번 던진다고 해보자. i번째 시행에서 앞면이 나올 확률은 p이며, 뒷면이 나올 확률은 $1-p$이다. i번째 시행을 나타내는 확률 변수 X_i는 p의 확률로 1이 되며, $1-p$의 확률로 0이 된다. 따라서 $E[X_i] = 1p + 0(1-p) = p$가

■ 그림 1.8 동전을 10번씩 던져 구한 평균값들의 분포(100세트 반복)

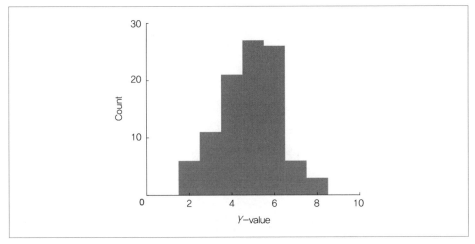

동전을 10번 던져 앞면이 나온 횟수를 기록한다고 하자. 이와 같은 시행을 100번 반복해 앞면이 나온 횟수를 히스토그램으로 그릴 수 있다. 대부분 기댓값인 5가 나오지만 때로는 10번을 던져 앞면이 2번만 혹은 8번이나 나오는 경우도 관찰할 수 있다. 이러한 횟수의 분포는 이항 분포를 따르며 정규분포와 유사한 형태를 띈다.

된다. 각각의 X_i는 독립이므로 X_1부터 X_n까지 더한 Y의 기댓값은 다음과 같다.

$$E[Y] = E[X_1 + X_2 + X_3 + \dots + X_n] = np$$

편차의 제곱의 기댓값으로 정의되는 분산에서 우리는 X_i의 모평균이 p라는 것을 알고 있다. 따라서 편차$(X_i - p)$는 p의 확률로 $1-p$가 되며, $1-p$의 확률로 $-p$가 된다. 그러므로 편차의 제곱의 기댓값은

$$E\left[(X_i - p)^2\right] = p(1-p)^2 + (1-p)p^2 = p(1-p)$$

$p(1-p)^2 + (1-p)p^2$은 (확률)×(그 확률에서 편차의 제곱)이 더해진 형태이다. 각 X_i는 서로 독립이므로, 수식 1.1을 확장시켜서

$$V[Y] = V[X_1 + X_2 + \dots + X_n] = V[X_1] + V[X_2] + \dots + V[X_n] = np(1-p)$$

즉, $Y \sim B(n, p)$의 기댓값은 np, 분산은 $np(1-p)$이다.

누군가는 관찰을 통해 모평균 p를 유추하고 싶을 수도 있다. 앞면이 나온 횟수 Y를 n으로 나눠주면 p와 유사할 것이라고 생각할 수 있다. 그 값의 평균과 분산은

$$E\left[\frac{Y}{n}\right] = \frac{np}{n} = p, \quad V\left[\frac{Y}{n}\right] = \frac{np(1-p)}{n^2} = \frac{p(1-p)}{n}$$

즉, $\frac{Y}{n}$의 기댓값은 모평균인 p와 같고, 그 분산은 표본의 크기 n이 커질수록 0에 가까워진다. 그러므로 여러 번의 관찰로 평균을 구하면 그 평균은 p와 상당히 유사할 것이다. 우리는 앞서 큰 수의 법칙을 통해 이런 원리를 알아보았다.

n이 어느 정도 크면 Y의 분포는 정규 분포를 따른다. 어느 정도 크다는 이야기는 다음의 두 조건이 만족된다는 뜻이다.

$$np > 5, \quad n(1-p) > 5$$

쉽게 말해, p와 $1-p$ 중 더 작은 값과 n을 곱해 그 크기가 5를 넘으면 정규 분포를 따른다고 생각할 수 있다. p 또는 $1-p$가 작으면 분산이 작고 평균이 0 또는 1에 가까운 극단적인 분포를 보이므로, 정규 분포와 비슷해지기 위해 더 많은 표본이 필요하다.

정규 분포는 통계에서 가장 중요하게 다뤄지는 분포 중 하나이다. 자연계의 여러 분포들이 정규 분포를 따르며, 통계적 추론을 수행할 때에도 자주 사용된다. 확률 변수 X가 모평균이 μ, 분산이 σ^2인 정규 분포를 따른다면 다음과 같이 기술한다.

$$X \sim N(\mu, \sigma^2)$$

Normal distribution의 앞 글자를 가져온 N은 정규 분포를 뜻한다. 정규 분포는 수학자 가우스의 이름을 따서 가우스 분포(Gaussian distribution)라고도 불린다. 정규 분포는 μ 근처에 봉우리가 있고, 그 퍼짐 정도는 σ^2에 비례하는 단봉 확률밀도함수이다. 확률밀도함수의 넓이는 1이 되어야 하므로 퍼짐 정도가 클수록 봉우리의 높이는 낮아진다[그림 1.9].

한편, 서로 독립인 X와 Y가 모두 정규 분포를 따른다면 이들을 더한 값의 분포도 정규 분포를 따른다. 그 평균은 각 정규 분포의 평균을 더한 값과 같다. 분산역시 각 정규 분포의 분산을 더한 값과 같다.

$$X \sim N(\mu_X, \sigma_X^2), \quad Y \sim N(\mu_Y, \sigma_Y^2), \quad X+Y \sim N(\mu_X+\mu_Y, \sigma_X^2+\sigma_Y^2)$$

확률 변수 X가 정규 분포를 따르면 정규화(Normalization)라는 과정을 거쳐 평균

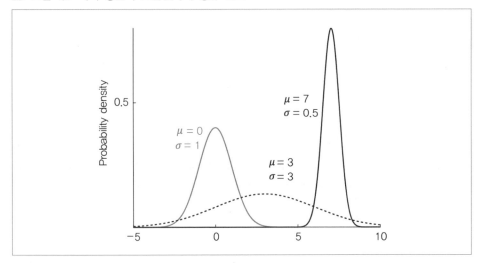

정규 분포의 평균(μ)은 봉우리의 x값을 결정한다. 반면 표준편차는 봉우리의 높이와 퍼진 정도를 결정한다. 정규 분포는 확률밀도함수이므로 그 넓이는 1이다. 때문에 표준편차가 커서 옆으로 퍼질수록 꼭대기의 높이는 그만큼 낮아진다.

이 0, 분산이 1인 정규 분포로 변환시킬 수 있다. 정규화는 확률 변수 X에서 그 모평균을 뺀 뒤, 표준편차로 나눠주는 과정이다.

$$E\left[\frac{X-\mu}{\sigma}\right]=0, \quad V\left[\frac{X-\mu}{\sigma}\right]=1$$

평균이 0, 표준편차가 1인 정규 분포는 특별히 표준 정규 분포(Standard normal distribution)라 부른다. 표준 정규 분포는 그 성질이 잘 알려져 있어, 카이제곱 분포 등 여러 통계 분포와 추정에서 중요하게 사용된다.

1.14 중심극한정리와 정규 분포에 대한 오개념

많은 실험 연구자들이 다음과 같은 오개념을 갖고 있다.

"어떤 관측치든지 30회 이상 관측하면, 그 관측치의 분포는 정규 분포를 따른다." (?)

실제로 다수의 연구자가 이렇게 말하는 것을 본 적이 있으며, 몇몇 인터넷 사이트와 교재에서도 이런 오개념을 찾아볼 수 있다. 조금만 생각해보면 이 주장은 말이 되지 않는다. 세상에는 정규 분포 외에도 다양한 확률 분포가 존재한다. 1.5에서 살펴본 쌍봉 함수만 해도 정규 분포와는 확연히 다르다.

이런 오개념이 왜 생겼는지 이해할 수는 있다. 첫째, 여러 관측치들이 실제로 정규 분포를 따르기 때문이다. 둘째, 중심극한정리에 대한 미숙한 이해가 이런 오개념을 불러 일으킨 경우도 있을 것이다.

중심극한정리(Central Limit Theorem, CLT)는 확률 변수 X가 아닌 이들의 표본평균인 $\bar{X}$의 분포를 다룬다. X가 정규 분포라면 $\bar{X}$ 역시 정규 분포를 따른다. 정규 분포인 확률 변수를 더해도 정규 분포를 따르기 때문이다. 흥미롭게도, X가 정규 분포를 따르지 않더라도 표본의 크기가 크다면 (X가 아닌) $\bar{X}$의 분포는 정규 분포를 따른다.

[그림 1.10]의 예를 살펴보자. X는 분명 정규 분포와는 아주 다른 쌍봉 함수를

▶ 그림 1.10 2,000번씩 랜덤 추출한 데이터를 평균 냈을 때의 분포

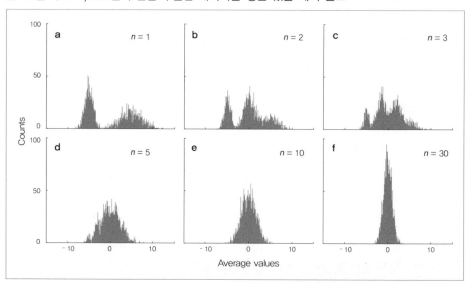

(a) 평균을 내지 않고 값을 뽑으면 이 확률 변수는 쌍봉 형태를 띈다.
(b) 두 번 뽑아서 평균을 낸 뒤, 그런 과정을 2,000번 반복해 히스토그램을 그리면 (a)와 유사하지만 좀 더 밀집된 형태를 보인다.
(c) 세 번 뽑아서 평균을 낸 값들의 분포는 단봉에 가까워진다.
(d-f) 여러 번 뽑아 평균을 낼수록 그 분포는 정규 분포에 가까워지며 분산은 작아진다. 정규 분포 형태를 따르는 것은 중심극한정리로, 분산이 작아지는 것은 큰 수의 법칙으로 설명할 수 있다.

따른다. 그럼에도 불구하고 표본의 크기를 5로 잡고 $\overline{X}=\dfrac{X_1+X_2+X_3+X_4+X_5}{5}$ 를 여러 차례 구한 뒤 히스토그램을 그리면, 그 분포는 정규 분포와 유사해진다. X가 정규 분포와 상당히 많이 다르다면, $\overline{X}$를 계산할 때 표본의 크기(몇 개의 관측치를 사용해서 $\overline{X}$를 구하는지)가 커야만 $\overline{X}$가 정규 분포와 유사해진다. 즉 X가 단봉 함수이고 정규 분포와 약간 다르다면 $\overline{X}=\dfrac{X_1+X_2}{2}$로 잡아도 $\overline{X}$는 정규 분포를 따르지만, X가 기괴한 분포를 따른다면 $\overline{X}=\dfrac{X_1+X_2+X_3+X_4+X_5}{5}$ 정도로 잡아야 $\overline{X}$가 정규 분포를 따른다. 이후 8장에서 우리는 ($\overline{X}$가 아닌) X가 정규 분포를 따르는지 여부에 따라 모수적 방법과 비모수적 방법으로 통계 분석을 시행한다. 중심극한정리로 인해 표본평균이 정규 분포를 따른다고 무조건 모수적 방법을 사용하는 오류를 범해서는 안 될 것이다. 모수적 방법은 X가 정규 분포를 따를 때 사용하는 방법이다.

1.15 유효숫자와 정밀성

우리는 측정(Measurement)을 통해 실험 결과값을 구한다. 액체의 부피를 재기 위해 메스 실린더를 사용하거나, 현미경으로 찍은 사진 속 세포의 직경을 구한다. 이러한 측정은 눈금을 통해 이뤄진다. 어떤 저울은 0.001 g 단위까지 측정하지만, 어떤 저울은 0.1 g까지만 측정한다. 현미경의 분해능과 해상도에 따라 아주 작은 차이를 인지하지 못할 수도 있다. 우리는 유효숫자(Significant figure)를 통해 이러한 세밀함을 나타낸다(이 책에서 유효숫자를 자세히 설명하지는 않을 것이다. 유효숫자 개념이 익숙지 않다면 다른 교재나 자료를 통해 기본적인 내용을 학습하기 바란다). 알약을 저울에 올려놓아 구한 1.7 g이라는 측정치는 측정이 0.1 g 단위의 눈금으로 이뤄졌다는 것을 나타낸다. 1.70 g은 어떨까? 이 경우 측정의 눈금은 0.01 g이다.

일반화학이나 일반물리학 교재의 첫 장은 보통 유효숫자를 다룬다. 그만큼 필수적인 기초이기 때문이다. 이러한 교재에 따르면 1.7 g이라는 측정치는 알약의 진짜 무게(참값)가 1.65 g에서 1.75 g 사이에 있다는 것을 알려준다. 물론 분자 단위 무게까지 잴 수 있는 (비현실적인) 초정밀 저울을 쓰지 않는 이상 알약의 진짜 정확한 무게는 알 수 없다.

이런 방법은 저울에 변동성이 없다면 성립할 수 있다. 그렇지만 실제로 저울이나 측정 장치를 사용하다 보면 측정값이 확률 변수 같은 성질을 보이기도 한다. 같은 물체를 저울로 잴 때, 잠깐 들었다가 다시 놓으면 측정값이 달라지는 경우가 종종 있다. 측정 장비로 세포 혼합액의 흡광도(Optical density)를 재면 측정 버튼을 누를 때마다 값이 달라지는 경우도 있다. 예컨대 흡광도가 1.6이었다가, 다시 측정 버튼을 누르면 1.5가 되고, 다시 누르면 1.6이 되는 식이다.

측정에는 정확도(Accuracy)와 정밀도(Precision)가 영향을 미친다. 정확도는 측정값이 얼마나 참값에 가까운지를 나타낸다. 정밀도는 측정할 때마다 값들이 얼마나 변동하는지를 알려준다. 참된 길이가 2.50 cm인 물체를 100번 측정했다고 해보자. 100번 측정값의 평균이 2.50 cm와 가깝다면 정확도가 높은 것이다. 100번 측정값의 분산이 크다면, 정밀도가 낮은 것이다. 100번의 측정값이 모두 2.89 cm와 거의 유사하게 나왔다면 참값인 2.50 cm와 많이 다르므로 정확도는 낮지만, 측정값이 서로 유사하므로 정밀도는 높다고 볼 수 있다. 측정값을 하나의 확률 변수로 생각했을 때, 정확도는 확률 변수의 편차($X-\mu$), 정밀도는 분산에 해당하는 개념이다.

경우에 따라 서로 다른 유효숫자를 가진 값들을 더하거나 뺄 때가 있다. 특히 평균을 구할 때 그렇다. 예컨대 12.2 g, 125 g, 70.3 g의 평균은 얼마일까? 이 숫자들을 단순히 평균 내면 69.16666... g이 된다. 이 값은 마치 유효숫자가 무한히 많다는 느낌을 준다. 때문에 69.16666... g은 평균으로 적절치 못하다. 한편 12.2 g, 125 g, 70.3 g 모두 유효숫자를 3개씩 갖고 있으므로, 평균 역시 3개의 유효숫자를 가지면 되지 않을까? 이 경우, 69.16666... g을 소수점 둘째 자리에서 반올림하면 69.2 g이 되어 유효숫자가 3개가 된다. 그렇지만 이 방법도 문제가 있어 보인다. 125 g이라는 측정값은 1 g 단위로 측정했는데, 평균을 내면 0.1 g 단위의 세밀함을 가지기 때문이다. 측정치를 서로 더하거나 뺄 때, 가장 기본적인 원칙은 제일 거친 단위에 맞춘다는 것이다. 12.2 g, 125 g, 70.3 g 중에서 제일 거친 단위는 125 g에서의 1 g이다. 때문에 평균 역시 유효숫자를 1 g에 맞추어 69 g이라고 적는 것이 옳다.

곱셈의 경우에는 유효숫자의 개수를 가지고 판단한다. 두 수를 곱한 후 나온 결과물의 유효숫자 개수는 두 수 중에서 더 적은 유효숫자의 개수와 같아야 한다. 예컨대 16.7과 1.3을 곱한다고 해보자. 1.3의 유효숫자가 2개로 더 적다. 두 수를 곱한 21.71의 유효숫자를 2개로 줄이려면 소수점 첫째 자리에서 반올림해야 한다. 따라서 16.7과 1.3을 곱한 값은 22가 된다. 이런 문제는 흔히 단위를 변환할 때 많이 발생한다. 미국 영화를 보다 보면 가끔 자막에 지나치게 상세한 수가 나올 때가 있다. 예컨대 원어로 "20마일 뒤에 있다"라고 말한 대사를 자막으로 "32.19 km 뒤에 있다"고 번역하는 식이다. 1마일이 1.609344 km이기 때문에 단순히 변환비만 곱한 뒤 유효숫자를 고려하지 않아 생긴 문제이다. 20마일은 유효숫자를 정확하게 알 수 없는 경우이다. 유효숫자는 1개일 수도 있고, 2개일 수도 있다. 맥락상 10마일 단위로 말한 것이라면 km로 변환할 때 30 km라고 쓰는 것이 올바르다. 논문에서 단위를 변환할 때에도 이처럼 유효숫자의 개수를 고려해야 한다. 잘못하면 거짓 정밀도(False precision, Overprecision)의 오류를 범할 수 있다.

앞서 말한 20마일처럼 때로는 유효숫자의 개수를 파악하기 어려운 경우가 있다. 소수점 없이 마지막 수가 0의 연속인 경우가 그렇다. 예컨대 500 g이라는 측정치는 100 g 단위로 측정된 것인지, 10 g 단위인지, 1 g 단위인지 알 수 없다. 이런 경우에는 kg 단위로 바꿔서 0.5 kg, 0.50 kg, 0.500 kg 중 하나로 적어줄 수 있다. 보통은 과학적 표기법(Scientific notation)을 사용해서 5.0×10^2 g과 같은 식으로 표기한다. 측정치를 표기할 때마다 '$\times 10^m$'을 매번 쓰기는 편리하지 않으므로 '$\times 10^m$'을 줄여서 En(때로는 en)으로 표기한다. 예컨대 5.0×10^2 g을 5.0E2 g로 표기하는 식이다. 5.0E2는 유효숫자가 10 단위이고, 5.00E2은 유효숫자가 1 단위이다.

한편, 측정의 세밀함이 0.01이나 10 같은 10의 거듭제곱(10^n)이 아닐 수도 있다. 예컨대 어떤 장치는 세밀함이 0.5 mm 단위일 수 있다. 세밀함이 0.5 mm인 측정치들의 평균은 역시나 0.5 mm 단위에 맞춰야 한다. 0.5 mm의 세밀함으로 측정된 세 값 4.5 mm, 5.0 mm, 6.0 mm이 있다고 하자. 소수 첫째 자리까지 표기되므로 유효숫자가 0.1 mm라고 생각할 수 있지만, 실제 세밀함은 0.5 mm이다. 세 값의 평균인 5.166... mm는 5.5 mm보다는 5.0 mm에 가깝다. 따라서 세 값의 평균 역시 5.0 mm라고 표기하는 것이 올바르다. 이런 경우에는 측정 단위가 0.5 mm라는 것을 표기해야 할 것이다.

☑ Tips for Practitioners

생명과학부 대학원에 다니며 느낀 점 중 하나는 상당수의 생명과학 연구자들이 수학과 친하지 않다는 것이다. 아무리 수학과 관계없는 생명과학 연구를 하더라도, 실험 결과를 통계적으로 분석해 논문으로 작성하기 위해서는 기초적인 수학, 통계 지식이 필요하다.

생명과학 연구자들을 비롯해 여러 사람들이 수학을 어려워하는 이유 중 하나는 엄밀한 의미를 모른 채 수학을 접하기 때문이라고 본다. 각 기호가 무엇을 뜻하는지, 각 변수가 어떤 의미를 갖는지를 확실히 하지 않은 채 수식을 이해하려 들면 난관에 봉착할 수밖에 없다. 때문에 첫 장에서 확률 변수, 기댓값, 분산, 모분포 등의 정의를 자세히 서술했다. 또 다른 이유는 수학의 특성에 있다. 흔히들 생명과학은 정직한 학문이라고 한다. 노력에 비례해 성취가 나오기 때문이다. 반면 수학 등 이해를 필요로 하는 과목에서는 수식이나 명제를 이해하기까지 끈기와 다각도의 사고가 필요하다. 그러한 인고의 시간을 거쳐 이해에 성공하면 실력이 급상승한다. 나는 그런 유레카(Eureka)의 순간에 깊은 즐거움을 느껴 수학을 전공으로 선택했다.

▶ 그림 1.11 노력에 따른 생명과학 지식과 수학 지식의 관계

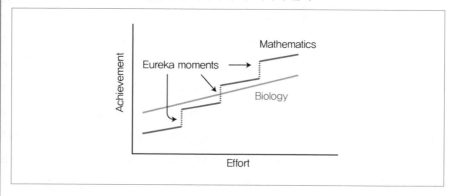

　　이 책의 독자들도 정의와 의미를 정확히 파악한 후, 끈기를 가지고 수식을 이해하려 시도하면 실험 결과에 적합한 통계 분석을 독자적으로 수행할 능력을 갖게 될 것이다. 아무리 생명과학 연구자라도, 이 정도 능력은 갖추어야 박사의 자격이 있다고 생각한다. 박사의 정의는 독자적으로 연구 주제를 수립, 수행, 발표할 수 있는 능력을 갖춘 자이다.

가설 검정법
Hypothesis Testing

가설 검정법
(Hypothesis Testing)

통계학은 크게 기술 통계(Descriptive statistics)와 추론 통계(Inferential statistics)로 나뉜다. 기술 통계는 측정한 데이터를 요약, 정리하여 한눈에 알아보게 하는 기법이다. 여기서 기술(記述)은 Technology가 아니라 Description이다. 앞서 살펴본 평균, 중앙값, 최빈값, 상관계수를 구하는 것이 기술 통계의 일종이다. 반면 측정한 데이터로부터 모분포의 성질을 유추하는 것은 추론 통계의 영역이다. 가설 검정법(Hypothesis testing)은 추론 통계의 기초가 되는 방법으로 대부분의 실험 논문에 사용된다. 실험 연구자에게 익숙한 $p-$value 역시 가설 검정법을 통해 구해진 값이며, 이 $p-$value는 실험의 결과를 핵심적으로 나타낸다. 이번 장에서는 가설 검정법의 논리 구조와 그 적용법을 살펴본다. 이러한 지식은 추후에 $t-$test, $F-$test, ANOVA, 회귀분석, ANCOVA를 체득하고 해석하는 기반이 된다.

2.1 오류의 종류

암을 진단하는 의사가 있다. 의사는 환자를 검진한 후 암이 있다고 판단하거나, 암이 없다고 판단한다. 환자는 실제로 암이 있을 수도 있고, 암이 없을 수도 있다. 암이 있는 사람에게 암이 있다는 판단을 내린 것은 올바른 진단이다. 암이 없는 사

		Truth	
		Caner (Positive)	No cancer (Negative)
Estimation	Caner (Positive)	Correct	Error (False positive, type 1)
	No cancer (Negative)	Error (False negative, type 2)	Correct

람에게 암이 없다고 판단한 것도 올바른 진단이다. 반면 암이 없는 사람에게 암이 있다고 진단하거나, 암이 있는 사람에게 암이 없다고 진단하는 것은 오류이다.

암을 가진 것을 양성(Positive)이라고 해보자. 암이 없는 사람에게 암이 있다고 말한 것은 양성이라는 진단을 내린 것인데, 그 진단은 잘못된 것이다. 따라서 그 진단은 위양성(False positive)이다. 여기서 False에 대응되는 위(僞)는 '거짓 위'라는 한 자이다. 실제로는 음성인데 양성이라고 판단한 오류를 위양성, 1종 오류(Type 1 error)라 부르고, 실제로는 양성인데 음성이라고 판단한 오류를 위음성(False negative), 2종 오류라 부른다.

통계적 추론에서도 같은 오류가 발생할 수 있다. 한 그룹에게는 A약, 다른 그룹에게는 B약을 투여했다고 하자. 실제로 두 약의 효과는 차이가 있을 수도, 없을 수도 있다. 실험 결과를 분석한 연구자는 두 약 사이에 차이가 있다는, 또는 없다는 결론을 내릴 수 있다. 실제로는 차이가 없는데 연구자는 차이가 있다고 결론 내릴 수도 있으며, 실제로는 차이가 있는데 연구자는 차이가 없다고 결론 내릴 수도 있다. 통계적 추론에서는 보통 차이가 있으면 양성, 차이가 없으면 음성으로 부른다. 따라서 통계적 추론에서도 1종, 2종 오류가 발생할 수 있다.

명제란 '지구는 평평하다'나 '2 + 3 = 5'처럼 참 거짓을 판별할 수 있는 문장이다. 전자는 거짓인 명제이고, 후자는 참인 명제이다. 반면 '꽃은 아름답다'와 같은 문장은 참 거짓을 판별할 수 없으므로 명제가 아니다(명제에 대해서는 4.1절에서 더 자세히 설명한다). '두 약 사이에 효과 차이가 없다'라는 명제를 H_0라고 하자. 약 A의 모평균을 μ_A, 약 B의 모평균을 μ_B라고 할 때, H_0는 다음과 같이 쓸 수 있다.

$$H_0 : \mu_A = \mu_B$$

이 표현은 H_0라는 명제가 $\mu_A = \mu_B$라는 내용을 담고 있다는 뜻이다. H_0가 참이 아니라면(거짓이라면), 그 부정(반대)이 참이다. 즉, H_0가 거짓일 경우, $\mu_A \neq \mu_B$이 참이라는 것을 알 수 있다. 실제로 두 약의 효과는 같거나($\mu_A = \mu_B$), 같지 않으며 ($\mu_A \neq \mu_B$) 두 명제 중 하나만이 참이다. 두 약의 효과가 같으면서 같지 않은 모순적인 상황은 생각할 수 없기 때문이다. 우리는 관찰을 통해 효과가 같다는 결론을 내리거나, 같지 않다는 결론을 내린다. 또한 현재의 데이터로는 차이를 확인할 수 없다는 결론을 내릴 수도 있다. H_0가 참인데 H_0가 거짓이라고 결론짓는 것을 1종 오류, H_0가 거짓인데 H_0가 참이라고 결론짓는 것을 2종 오류라 부른다.

	Truth	
	H_0 false (Positive)	H_0 true (Negative)
Estimation H_0 false (Positive)	Correct	Error (False positive, type 1)
Estimation H_0 true (Negative)	Error (False negative, type 2)	Correct

참고로 $\mu_A = \mu_B$라는 명제의 참 거짓 여부를 판단할 때, 굳이 μ_A와 μ_B의 정확한 값을 알 필요는 없다. 물론 두 값을 알면 이 명제의 참 거짓을 바로 판단할 수 있지만, 두 값을 모르더라도 가설 검정법을 통해 두 값이 다르다는 결론을 내릴 수 있다.

2.2 *p*-value의 의미

백혈구 수치를 높이는 약 A와 약 B의 효과가 다르다는 것을 보이고 싶다. 두 그룹의 사람들을 모집해 한 그룹(그룹 1)에 약 A를 먹이고, 다른 그룹(그룹 2)에 약 B를 먹인 후 이들의 백혈구 수치를 쟀다고 하자. 그룹 2의 백혈구 수치 평균이 그룹 1의 평균보다 높다면 약 B의 효과가 더 크다고 말할 수 있을까? 누군가는 이렇게 반문할 수 있다.

"그룹 2의 평균이 더 높은 것은 약 B의 효과가 아닌 우연의 효과 아닌가?"

실제로 두 그룹의 사람들에게 같은 약을 먹여도 데이터의 변동성에 의해 두 그룹의 평균은 차이가 날 것이다(두 그룹의 평균이 정확히 같다면 오히려 그것이 더 이상하다). 이런 반문에 우리는 적절하게 답할 수 있어야 한다. 생각할 수 있는 첫 번째 방법은 그룹 1과 그룹 2의 표본표준편차를 구한 뒤, 두 평균의 차이가 표준편차에 비해 얼마나 큰지 확인하는 것이다. 데이터 자체의 변동성(표준편차)에 비해 두 그룹의 평균 차이가 크다면 약의 효과(모평균)에도 차이가 있다고 유추할 수 있다. 실제로 이런 특징을 반영한 Cohen's *d*라는 지표가 있다. Cohen's *d*는 다음과 같이 정의된다.

$$d = \frac{\bar{x}_1 - \bar{x}_2}{s^*}, \quad s^* = \sqrt{\frac{(n_1 - 1)s_1^2 + (n_2 - 1)s_2^2}{n_1 + n_2 - 2}}$$

여기서 $\bar{x}_1$, $\bar{x}_2$는 각 그룹의 평균이며, s^*는 합동 표준편차(Pooled standard deviation), 간단히 말해 그룹 1과 그룹 2의 평균적인 표준편차다. 지표를 만든 제이콥 코헨(Jacob Cohen)에 따르면 d의 크기가 0.2면 작은 효과, 0.5면 중간 효과, 0.8이면 큰 효과라고 볼 수 있다. Cohen's d는 그룹 간 차이를 나타내는 직관적인 지표이지만, Cohen's d가 작지도 크지도 않은 애매한 경우에 대해서는 이 지표만 가지고 두 모분포 사이에 유의미한 차이가 있다고 말하기 어렵다.

명확한 차이 확인을 위해 우리는 귀무 가설(Null hypothesis)을 설정해 가설검정을 시행한다. 귀무 가설은 보통 그룹 간 차이가 없다는 내용으로 잡으며, H_0로 표기한다. 앞서 말한 것처럼 약 A와 B의 효과(모평균)를 μ_A, μ_B라고 한다면, $H_0 :$ $\mu_A = \mu_B$가 된다. 우선은 귀무 가설이 맞다고 가정한다. 실제로 귀무 가설이 맞는지, 그른지 여부와 관계없이 이 가설이 맞다고 가정할 수 있다. 예컨대 지구는 평평하지 않지만, 지구가 평평하다고 가정하고 여러 논의를 진행하는 것이 가능한 것처럼 말이다.

약 A를 투여하고 측정한 그룹 1의 평균값을 X_A, 약 B를 투여한 그룹 2의 평균값을 X_B라고 하자. 이들은 모두 확률 변수다. 편의상 그룹 1, 2의 크기는 같으며 각 관측값은 같은 분산의 정규 분포를 따른다고 가정하자. 우리는 X_A와 X_B를 면밀히 분석하여 귀무 가설이 맞는지 틀린지 판단한다. X_A와 X_B의 차이가 클수록 귀무 가설이 틀릴 확률도 높을 것이다. 따라서 X_A와 X_B의 크기 차이인 $|X_A - X_B|$는 상당히 중요한 지표이며, 이 값을 D라고 명명하자.

귀무 가설이 맞다는 가정하에서 누군가 또다시 같은 조건으로 약 A와 약 B의 효과를 측정했다고 하자. 그때 얻는 측정값(X_A와 X_B에 대응되는 두 그룹의 평균값)은 각각 Y_A와 Y_B이다. Y_A와 Y_B의 크기 차이인 $|Y_A - Y_B|$를 Q라고 명명하자. 물론 이런 실험을 진짜 수행하는 것은 아니다. 귀무 가설이 맞다고 가정하면, 실제로 실험을 해보지 않아도 Q가 어떤 확률밀도함수를 따를지 예상할 수 있다. 여기서 p-value가 정의된다.

$$p = P[Q > D \mid \mu_A = \mu_B]$$

이전에 배운 조건부 확률이 등장하는데, 참이라고 가정하는 조건('|' 뒤에 나오는 명제)은 두 약의 효과(모평균)가 같다는 귀무 가설($\mu_A = \mu_B$)이다. D는 우리가 실험을 통해 얻은 관찰값인 두 집단 간의 평균 차이 크기($|X_A - X_B|$)이다. Q는 두 약의 효과가 같다는 조건에서 동일한 실험을 반복했을 때 얻게 될 (가상적인) 관찰값 ($|Y_A - Y_B|$)이다. 식을 풀어서 설명하자면, 귀무 가설하에서 나올 가상적인 관찰값이 실험자가 구한 관찰값보다 극단적일 확률이 p-value이다.

Y_A, Y_B도 정규 분포를 따른다고 하자. 귀무 가설이 맞다면 $Y_A - Y_B$는 0 근처의 값이 나올 것이다. 따라서 [그림 2.1]에서 $Y_A - Y_B$의 확률밀도함수는 0에서 언덕(봉우리)을 이룬다. $Y_A - Y_B$가 매우 크거나 매우 작을 확률은 귀무 가설하에서 매우 낮다. 때문에 확률밀도함수의 값도 낮아진다. 연구자가 관찰한 $X_A - X_B$가 5.5라고 하자. $Y_A - Y_B$의 값이 5.5 이상이거나 −5.5 이하일 확률은 그림에서 회색 영역으로 나타낸 면적이다. 이 확률이 $X_A - X_B = 5.5$일 때의 p-value이다. 때문에 X_A와 X_B의 차이가 클수록 p-value가 작아진다.

▶ 그림 2.1 p-value를 나타내는 그림

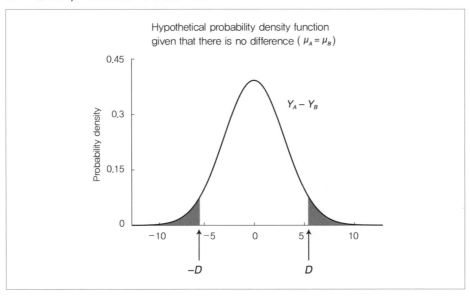

귀무 가설이 맞다고 가정한 가상의 확률밀도함수에서 다시 실험을 한다고 가정했을 때, 연구자가 관찰한 값보다 더 극단적인 값을 관찰할 확률이 p-value이다. 이 그림에서는 회색 영역으로 표시되었다.

p-value는 귀무 가설하에서 실험자가 구한 값보다 더 극단적인 값이 나올 확률이다. 이 값이 작다는 것은 어떤 의미일까?

2.3 p-value의 해석

수학에는 귀류법(Reduction to absurdity)이라는 방법이 있다. 귀류법의 첫 단계는 잘못된 명제를 참이라고 가정하는 것이다. 그 잘못된 명제에서 올바른 논리적 방법을 사용해 결론을 도출한다. 그 결론에 모순이 있다면 우리는 첫 단추인 가정이 틀렸다는 것을 알 수 있다. 예를 들어서 '소수(1과 자신으로만 나눠지는 수)의 개수는 유한개이다'라는 명제가 참이라고 가정하면 가장 큰 소수 p_N을 상정할 수 있다. 그렇지만 가장 큰 소수가 존재한다면 그보다 큰 소수를 만들 수 있다. 때문에 p_N은 가장 큰 소수가 아니다. p_N은 정의상 가장 큰 소수이므로 이는 모순이다. 모순이 발생했으므로 귀류법에 의해 가장 처음의 가정, '소수의 개수는 유한개이다'라는 명제가 거짓이라는 것을 알 수 있다. 따라서 소수는 무한히 많다.

비슷한 논리를 p-value를 해석할 때 쓸 수 있다. 우리는 두 그룹 간 차이가 없다는 귀무 가설이 참이라고 가정했다. 그 귀무 가설에서 출발해 연구자가 관찰한 것보다 극단적인 값이 나올 확률이 매우 작다면, 이는 모순까지는 아니지만 무언가 잘못되었다는 것을 의미한다. 이러한 '부자연스러움'은 귀무 가설이 잘못되었다는 생각에 강력한 근거를 제공한다. 따라서 귀무 가설하에서 연구자가 관찰한 것보다 극단적인 값이 나올 확률이 0에 가깝다면, 이 부자연스러움을 근거로 귀무 가설이 잘못되었다고 추정할 수 있다. 귀무 가설은 그룹 간 차이가 없다고 보았으므로, 귀무 가설이 잘못되었다면 두 그룹 간 차이가 존재한다고 볼 수 있다. 때문에 수많은 실험 논문에서 t-test, Rank-sum test 등 다양한 방법으로 p-value를 구한 뒤, 이 값이 낮으면 그룹 간 차이가 존재한다고 주장한다. 다시 말해, p-value가 낮다면 귀무 가설을 기각하고 그 반대가 맞다는 결론을 내린다. $H_0 : \mu_A = \mu_B$의 반대(부정)는 $H_1 : \mu_A \neq \mu_B$이며 귀무 가설과 반대되는 이 H_1 명제를 대립 가설(Alternative hypothesis)이라 부른다.

귀무 가설이 맞다는 가정하에서, p-value가 매우 낮으면 귀무 가설을 기각한다고 해보자. 귀무 가설이 맞는데도 귀무 가설을 기각하면, 즉 실제로는 차이가 없는

데 차이가 있다고 결론 내리면 1종 오류를 범한 것이다. 따라서 p-value는 1종 오류(위양성)를 범할 확률과 관련이 깊다. 한 연구자가 p-value가 0.01이라 귀무 가설을 기각하고 두 그룹 간 차이가 있다고 결론 내렸다고 하자. 그 결론은 물론 오류일 수 있다. 다른 동료 연구자가 "사실 두 그룹 간 차이가 없는데, 차이가 있다고 잘못 결론 내린 것은 아닐까요?"라고 묻는다면 낮은 p-value를 근거로 "실제 차이가 없는데도 그런 오류를 범할 확률은 상당히 낮습니다"라고 답할 수 있다.

엄밀하지 못한 대신 직관적으로 말한다면 p-value는 귀무 가설이 관찰 데이터를 얼마나 잘 설명하는지를 나타낸다. 귀무 가설이 현재의 데이터를 잘 설명하지 못한다면(p-value가 낮다면) 귀무 가설에 무언가 문제가 있다고 생각할 수 있다.

p-value가 얼마나 낮아야 귀무 가설을 기각할 수 있을까? 이러한 기준을 유의수준(Significance level, α value)이라고 부르며 통상적으로 0.05로 잡는다. 즉 p-value가 0.05보다 낮으면 귀무 가설을 기각하고, 그렇지 않으면 귀무 가설을 기각하지 못하는 것이다. 귀무 가설을 기각하면 대립 가설이 채택되고, 두 그룹 사이에 '유의미한(Significant)' 차이가 있다고 말할 수 있다.

그렇다면 p-value가 0.051나 0.049처럼 경계에 가까이 있는 경우에는 어떻게 해석해야 할까? p-value가 0.049라면 0.05보다 낮으므로 유의미한 차이가 있다고 볼 수 있다. p-value가 0.051이라면 연구자의 입장에서는 상당히 난감할 것이다. 유의수준보다 아주 살짝 높은 p-value이므로 차이가 존재한다고 주장하고 싶을 수 있다. 연구자는 일반적으로 논문을 내고 싶어 하며, 낮은 p-value를 근거로 삼는 논문을 내는 경우가 많기 때문이다.

보건학 계열의 통계학자인 매튜 핸킨스(Matthew Hankins)가 'Still not significant'라는 제목으로 블로그에 올린 글이 있다. 그 글에는 p-value가 0.05보다 살짝 높을 때 논문 저자들이 수행한 언어적 분투의 사례가 여럿 소개되어 있다. 만일 p-value가 0.05보다 낮으면 'There was a significant difference $(p < 0.05)$'라고 간단하게 쓸 수 있지만 p-value가 0.05보다 높으면 그럴 수 없기 때문에 언어적 기술을 통해 차이가 존재하는 것 같은 느낌을 주는 것이다. $p = 0.051$인 몇 개의 사례를 가져오자면,

> borderline conventional significance $(p = 0.051)$
>
> effectively significant $(p = 0.051)$
>
> fell just short of the traditional definition of statistical significance $(p = 0.051)$

등이 있다.

실험자의 입장에서 p-value가 0.05보다 약간 높게 나와 유의미하게 다르다는 표현을 쓰지 못하는 것은 매우 안타까울 것이다. 특히나 오랜 시간과 노력을 들인 실험의 결과가 그렇다면 더더욱 맥이 빠질 수 있다. 논문을 내기 어려워지기 때문이다. 그럼에도 불구하고 p-value가 0.05보다 아주 살짝이라도 높다면 유의미한 차이가 있다고 말해서는 안 된다. 때문에 위의 예시 표현들처럼 p-value가 0.05보다 높은데도 차이가 있다는 것처럼 말하는 것은 권장되지 않는다. 0.05의 컷오프를 엄격하게 지키는 것이 실험 논문 작성의 원칙이라고 볼 수 있다.

혹자는 p-value가 0.051인 것과 0.049인 것은 별 차이가 없어 보이는데, 해석에 있어 이렇게 하늘과 땅 차이가 나는 것은 문제가 있지 않냐고 반문할 수 있다. 물론 타당한 지적이다. 그렇지만 학계에서 0.05 컷오프는 거의 불문율이다. 오랫동안 굳어져 온 관습이기 때문이다. 그렇다면 실험 연구자의 입장에서 p-value가 0.05보다 살짝 크면 어떻게 해야 할까?

📖 참고문헌

https://mchankins.wordpress.com/2013/04/21/still-not-significant-2

2.4 p-value가 크다면

새로운 약 B는 기존 약 A와는 다른 기작으로 작용하기 때문에 더 좋은 효과를 낼 것으로 예상되었다. 당신은 실험을 통해 약 B의 효과가 약 A보다 좋다는 것을 보이고 싶다. 몇 달간의 실험을 거쳐 데이터를 정리하고 통계 프로그램을 사용해 두 데이터셋을 비교하는 통계 분석을 수행했다. 그 결과 p-value가 0.06으로 나왔다고 하자. 0.05보다 높은 값이기 때문에 유의미한 차이가 있다고 말할 수 없다.

p-value가 높은 것은 두 가지로 해석될 수 있다. 첫 번째 가능성은 두 집단 간 모평균에 차이가 없는 것이다. 많은 연구자들이 높은 p-value를 가지고 모평균의 차이가 없다고 주장하기도 한다. 실제로 모평균에 차이가 없다면 p-value는 높게 나올 수밖에 없다. 두 번째 가능성은 두 집단 간 모평균에 차이가 존재하지만, 관

측 횟수가 충분치 않은 경우이다. 관측 횟수가 적다면 평균 차이와 관계없이 p-value는 높게 나온다. 이 경우 두 집단 간 표본평균 차이가 우연(변동성)에 의한 것인지, 모평균 차이에 의한 것인지 확신할 수 없기 때문이다.

연구자는 두 가지 중 한 가지 선택을 내릴 수 있다. 만일 차이가 존재한다는 확신이 있다면 추가 실험을 고려해 볼 수 있다. 만일 모평균에 차이가 있다면, 추가 실험을 통해 낮은 p-value를 구할 수 있다. 얼마나 많은 추가 실험을 진행해야 하는지는 표본평균의 차이와 표본분산을 통해 어느 정도 예상할 수 있다.

이미 충분한 실험을 했음에도 불구하고 p-value가 높다면 실제로 모평균에 별다른 차이가 없을 수 있다. 이처럼 특정 요소의 효과나 차이를 발견하지 못한 결과를 Negative results라고 부른다. 효과나 차이가 없다는 표현은 상당히 신중하게 사용해야 하는데, 통계적으로 무언가가 0이라는 것을 보이는 건 매우 어려운 일이기 때문이다. 예를 들어 약 B는 약 A보다 아주 약간 뛰어날 수 있다. 그 뛰어난 정도가 데이터의 분산에 비해 작다면 p-value는 높게 나온다. 이 경우 높은 p-value를 가지고 두 약의 효과가 같다고 말하는 것은 틀린 말(2종 오류)이다. 여러 번 실험을 반복했음에도 높은 p-value를 관찰했다면 다음과 같이 서술하는 것이 적절하다.

> We were not able to find a significant difference between the effect of the medication A and B ($p = 0.7884$, $n_1 = 410$, $n_2 = 592$).

위 문장에서는 두 약의 효과가 같다고 말하지 않는다. 유의미한 차이를 발견하지 못했다고 말할 뿐이다. 관찰 수가 적어 p-value가 높다는 의심을 없애기 위해 데이터의 크기도 기술하는 것이 좋다.

요소의 유의미한 효과를 발견하지 못한 경우, 보통은 '실험이 망했다'라고 생각하며 출간을 포기한다. 저널에서도 Negative results는 잘 출간하지 않으려 한다. 이것이 추후에 설명할 출간 편향(서류함 효과)이다. Negative results 역시 올바른 방법으로 수행되었다면 과학의 발전에 도움을 줄 소중한 자료이다. *PLOS ONE*이나 *PeerJ*처럼 올바른 방법으로 수행되면 되도록 출간을 고려하는 학술지나, *ACS Omega, Journal of Negative Results in Biomedicine*처럼 Negative results를 주로 출간하는 학술지도 있으므로, 이런 곳에 출간하는 것을 고려해 볼 수 있다. 이러한 출간 편향에 대해서는 2.10절에서 더 자세히 설명하도록 하겠다.

2.5   *p*-value가 작다면

다른 연구자들의 발표를 듣다 보면 가끔씩 "*p*-value가 작기 때문에 두 그룹 간 차이가 크다"라고 말하는 경우가 간혹 있다. 그룹 간 차이가 커진다면 *p*-value가 작아지는 것이 맞다. 그렇지만 *p*-value가 작다고 그룹 간 차이가 크다고 말할 수는 없다. [그림 2.2]와 같은 경우를 배제할 수 없기 때문이다.

▶ 그림 2.2 *p*-value는 낮지만 그룹 간 차이가 작은 사례

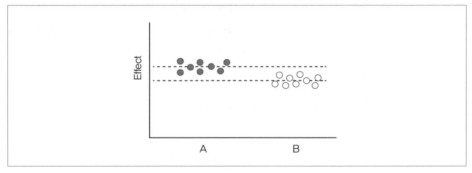

이 경우, 두 집단의 표본분산이 매우 작다. 때문에 두 그룹 간 평균 차이가 작아도 *p*-value는 낮게 나온다. 따라서 *p*-value가 낮다고 무조건 두 그룹 사이의 차이가 크다고 말하는 것은 옳지 못하다.

그룹 간 차이가 작더라도, 각 그룹의 분산이 작거나 측정 수가 충분히 크다면 그룹 사이의 차이가 존재한다고 확실히 말할 수 있다. 즉 차이가 없다는 귀무 가설을 기각할 수 있는 것이다. *p*-value 역시 매우 낮게 나올 것이다. 이 경우, 그룹 간 차이가 큰 것은 아니므로 다음의 논리 관계를 유추할 수 있다.

> '그룹 간 차이가 크다.' → '*p*-value가 낮다.'   (참)
> '*p*-value가 낮다.' → '그룹 간 차이가 크다.'   (거짓)

p-value는 차이가 있다 없다를 알려주는 지표이지, 얼마만큼의 차이가 나는지를 알려주지 않는다. 아주 미세한 차이라 하더라도, 반복 실험을 통해서 그 효과를 확인할 수 있다면 *p*-value는 얼마든지 낮아질 수 있다. 이 의미는 다음 절의 시뮬레이션을 통해 다시금 확인할 수 있다.

p-value의 정의를 다시 한번 생각해보자. *p*-value는 귀무 가설이 맞다는 가정

하에 관측된 결과보다 극단적인 값이 나올 확률이다. p-value가 0.05보다 작다면 귀무 가설은 기각되고, p-value보다 크다면 귀무 가설은 기각되지 않는다. '기각'과 '기각되지 않음'이라는 두 가지 결과만 있을 뿐 강하게 기각되거나 약하게 기각된다는 개념은 존재하지 않는다.

정리하자면, p-value가 클 경우 효과가 작거나(없거나), 실험 수가 충분치 않은 것이다. 데이터의 변동성이 큰 것일 수도 있다. p-value가 작다면 효과의 크기가 크거나, 혹은 효과의 크기는 작더라도 변동성이 작거나 관찰 수가 많은 것이다. p-value가 작으니 효과가 크다고 해석하는 오류를 범하지 말아야 할 것이다.

p-value의 의미와 주의점을 더 알아보고 싶은 독자는 American Statistical Association에서 발표한 The ASA Statement on p-Values: Context, Process, and Purpose를 참고하면 좋을 것이다.

📖 **참고문헌**

Wasserstein, R. L., & Lazar, N. A. (2016). The ASA statement on p-values: context, process, and purpose. *The American Statistician*, *70*(2), 129-133.

2.6 p-value 시뮬레이션

p-value에 대한 이해를 높이기 위해 가상의 데이터셋을 가지고 p-value를 구해보는 시뮬레이션을 진행해 보자. 시뮬레이션은 총 세 가지가 진행된다.

첫 번째 시뮬레이션[그림 2.3 (a)]은 두 그룹의 크기가 각각 10으로 고정되어 있는 상태에서 각 데이터를 정규 분포에서 추출한다. 첫 번째 그룹의 모평균은 0이고, 두 번째 그룹의 모평균은 0에서 3까지 변한다. 두 그룹 모두 모표준편차는 1로 고정되어 있다. 각 상황에서 2,000번의 시뮬레이션을 반복해 얻은 p-value의 평균을 구했다. 두 그룹의 모평균 차이가 전혀 없다면 p-value는 0.5 근처에서 관찰된다. 표본 크기와 모표준편차가 고정된 상태에서 모평균 차이가 점차 커진다면 p-value가 점점 작아지는 것을 관찰할 수 있다. 이처럼 p-value가 작을수록 그룹 간 차이가 크다는 것이 일반적인 p-value에 대한 인식이다.

두 번째 시뮬레이션[그림 2.3 (b)]은 두 그룹의 크기가 같은 상황에서 모평균의 차이($\triangle$)는 1로 고정되어 있다. 이 상황에서 모표준편차가 작으면 p-value는 0에 가깝지만, 모표준편차가 커진다면 그룹 간 모평균 차이가 존재함에도 불구하고 p-value는 점차 커진다. 즉 실제로는 차이가 존재하지만 p-value만 가지고는 귀무가설을 기각하지 못하는 것이다.

세 번째 시뮬레이션[그림 2.3 (c)]은 모평균 차이가 1로, 모표준편차는 3으로 고정되어 있다. 이 상태에서 각 그룹의 크기가 점점 커진다면 p-value는 0에 가까워진다. 즉, 다른 조건이 일정한 상태에서 관측 수가 많아지더라도 p-value는 충분히 낮아질 수 있다. 이런 경향성은 p-value가 높을 때, 차이가 존재한다면 추가 실험을 통해 낮은 p-value를 구할 수 있다는 것을 보여준다. p-value는 3장에서 배울 Two-way t-test를 통해 구했다.

▶ 그림 2.3 여러 상황에서 p-value를 구한 시뮬레이션 실험

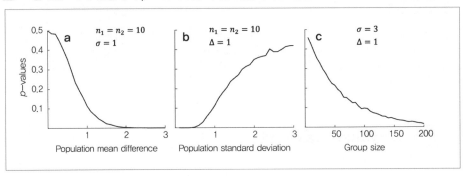

2.7 비율 검정법을 통해 p-value 구하기

이번 절에서는 비율 검정법(Proportion test)을 통해 p-value를 직접 계산해 보자. 우선 비율(Proportion)과 비(Ratio)를 구분할 필요가 있다. 10개의 세포 중 3개의 세포가 우성 형질, 7개가 열성 형질을 보인다고 하자. 우성 세포의 비율은 0.3, 즉 30%이다. 반면 우성 세포와 열성 세포의 비는 3:7 혹은 3/7이다. 다시 말해, 비율은 전체 중에서 특정 그룹이 차지하는 값이다. 반면 비는 두 그룹 사이의 상대적인 값이다.

서로 다른 크기의 두 집단이 있다. 각 집단의 독감 발생률이 차이나는지 알아보고 싶다. 그룹 1은 무작위적으로 n_1명을 조사했고, 그룹 2는 n_2명을 조사했다. 그룹 1의 (아직 알지 못하는) 모평균, 즉 독감 발생률은 p_1, 그룹 2의 모평균은 p_2이다. 그룹 1의 조사대상자 n_1명 중에는 x_1명의 독감 환자가, 그룹 2의 조사 대상자 n_2명 중에는 x_2명의 독감 환자가 있는 것을 관찰하였다. 그렇다면 그룹 1의 모평균 추정값은 $\hat{p}_1 = \dfrac{x_1}{n_1}$으로 설정하는 것이 적절하다. 그룹 2의 모평균 추정값은 $\hat{p}_2 = \dfrac{x_2}{n_2}$가 된다. x_1, x_2는 우리가 관찰한 확률 변수이며 이항 분포를 따르기 때문에 다음이 성립한다(1.13절 참조).

$$E[\hat{p}_1] = p_1, \quad E[\hat{p}_2] = p_2$$
$$V[\hat{p}_1] = p_1(1-p_1)/n_1, \quad V[\hat{p}_2] = p_2(1-p_2)/n_2$$

n_1, n_2가 충분히 크다면 $\hat{p}_1$과 $\hat{p}_2$는 정규 분포를 따른다. $\hat{p}_1$과 $\hat{p}_2$는 둘 다 평균값이기 때문에 중심극한정리를 따르기 때문이다(1.14절 참조). $\hat{p}_1 - \hat{p}_2$의 분포는 어떨까? 이 값 또한 정규 분포를 따른다(1.13절 참조). 그 분포의 기댓값은 $p_1 - p_2$가 될 것이다. 분산은 두 확률 변수를 빼더라도 증가하기 마련이다. 1.7절에서 살펴본 바에 따르면 $\hat{p}_1 - \hat{p}_2$의 분산은 $\hat{p}_1$과 $\hat{p}_2$ 분산의 합인 $p_1(1-p_1)/n_1 + p_2(1-p_2)/n_2$이 된다. 이제 $\hat{p}_1 - \hat{p}_2$에 기댓값을 빼고, 표준편차로 나눠서 평균을 0, 분산을 1로 만들어주는 표준화를 시행해 보자.

$$\frac{(\hat{p}_1 - \hat{p}_2) - (p_1 - p_2)}{\sqrt{p_1(1-p_1)/n_1 + p_2(1-p_2)/n_2}} \sim N(0, 1^2)$$

우리는 통계 검정을 위해 귀무 가설을 설정할 것이다. 그 귀무 가설은 두 집단 간 독감 환자 발생률에 차이가 없다는 것이다. 즉, $H_0 : p_1 = p_2$이다. 이 경우, $p_1 - p_2 = 0$이 되므로 위 식은

$$\frac{\hat{p}_1 - \hat{p}_2}{\sqrt{p_1(1-p_1)/n_1 + p_2(1-p_2)/n_2}} \sim N(0, 1^2)$$

이 된다. 여기서 나머지 값들은 관찰을 통해 알 수 있는데 모평균인 p_1과 p_2의 정확한 값을 모른다. 이때 우리는 큰 수의 법칙을 활용해서 $\hat{p}_1 = p_1$, $\hat{p}_2 = p_2$라고 가정한

다. 물론 어느 정도의 오차는 있겠지만, 이런 방법을 써도 큰 무리는 없다. 그렇게 얻은 확률 변수를 z라고 이름 붙이자.

$$z = \frac{\hat{p}_1 - \hat{p}_2}{\sqrt{\hat{p}_1(1-\hat{p}_1)/n_1 + \hat{p}_2(1-\hat{p}_2)/n_2}} \sim N(0, \ 1^2)$$

귀무 가설하에서는 그룹 1과 그룹 2가 동질 집단이므로 때로는 전체 발병률의 추정값 $\hat{p}_0 = \dfrac{x_1 + x_2}{n_1 + n_2}$ 을 구해 표준편차를 $\sqrt{\hat{p}_0(1-\hat{p}_0)/n_0}$ 로 설정하는 경우도 있다. 이
경우에는

$$z = \frac{\hat{p}_1 - \hat{p}_2}{\sqrt{\hat{p}_0(1-\hat{p}_0)/n_0}} \sim N(0, \ 1^2)$$

이 된다.

어느 방식으로 z를 구하든 귀무 가설이 맞다면 z는 0 근처의 값이 나와야 한다. 만일 z가 0보다 아주 크거나, 아주 작으면 귀무 가설에 무언가 문제가 있다고 볼 수 있다. 이제 우리는 귀무 가설이 맞다고 할 때 실제로 관찰한 z보다 더 극단적인 값이 나올 확률을 구한다. 그 확률이 p-value이다. z가 2.5라고 해보자. 다시 말해 그룹 1의 독감 환자 비율이 그룹 2보다 상당히 높았다. 누군가 표준 정규 분포에서 값을 하나 뽑았을 때 나오는 값을 T라고 해보자. 이런 T를 이용해서 p-value를 정의하면 다음의 조건부 확률이 된다.

$$p = P[\,|T| > |z| \ | \ H_0]$$ 수식 2.1

귀무 가설하에서 랜덤하게 나오는 값 T가 2.5보다 크거나, -2.5보다 작을 확률이 p-value가 된다. z가 큰 양수이거나 작은 음수일수록 p-value는 작아진다. 표준 정규 분포의 특성상 z가 1.96보다 크거나, -1.96보다 작으면 p-value는 0.05보다 작아진다. 표준 정규 분포를 ϕ라고 했을 때 다음이 성립하기 때문이다.

$$\int_{1.96}^{\infty} \phi(t)\,dt = \int_{-\infty}^{-1.96} \phi(t)\,dt = 0.025$$

표준 정규 분포에서 오른쪽 1.96부터 시작하는 꼬리의 넓이는 0.05의 절반인

0.025이다. 마찬가지로 왼쪽 −0.025에서 시작하는 꼬리의 넓이도 0.025이다. 두 꼬리의 넓이를 합치면 유의수준인 0.05가 된다.

z가 1.96보다 크기 때문에 귀무 가설이 기각되어 두 집단 간 독감 발병률 사이에는 유의미한 차이가 있고, $\hat{p}_1$이 $\hat{p}_2$보다 유의미하게 크다고 할 수 있다(z를 정의할 때 분자를 $\hat{p}_1 - \hat{p}_2$로 잡았으므로 $\hat{p}_1$이 $\hat{p}_2$보다 큰 경우에 z가 양수가 된다). 반면 z가 −1.96 보다 작다면 두 집단 간 독감 발병률 사이에는 유의미한 차이가 있고, $\hat{p}_2$가 $\hat{p}_1$보다 유의미하게 크다고 할 수 있다. 즉, $p-$value를 통해 유의미한 차이가 있는지 확인 한 후, 유의미한 차이가 있다면 z의 부호와 식의 구조를 통해 어느 값이 유의미하게 큰지 판단한다.

모든 통계 검정의 구조는 이와 대동소이하다. 차이가 없다는 귀무 가설을 통해 $p-$value를 구하고, 어떤 것이 유의미하게 크거나 작은지 확인하는 식이다. 데이터의 구조와 가정에 따라 사용되는 통계 분포는 서로 다르다. 비율검정법은 표준 정규 분포를 사용했지만 상황에 따라 다음 장에서 다룰 카이제곱 분포, $t-$분포, $F-$분포 등을 활용한다.

☑ Tips for Practitioners

논문을 읽다가 다음 문구를 읽었다고 해보자.

(사례1)

　　Forty out of 100 individuals (40%) were vaccinated. Recently, those who were vaccinated increased by 50%.

　　총 100명 중 40%에 해당하는 40명이 백신을 접종했다. 최근 들어 접종자가 50% 늘어났다고 하는데, 그렇다면 현재 접종받은 사람은 몇명일까? 40명의 50%에 해당하는 20명이 늘어난 것일까? 아니면 전체 100명의 50%에 해당하는 50명이 늘어난 것일까? 아니면 접종률이 40%에서 50%로 증가했으니 10명이 늘어난 것일까?

　　다음 문구를 살펴보자. 마지막의 %가 %p로 달라졌다.

(사례2)

　　Forty out of 100 individuals (40%) were vaccinated. Recently, those who were vaccinated increased by 50%p.

　　우선 주목할 부분은 "increased by"라는 문구이다. "increased to ~"라면 "~까지 증가했다"라는 뜻이지만, "increased by ~"는 기존 양에 추가해 ~만큼 증가했다는 뜻이다. 그렇다면 사례1과 사례2에서 접종자가 증가한 수는 각각 얼마일까? 사례1의 경우, 접종

자가 50% 증가한 것이므로 접종자는 40명에서 그 절반인 20명이 증가해서 60명이 되었다. 사례2의 경우, 퍼센트(%)가 아닌 퍼센트 포인트(%p)가 사용되었다. 퍼센트 포인트가 사용되면 기준은 전체집단으로 바뀐다. 즉 접종자 40명이 아닌, 100명 전체가 기준이 되어 50%p가 증가했다면 100명의 절반인 50명이 증가해 접종자는 90명이 되었다는 뜻이다.

　　%는 상대적이라는 점에서 Ratio와 유사하고, %p는 전체를 기준으로 놓는다는 점에서 Proportion과 유사하다. 2015학년도 대학수학능력시험 영어 영역 문제에서 %와 %p를 구분하지 못해 출제 오류로 결론난 적이 있다.

8.8　단측검정과 양측검정

　　p-value는 귀무 가설하에서 관측한 값보다 더 '극단적인' 값이 나올 확률을 뜻한다. 비율검정법에서 다룬 그룹 1과 그룹 2의 독감 발병률 사례를 보자. 그룹 1 조사 대상자의 독감 환자 비율($\hat{p}_1$)이 그룹 2의 해당 비율보다 높다고 해보자. 이런

경우, 그룹 1의 실제 독감 발병률(모평균)이 더 높다고 가정하고($p_1 > p_2$), 표준 정규 분포에서 뽑은 값(T)이 관측값(z)보다 더 큰 경우만 고려해서 $p-$value를 구할 수 있다. z가 양수라는 가정하에 수식으로 표현하면

$$p = P[T > z \mid H_0]$$

수식 2.1과 달리 절댓값 기호가 없다. 한쪽의 극단만 가정했기 때문이다. 이런 측정 방식을 단측검정(One-tailed test)이라 부른다.

귀무 가설은 두 집단 사이에 차이가 없다는 내용을 담고 있다. 그룹 1, 2의 모평균을 각 p_1, p_2라고 했을 때, 귀무 가설은 $H_0 : p_1 = p_2$이다. 귀무 가설이 틀렸다면, $p_1 < p_2$이거나 $p_1 > p_2$가 된다. 두 경우를 모두 고려해야 하므로 $p-$value를 구할 때에는 그룹 1의 관측값이 그룹 2의 관측값보다 크더라도, 일반적으로 그 반대 경우까지 고려한다. 즉, $P[T > z \mid H_0]$인 경우에 더불어, $P[T < -z \mid H_0]$인 경우도 고려한다. 확률밀도함수가 0에 대해 대칭이라면 $P[T > z \mid H_0]$와 $P[T < -z \mid H_0]$의 값은 같다. 이렇게 $p-$value를 구하는 방법은 양측검정(Two-tailed test)이다. 귀무 가설을 통해 구한 확률밀도함수의 한쪽 꼬리만 보는 것이 아니라, [그림 2.1]처럼 반대편 꼬리도 고려하는 것이다.

양측검정으로 구한 $p-$value는 단측검정으로 구한 $p-$value보다 2배 크다. 비대칭적인 확률분포를 통해 $p-$value를 구할 때에도 양측검정으로 구한 $p-$value가 2배 크다. 연구자들은 $p-$value가 낮을 때 집단 간 차이가 있다는 결론을 내리고 논문을 작성한다. 따라서 연구자의 입장에서는 보통 $p-$value가 낮기를 바란다. 만일 양측검정으로 구한 $p-$value가 0.05에서 0.1 사이라면 단측검정으로 검정법을 바꾸고 싶을 것이다. 단측검정으로 바꾸면 $p-$value가 0.05 이하로 떨어지기 때문이다.

바꿔 말해서 양측검정을 사용해서 차이를 구하는 것은 더 '보수적인' 방법이다. 보수적이라는 말은 그 기준을 만족하기가 더 어렵다는 뜻이다. 단측검정에 비해 $p-$value가 2배 높게 나오므로, 차이를 보이기 위해서는 (실제 차이가 있다는 가정하에) 더 많은 반복 실험을 진행해야 한다. 예컨대 단측검정으로 $p-$value를 구해서 0.025에서 0.05 사이가 나왔다면, 양측검정으로는 유의미한 차이를 발견할 수 없는 경우이다. 양측검정은 실제로 차이가 있는데도, 보수적인 기준 때문에 차이를 확인하지 못하는 위음성에 취약하다. 반면 단측검정은 실제로 차이가 없는데도, 우연에 의해 차이가 확인되는 위양성에 취약하다(이 내용은 다음 절에서 살펴볼 민감도, 특이

도의 개념과 유사하다).

차이가 있다고 주장하고 싶다면 양측검정을 쓰는 것이 타당하다. 통과하기 어려운 양측검정을 통과했을 때, 즉 $p-$value가 0.05 이하로 나왔을 때, 그 결과를 더 믿을 수 있기 때문이다. 때문에 대다수의 통계 패키지는 양측검정이 기본 옵션이다.

그렇다면 단측검정은 언제 쓰이는 걸까? 앞서 $H_0 : p_1 = p_2$의 부정이 $p_1 < p_2$ 또는 $p_1 > p_2$이라고 설명했다. $p_1 < p_2$와 $p_1 > p_2$ 중에서 하나만 옳다는 확실한 근거가 있으면 단측검정을 시행할 수 있다. 예를 들어, 배지 위 박테리아 군체(Colony)의 면적 변화를 측정한다고 해보자. 관련 실험을 해본 독자들은 알겠지만, 군체의 면적은 커지기만 하고 작아지지 않는다. 박테리아가 분열하면서 군체가 성장하는데 박테리아가 죽더라도 군체가 작아지지는 않기 때문이다.

하나의 군체에 대해(이것은 추후에 살펴볼 대응표본 검정(Paired sample test)이다.) 배지 위에서 자란 지 1시간, 5시간 후의 면적을 각각 μ_1, μ_5라고 할 때, $\mu_1 \leq \mu_5$인 것은 명백하다. 따라서 귀무 가설인 $\mu_1 = \mu_5$이 거짓이라면, $\mu_1 > \mu_5$일 가능성은 배제하고 $\mu_1 < \mu_5$라고 확신할 수 있다. 이런 경우에는 단측검정을 사용할 수 있으며, 왜 단측검정을 사용했는지 논문에서 설명해야 한다. 그럼에도 불구하고 단측검정을 써서 $p-$value가 0.025에서 0.05 사이가 나왔다면 학술지의 리뷰어는 무언가 다른 의도가 있는 것이 아닌가 하고 의심할 것이다. 이런 이유 때문에 단측검정이 쓰이는 경우는 찾아보기 어렵다. 특별한 이유가 없다면 양측검정을 사용해 보수적인 방법으로 유의미한 차이를 확인하는 것이 일반적이다.

민감도(Sensitivity)와 특이도(Specificity)

어떤 바이러스가 나타나서 전체 인구 중 0.1%가 감염되었다고 하자. 이 바이러스는 별다른 증상이 없어서 걸린 사람이나 걸리지 않은 사람이나 겉보기에는 차이가 없다.

이 바이러스에 대한 감염 여부를 확인할 수 있는 검사 키트가 있다. 실제 바이러스에 걸린 사람이 이 키트를 썼을 때 양성 결과를 받을 확률은 99%이다. 이 확률을 민감도(Sensitivity)라고 부른다. 실제 바이러스에 걸리지 않은 사람이 이 키트를 썼을 때 음성 결과를 받을 확률은 95%이다. 이 확률을 특이도(Specificity)라고 부른다. 민감도와 특이도를 이전에 살펴본 조건부 확률로 분석해 보자. $W=1$은 실제로 바이러스에 감염된 사건을, $W=0$은 실제로 바이러스에 감염되지 않은 사건을 뜻한다. $T=1$은 검사 키트에 양성 결과가 나온 사건을, $T=0$은 검사 키트에 음성 결과가 나온 사건을 뜻한다. 민감도는 다음과 같이 쓸 수 있다.

$$P[T=1 \mid W=1]$$

해석하자면, 실제로 감염이 되었을 때($W=1$), 키트가 양성이 나올 확률($T=1$)이다. 마찬가지로 특이도는 다음과 같다.

$$P[T=0 \mid W=0]$$

민감도는 실제 감염자 중에서 양성 결과가 나온 확률이므로 진양성(True positive)이라 불리기도 한다. 같은 원리로, 특이도는 진음성(True negative)이라 불린다. True를 뜻하는 진(眞)은 거짓을 뜻하는 위(僞)의 반대이다. 참고로 우리나라 식약처에서는 코로나19 자가진단키트의 민감도가 90% 이상, 특이도가 99% 이상인 경우에만 허가를 내주었다.

어떤 사람이 검사 키트를 사용해서 양성 결과를 받았다고 하자. 그렇다면 그 사람이 실제로 신종 바이러스에 감염되었을 확률은 얼마일까? 즉, $P[W=1 \mid T=1]$을 구하는 것이다. 당신은 다음의 보기 중에서 그 확률을 맞출 수 있겠는가?

(A) 2%   (B) 12%   (C) 32%   (D) 62%   (E) 82%

연구자들을 대상으로 한 강연에서 이런 질문을 던져보면 대부분이 맞추지 못했다. 우선 정답은 (A)이다. 즉, 어떤 사람이 양성 결과를 받아도 그 사람이 실제 양성일 확률은 겨우 2%에 불과하다. 높은 민감도와 특이도에 비하면 상당히 낮은 수치처럼 보인다. 왜 이런 결과가 나왔는지 자세히 살펴보자.

앞서 전체 집단의 0.1%가 바이러스에 감염되었다고 했다. 전체 집단이 1,000명이라고 하자. 이 중에서 1명이 감염자이고 999명이 비감염자이다. 모두가 검사를 받았다면 99%의 민감도로 인해 평균적으로 0.99명이 양성 결과를 받고, 999명의 비감염자는 95%의 특이도로 인해 평균적으로 999명에 5%를 곱한 49.95명이 양성 결과를 받을 것이다. 다시 말해, 총 50.94명의 양성 결과를 받은 사람 중에서 실제 감염자는 0.99명이다. 때문에 키트에서 양성 판정을 받았을 때 실제로 양성(감염)

일 확률은 0.99/50.94인 1.94%이다. 발생 빈도(Prevalance)가 낮기 때문에 이런 확률이 나온 것이다. 만일 발생 빈도가 0%라면 키트에서 양성 판정을 받아도 실제 양성일 확률이 0%이다. 발생 빈도가 100%라면 양성 판정을 받았을 때 실제 양성일 확률도 100%이다. 즉 특이도, 민감도 외에 발생 빈도 역시 판단에 중요한 영향을 미친다.

민감도와 특이도는 불가분의 관계에 있다. 작은 이상만 있어도 문제가 있다고 판단하면 민감도는 올라가지만, 특이도는 떨어진다. 환자가 기침만 살짝 해도 독감이라도 판단한다면, 독감 환자를 정상이라고 판단하지는 않겠지만, 비감염자를 독감 환자라고 잘못 판단할 수 있다. 웬만한 이상을 무시하면 민감도는 떨어지지만, 특이도는 올라간다. 하나의 역치(Threshold)를 잡은 후, 역치보다 측정값이 올라가면 양성으로 판단한다고 해보자. 역치가 올라갈수록 민감도는 낮아지지만, 특이도는 올라간다. 역치가 내려갈수록 민감도는 높아지지만, 특이도는 내려간다. 이와 같은 관계는 ROC(Receiver Operating Characteristic) 곡선으로 나타낼 수 있다.

만일 생명과 직결된 검사라면 역치를 낮추는 것이 낫다. 문제가 있을 때 그 문제를 놓치면 안 되기 때문이다. 특이도가 떨어지더라도 민감도를 높이는 것이다. 그렇게 하면 실제 문제가 없어도 문제가 있다는 결과를 받기 십상이지만, 그러한 잘못된 경보(False alarm)를 받는 것이 생명과 직결된 문제를 놓치는 것보다는 낫기 때문이다. 잘못된 경보를 받으면 번거롭더라도 추가 검사를 통해서 문제가 없다는 것을 확인하면 된다.

또한 민감도가 높다면 다음과 같은 논리를 생각할 수 있다.

'실제로 문제가 있다' → '검사 결과가 양성이다'

실제로 환자에게 문제가 있다면 민감도가 높은 검사에서 양성 결과를 받을 거라고 강하게 예상할 수 있다. 우리는 고등학교에서 P → Q라는 명제와 그 대우(Contrapositive)인 not Q → not P는 같은 진리치(참 또는 거짓)를 가진다는 것을 배웠다. 따라서 위의 논리는 다음의 논리와 동치이다.

'검사 결과가 음성이다' → '실제로 문제가 없다'

이를 통해 민감도가 높은 검사에서 음성이 나왔다면, 실제로 문제가 없을 가능성이 상당히 높다고 볼 수 있다.

마찬가지로 특이도가 높다면 다음과 같은 논리를 생각할 수 있다.

'실제로 문제가 없다' → '검사 결과가 음성이다'

이 명제의 대우를 생각한다면,

'검사 결과가 양성이다' → '실제로 문제가 있다'

즉, 민감도가 높은 검사에서 음성이 나온다면 안심해도 되고, 특이도가 높은 검사에서 양성이 나오면 실제로 양성일 가능성이 높다.

2.10 출간 편향과 깔때기 그림

약물 A와 약물 B가 있다. 두 약물 사이에는 실제로 효과 차이가 없다. 전 세계의 여러 연구실들은 약물 A와 약물 B 사이에 유의미한 차이가 있는지를 실험해 본다. 각 연구실들이 1,000명 이상의 피험자를 모집해서 엄밀하게 실험을 수행하면 상관없으나, 몇몇 연구실들은 적은 수의 피험자로 실험을 진행할 수 있다. 이 경우에는 우연에 의해 유의미한 차이가 발견되는 위양성 결과가 나올 가능성이 높다. 많은 피험자를 모집해도 낮은 확률이긴 하지만 우연에 의해 위양성 결과가 나올 수 있다. 대부분의 연구실에서는 유의미한 차이를 발견하지 못할 것이나, 몇몇 연구실에서는 위양성 결과를 얻는다.

유의미한 차이를 발견하지 못한 연구자들은 '이번 실험 망했네!'라고 생각하며 연구 결과를 학술지에 투고하지 않을 것이다. 반면 (잘못된) 유의미한 차이를 발견한 연구자들은 흥분을 감추지 못하며 연구 결과를 정리해 학술지에 논문으로 투고할 것이다. 즉 학계의 특성상 음성 결과는 발표되지 않고, 양성 결과만 발표되는 경향이 있다. 때문에 추후 구글 학술 검색(Google Scholar)에서 약물 A와 약물 B의 효과를 찾아보는 연구자는 둘 사이에 차이가 있다는 잘못된 논문만을 접하게 된다. 그 연구자는 약물 A와 B 사이에 차이가 있다는 확신을 가질 것이다.

이처럼 차이가 있다는 논문만 발표되어 잘못된 지식이 퍼지는 현상을 출간 편향(Publication bias)이라 부른다. 제대로 된 음성 결과는 발표되지 않고 서류함에 보관된다는 점에서 서류함 효과(File-drawer effect)라고도 불린다. 출간 편향은 잘못된 지식을 퍼지게 하고, 연구의 재현성(Reproducibility)을 낮춘다는 점에서 학계의 문제로 지적되고 있다.

어떤 지식이 출간 편향에 의한 것인지 확인하는 방법이 있을까? 이 경우, 깔때기 그림(Funnel plot)을 살펴보면 어느 정도의 힌트를 얻을 수 있다.

깔때기 그림은 일종의 메타분석(Meta-analysis)이다. 하나의 현상에 대해 [그림 2.4]와 같이 여러 논문이 발표되었다고 하자. 그림에서 각 점은 하나의 논문에 해당한다. x축은 논문에서 발표된 차이값이고, y축은 표본의 크기이다. 표본 크기가

▶ 그림 2.4 깔때기 그림의 예시

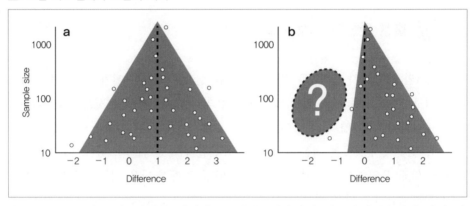

클수록 정확도가 높을 것이라 예상할 수 있다. 일반적인 연구라면 (a)처럼 어떤 값 (여기서는 1이다)을 중심으로 여러 논문에서 발표된 값들이 대칭을 이뤄야 한다. 표본 크기가 작다면 부정확한 결과가 관측되므로 대칭의 폭이 넓어지며, 표본 크기가 커질수록 그 폭이 작아진다. (a)에서는 $x = 1$을 중심으로 깔때기 모양이 나타나며, 실제 값 역시 $x = 1$과 유사하다고 생각할 수 있다. 반면 (b)에서는 x가 0보다 작은 영역에서 발표 논문이 많지 않다. 때문에 논문의 결과값들이 대칭적이지 않다. 물음표가 그려진 회색 영역에 있어야 할 논문들이 발표되지 않았을 수 있다. 이 경우에는 출간 편향을 의심할 수 있다. 따라서 깔때기 그림을 통해 발표 논문들의 대칭성과 어느 값을 중심으로 모여있는지를 보면 출간 편향이 존재하는지 유추할 수 있다.

t- test, F- test

CHAPTER 03 t-test, F-test

총기 제작자와 사냥꾼이 있다. 총기 제작자는 총을 설계하고 제작해 사냥꾼에게 전달한다. 사냥꾼은 그 총을 사용해 사냥감을 얻는다. 통계학자와 실험 연구자의 관계도 이와 유사하다. 통계학자는 통계 검정법을 개발한다. 실험 연구자는 통계 검정법을 활용해 지식과 법칙을 발견한다. 즉, 총기 제작자-사냥꾼의 관계는 통계 학자-실험 연구자의 관계와 유사하며, 총은 통계 검정법에 해당한다.

총은 목적에 맞게 디자인되어 있다. 근접전에는 산탄총, 원거리에서는 저격총, 연사를 위해서는 기관총을 써야 한다. 또한 모기를 없애려면 총이 아니라 모기약을 써야 한다. 이처럼 절대적으로 좋은 무기는 존재하지 않으며 상황에 적합한 무기를 써야 한다. 통계 검정법도 마찬가지다. 데이터 타입과 성질에 따라 적절한 통계 검정법을 사용해야 한다. 그렇지 않으면 엉뚱한 결과를 얻기 십상이다. 이번 장에서는 경우에 따라 어떤 통계 기법을 써야 하는지 살펴보고, 기초적 통계 검정법인 t-test, F-test를 알아본다.

3.1 통계 검정법의 가정

통계 검정법은 데이터 성질에 대한 가정을 가지고 설계된다. 예를 들어 표본이 정규 분포를 따른다는 가정하에 설계된 통계 검정법을 정규 분포를 전혀 따르지 않는 데이터에 쓴다면 이상한 결과를 얻게 될 가능성이 크다. 본격적으로 통계 검정법을 살펴보기에 앞서, 자주 쓰는 통계 기법들은 어떤 상황을 가정하고 설계되었는지 알아보자.

가장 먼저 확인할 부분은 몇 개의 그룹에 대해 통계 검정을 실시하는지이다. 2개의 그룹과 3개 이상의 그룹을 다룰 때에는 다른 방법을 사용한다. 그룹의 수가 그렇게 중요한지 의문이 들 수 있지만 다음 장에서 설명할 다중 비교의 문제 때문에 다른 방법을 쓸 수밖에 없다. 여기서 한 번 분기가 생긴다[그림 3.2].

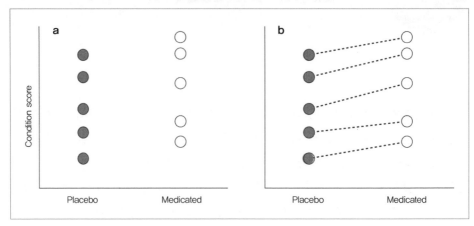

(a) 회색 점은 위약을 투여한 그룹, 흰색 점은 실제 약을 투여한 그룹이다. 약을 투여한 그룹의 점수가 평균적으로 살짝 높지만 유의미한 차이가 보이는 것 같지는 않다.

(b) 데이터는 (a)와 같지만 같은 피험자는 점선으로 연결되어 있다. 한 명의 피험자가 위약도 투여받고 (충분한 시간이 지난 뒤) 실제 약도 투여받는 식이다. 회색 점의 분포가 위아래로 넓은 것으로 보아 5명의 피험자는 각자의 상태가 많이 다르다. 흰색 점에 대해서도 마찬가지이다. 그렇지만 모든 피험자는 실제 약을 투여받은 후 점수가 올랐다. 때문에 (a)에서는 두 그룹 간 차이가 잘 보이지 않았지만, (b)에서 대응 여부를 확인하면 약의 효과를 발견할 수 있다.

데이터가 대응되는지(Paired) 여부도 살펴봐야 한다. 20명의 사람을 10명씩 두 그룹으로 나누어 한 그룹에는 약을, 다른 그룹에는 위약을 투약해 그룹 간 차이를 비교할 수 있다. 반면, 20명의 사람에게 위약과 약을 충분한 시간차를 두고 투약해 차이를 비교할 수도 있다. 같은 피험자에게 다른 조건으로 여러 차례 측정을 했다면 그에 맞는 검정법을 써야 정확한 분석이 가능하다. 예를 들어 [그림 3.1]과 같이 대응 여부를 고려하지 않으면 차이를 발견할 수 없지만, 대응 여부를 살펴보면 차이를 발견할 수 있는 경우가 있다. 특히나 피험자 간 차이가 크다면 반드시 대응을 고려해야 실험 효과를 제대로 확인할 수 있다. 여기서도 분기가 생긴다.

데이터가 정규 분포를 따르는지 여부 또한 중요하다. 많은 통계 검정법들이 데이터가 정규 분포를 따른다고 가정하고 p-value를 구한다. 세상에는 수없이 많은 분포가 존재하고, 어떤 분포는 괴기한 형태를 보인다. 그런 분포에 정규 분포를 가정한 통계 검정법을 사용하면 신뢰하기 어려운 결과를 얻을 수밖에 없다. 데이터가 특정 분포를 따른다고 가정한 통계 검정법을 모수적 검정(Parametric test)이라 하며, 데이터 분포를 특별하게 가정하지 않는 검정법을 비모수 검정(Non-parametric test)이라 한다. 별다른 언급이 없으면 모수적 검정은 정규 분포를 가정한 검정법을 뜻한다.

실험을 해서 데이터를 얻으면 우선 정규성 검정을 시행해야 한다. 그래야 어떤 검정법으로 p-value를 구할지 방향을 정할 수 있다. 먼저 데이터의 히스토그램을 그려보자. 히스토그램을 그렸는데 데이터가 명백하게 정규 분포를 따르지 않는 것처럼 보인다면 모수 검정을 사용해서는 안 된다. Nature Publishing Group의 학술지인 *Scientific Reports*의 Author guideline에는 다음과 같은 말이 나온다.

> "Normal distribution: many statistical tests require that the data be approx-imately normally distributed; when using these tests, you should explain how you tested your data for normality. If the data does not meet the assumptions of the test, you should use a non-parametric alternative instead."

출처: nature.com/srep/author-instructions/submission-guidelines?gclid= EAIaIQobChMIm_fR8tiY_AIVx7mWCh3pHgLIEAAYASABEgLT4PD_BwE

정규성 검정에 대해서는 3.9절과 8장에서 더 자세히 다룰 것이다.

각 상황에 맞는 통계 검정법이 무엇인지 알고 적절하게 사용하는 능력을 갖추는 것이 이 교재의 최종 목표이다. [그림 3.2]에는 상황에 맞는 통계 검정법이 나와 있는데, 그림에 소개된 모든 통계 검정법(회색 박스)은 이 교재에서 다룬다.

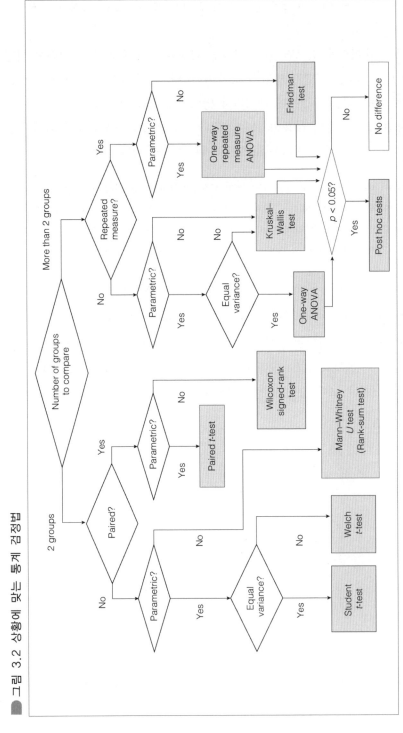

먼저 몇 개의 실험군이 있는지 확인해 2개인 경우와 3개 이상인 경우로 나눈다. 실험군이 서로 독립인지 혹은 한 피험자를 다른 조건에서 여러 번 관찰했는지 여부(대응 여부)로 또다시 경우를 나눈다. 2개 실험군에서 대응이 있는 경우 Paired라 부르며, 3개 이상의 실험군에서 대응이 있으면 Repeated measures라고 부른다. 데이터가 정규 분포를 따르면 모수 검정을, 그렇지 않으면 비모수 검정을 사용한다.

3.2 카이제곱 분포

다른 통계 검정법의 기본이 되는 카이제곱 분포를 알아보자. 카이제곱 분포는 t-분포, F-분포 나아가 ANOVA에서까지 활용되는 핵심적인 개념이다. 이름이 카이제곱인 이유는 그리스 문자 χ(카이)를 쓰기 때문이다. χ는 소문자 x(엑스)와 유사하게 생겼지만, 위아래로 좀 더 길다. 알파벳 소문자 x는 두 획이 만나는 지점에서 간혹 획이 스치듯 지나가지만, χ는 두 획이 서로를 지나가야 한다.

서로 독립인 표준 정규 분포 Z_i들이 있다고 해보자. 다시 말해 Z_i들은 iid이다(1.7절 참조). 이러한 분포가 n개 있을 때, 각 분포에서 값을 하나씩 뽑고 그 값들을 제곱한 다음에 더한 합을 $\chi^2(n)$이라고 하자. 즉 다음과 같이 표현이 가능하다.

$$\chi^2(n) = Z_1^2 + Z_2^2 + Z_3^2 + \ldots + Z_n^2$$

Z_i^2은 표준 정규 분포에서 뽑은 값을 제곱한 값의 분포이다. Z_i를 제곱한 값은 0 또는 양수가 된다. 1장에서 설명했듯이 Z_i가 정확히 0이 나올 확률은 이론적으로 0이다. 따라서 Z_i를 제곱하면 양수가 된다고 보는 게 타당하다. 이 때문에 n이 커질수록 $\chi^2(n)$ 또한 커지는 게 당연하다. 여러 n들에 대해 확률밀도함수를 그려보면 [그림 3.3]과 같이 나온다.

표준 정규 분포에서 값을 뽑으면 보통 -1에서 1 사이의 값이 나온다. 1은 표준 정규 분포의 표준편차와 같다($\sigma = 1$). 표준편차의 크기와 관계없이 정규 분포에서 $-\sigma$와 σ 사이의 값이 나올 확률은 68.2%이다. 따라서 표준 정규 분포에서 -1에서 1 사이의 값이 나올 확률도 68.2%이다. 제곱은 보통 값을 키워준다고 생각하지만 -1부터 1 사이의 값에 대해서는 오히려 값의 크기가 작아진다. 예컨대 2를 제곱하면 4로 커지지만, 0.5를 제곱하면 0.25가 되어 더 작아진다. 표준 정규 분포에서 뽑힌 -1에서 1 사이의 값 역시 제곱하면 그 크기(절댓값)가 더욱 작아진다. 때문에 하나의 정규 분포에서 나온 값을 제곱한 $\chi^2(1)$의 분포에서는 0에 가까운 값이 많이 나온다. [그림 3.3]에서 $\chi^2(1)$의 경우, 0 근처의 확률밀도가 높은 것을 확인할 수 있다.

표준 정규 분포에서 뽑은 값을 제곱한 뒤에 더해 나가면 평균은 더 커지고 이제는 오히려 0에 가까운 값을 찾기가 어려워진다. 때문에 $\chi^2(3)$의 분포는 $\chi^2(1)$에 비

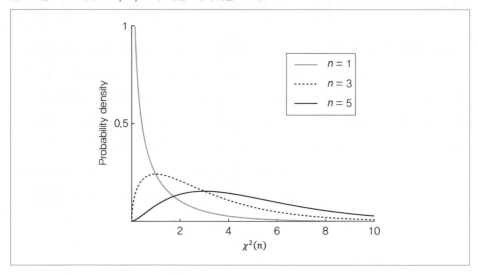

해 0 근처의 확률밀도가 낮으며 더 오른쪽으로 치우쳐 있다. $\chi^2(5)$의 분포는 $\chi^2(3)$에 비해서도 더 오른쪽으로 치우쳐 있다. 다만 서로 다른 여러 값을 더한 것이므로 그 값의 분포 또한 더 넓어진다. $\chi^2(5)$의 분포는 좌우로 상당히 넓은 것을 확인할 수 있는데, 그만큼 분산도 크다. 이런 점을 종합해보았을 때, n이 커질수록 $\chi^2(n)$의 평균과 분산 모두 증가할 것이라는 것을 예상할 수 있다. 실제로 $\chi^2(n)$의 평균과 분산은 다음과 같다는 것이 알려져 있다.

$$E[\chi^2(n)]=n$$
$$V[\chi^2(n)]=2n$$

우리는 카이제곱 분포의 모양을 결정하는 n을 카이제곱 분포의 자유도(Degree of freedom)라 부른다.

카이제곱 분포에는 가법성(Additivity)이라는 유용한 성질이 있다. 확률 변수 X와 Y가 각각 자유도 n, m인 카이제곱 분포를 따른다고 하자.

$$X \sim \chi^2(n)=Z_1^2+Z_2^2+Z_3^2+ \dots +Z_n^2$$
$$Y \sim \chi^2(m)=Z_{n+1}^2+Z_{n+2}^2+Z_{n+3}^2+ \dots +Z_{n+m}^2$$

여기서 Y 오른편에 있는 Z_i^2의 i에 해당하는 아래 첨자가 $n+1$부터 시작하는 이유는 1부터 시작할 경우 X 오른편에 있는 Z_i^2과 같은 수라고 혼동할 수 있기 때문이다. 두 확률 변수를 더하면 다음과 같이 쓸 수 있다.

$$X+Y \sim \chi^2(n)+\chi^2(m)=Z_1^2+Z_2^2+Z_3^2+ \ldots +Z_n^2+Z_{n+1}^2+ \ldots +Z_{n+m}^2=\chi^2(n+m)$$

즉, 자유도 n인 카이제곱 분포를 따르는 확률 변수와 자유도 m인 카이제곱 분포를 따르는 확률 변수를 더하면 자유도 $n+m$인 카이제곱 분포를 따른다.

미지의 확률 변수 R이 있다고 하자. X는 자유도 n인 카이제곱 분포를, $X+R$은 자유도 $n+m$인 카이제곱 분포를 따른다고 하자.

$$X \sim \chi^2(n)$$
$$X+R \sim \chi^2(n+m)$$

그렇다면 미지의 확률 변수 R은 카이제곱 분포의 가법성으로부터 자유도 m인 카이제곱 분포를 따른다는 것을 알 수 있다.

한편 자유도 n인 카이제곱 분포를 따르는 확률 변수 X를 n으로 나눈 평균과 분산은 다음과 같다.

$$E\left[\frac{X}{n}\right]=1, \quad V\left[\frac{X}{n}\right]=\frac{2}{n} \qquad \text{수식 3.1}$$

즉, 기댓값은 1이 되며 n이 커질수록 분산은 0에 가까워진다.

3.3 모분산과 표본분산의 관계

우리가 알지 못하는 이상적인 모분산(σ^2)과 실험을 통해 관측한 표본분산(S^2)의 관계는 카이제곱 분포를 보인다. 정규 분포를 따르는 확률 변수 X_i들이 있다고 하자. 실험으로 따지면 하나의 관측이 하나의 X_i가 된다. X_i들은 iid이며 $X_i \sim N(\mu, \sigma^2)$이 성립한다. 다음 식을 살펴보자.

$$\sum_{i=1}^{n}(X_i-\mu)^2$$

우리는 모평균 μ를 알지 못한다. 때문에 $X_i - \mu$에서 표본평균 $\overline{X}$를 빼고 더할 것이다. 빼고 더하면 합이 0이라 그 영향은 없지만, 기술적인 변환을 통해 새로운 사실을 발견할 수 있다.

$$\sum_{i=1}^{n} (X_i - \mu)^2 = \sum_{i=1}^{n} (X_i - \overline{X} + \overline{X} - \mu)^2$$

여기서 $X_i - \overline{X}$를 통째로 a라 하고, $\overline{X} - \mu$를 통째로 b라고 하자. $(a+b)^2 = a^2 + b^2 + 2ab$라는 공식을 활용하면 다음과 같이 수식을 이어 나갈 수 있다.

$$\sum_{i=1}^{n} (X_i - \overline{X} + \overline{X} - \mu)^2 = \sum_{i=1}^{n} \left[(X_i - \overline{X})^2 + (\overline{X} - \mu)^2 + 2(X_i - \overline{X})(\overline{X} - \mu) \right]$$

$$= \sum_{i=1}^{n} (X_i - \overline{X})^2 + \sum_{i=1}^{n} (\overline{X} - \mu)^2 + \sum_{i=1}^{n} 2(X_i - \overline{X})(\overline{X} - \mu)$$

$\sum_{i=1}^{n} (\overline{X} - \mu)^2$을 살펴보자. $\overline{X} - \mu$는 i의 영향을 받지 않는다. 때문에 $\sum_{i=1}^{n} (\overline{X} - \mu)^2$는 간단히 $n(\overline{X} - \mu)^2$으로 쓸 수 있다. $\sum_{i=1}^{n} 2(X_i - \overline{X})(\overline{X} - \mu)$에서 $(X_i - \overline{X})$는 i의 영향을 받지만 $(\overline{X} - \mu)$는 영향을 받지 않기 때문에 $(\overline{X} - \mu)$는 시그마(Σ) 바깥으로 나올 수 있다.

$$\sum_{i=1}^{n} 2(X_i - \overline{X})(\overline{X} - \mu) = 2(\overline{X} - \mu) \sum_{i=1}^{n} (X_i - \overline{X})$$

한편 $\sum_{i=1}^{n} (X_i - \overline{X})$는 다음과 같이 쓸 수 있다.

$$\sum_{i=1}^{n} (X_i - \overline{X}) = \sum_{i=1}^{n} X_i - \sum_{i=1}^{n} \overline{X} = \sum_{i=1}^{n} X_i - n\overline{X}$$

표본평균은 $\overline{X} = \frac{1}{n} \sum_{i=1}^{n} X_i$으로 정의되었으므로 $n\overline{X} = \sum_{i=1}^{N} X_i$이다. 때문에 $\sum_{i=1}^{n} (X_i - \overline{X})$ $=0$이다. 이 항을 제거하면 다음과 같이 쓸 수 있다.

$$\sum_{i=1}^{n} (X_i - \mu)^2 = \sum_{i=1}^{n} (X_i - \overline{X})^2 + n(\overline{X} - \mu)^2$$

우변의 두 번째 항인 $n(\overline{X} - \mu)^2$을 살펴보자. 1.7절에서 $\overline{X}$는 평균이 μ이고 분산이

$\dfrac{\sigma^2}{n}$ 라는 것을 배웠다. $\overline{X}$는 정규 분포를 따르는 확률 변수들의 평균이므로 $\overline{X}$ 또한 정규 분포를 따르며 $\overline{X} \sim N\left(\mu,\ \dfrac{\sigma^2}{n}\right)$이 성립한다(사실 X_i가 정규 분포를 따르지 않아도 중심극한정리에 의해 $\overline{X}$는 정규 분포와 유사해진다).

이번에는 양 변을 σ^2으로 나눠보자.

$$\sum_{i=1}^{n}\left(\frac{X_i-\mu}{\sigma}\right)^2 = \sum_{i=1}^{n}\left(\frac{X_i-\overline{X}}{\sigma}\right)^2 + \frac{n(\overline{X}-\mu)^2}{\sigma^2} \qquad \text{수식 3.2}$$

$\dfrac{n(\overline{X}-\mu)^2}{\sigma^2}$ 은 다음과 같이 쓸 수 있다.

$$\frac{n(\overline{X}-\mu)^2}{\sigma^2} = \frac{(\overline{X}-\mu)^2}{\sigma^2/n} = \left(\frac{\overline{X}-\mu}{\sqrt{\dfrac{\sigma^2}{n}}}\right)^2 \sim \chi^2(1)$$

$\left(\dfrac{\overline{X}-\mu}{\sqrt{\sigma^2/n}}\right)^2$ 은 $\overline{X}$에 기댓값을 빼고 표준편차로 나눈 정규화(1.13절 참조)를 시행한 뒤 제곱을 한 형태이다. 정규화를 거치면 기댓값이 0, 분산이 1인 표준 정규 분포를 따르므로 $\left(\dfrac{\overline{X}-\mu}{\sqrt{\sigma^2/n}}\right)^2$ 은 자유도 1인 카이제곱 분포를 따른다고 할 수 있다.

$\sum_{i=1}^{n}\left(\dfrac{X_i-\mu}{\sigma}\right)^2$ 역시 마찬가지다. X_i에 기댓값을 빼고 표준편차로 나눠준 것을 제곱하는 과정을 n번 반복했다. 그러므로

$$\sum_{i=1}^{n}\left(\frac{X_i-\mu}{\sigma}\right)^2 \sim \chi^2(n)$$

앞서 우리는 카이제곱 분포의 가법성을 살펴보았다. 수식 3.2에서 좌변은 $\chi^2(n)$을 따르고, 우변의 $\dfrac{n(\overline{X}-\mu)^2}{\sigma^2}$ 은 $\chi^2(1)$을 따른다. 가법성의 성질에 의해 남은 $\sum_{i=1}^{n}\left(\dfrac{X_i-\overline{X}}{\sigma}\right)^2$ 은 $\chi^2(n-1)$을 따른다.

$$\sum_{i=1}^{n}\left(\frac{X_i-\overline{X}}{\sigma}\right)^2 \sim \chi^2(n-1) \qquad \text{수식 3.3}$$

우리는 표본분산(S^2)을 다음과 같이 정의했다.

$$S^2 = \frac{1}{n-1} \sum_{i=1}^{n} \left(X_i - \overline{X} \right)^2$$

이런 특성을 이용해서 S^2에 $n-1$을 곱하고 σ^2으로 나눠주면 다음과 같은 결과를 얻는다.

$$(n-1)\frac{S^2}{\sigma^2} = \sum_{i=1}^{n} \left(\frac{X_i - \overline{X}}{\sigma} \right)^2 \sim \chi^2(n-1) \qquad\qquad 수식 3.4$$

이제 원하던 결과를 얻었다. 확률 변수인 S^2에 $n-1$을 곱하고 σ^2으로 나눠주면 자유도 $n-1$인 카이제곱 분포를 따른다. 이 식은 우리가 관찰한 표본분산과 알지 못하는 이상적인 모분산의 관계를 알려준다. 이제 우리는 $t-$분포를 정의할 준비가 되었다.

3.4 $t-$분포를 사용하는 이유와 그 특징

하나의 조건으로 실험을 진행해 n개의 결과값들을 구했을 때 각 값을 X_i라 명명하자. 이들은 정규 분포를 따르는 iid이다. 이들의 평균을 $\overline{X}$라고 하자. $\overline{X} \sim N\left(\mu, \frac{\sigma^2}{n} \right)$이므로

$$\frac{\overline{X} - \mu}{\sigma / \sqrt{n}} \sim N(0, \; 1^2)$$

문제는 모표준편차인 σ를 모른다는 것이다. 우리는 표본표준편차인 S만을 알고 있는데, 상수인 σ와 달리 S는 매번 변하는 확률 변수다. 우리는 σ 대신 S를 쓰면 어떤 분포를 따를지가 궁금하다. 즉 다음의 확률 변수가 어떤 분포를 따르는지 알고 싶다.

$$\frac{\overline{X} - \mu}{S / \sqrt{n}}$$

$\frac{\overline{X} - \mu}{\sigma / \sqrt{n}}$에 $\frac{\sigma}{S}$를 곱하면 $\frac{\overline{X} - \mu}{S / \sqrt{n}}$가 된다. 우리는 $(n-1)\frac{S^2}{\sigma^2}$가 카이제곱 분포를 따

른다는 것을 알고 있다. 편의상 $(n-1)\dfrac{S^2}{\sigma^2}$을 V라고 명명하자. 그렇다면 $\dfrac{S^2}{\sigma^2}$는 $\dfrac{V}{n-1}$가 되고 $\dfrac{\sigma}{S}$는 $\dfrac{1}{\sqrt{\dfrac{V}{n-1}}}$과 같다. Z를 표준 정규 분포를 따르는 확률 변수라고 하자. 이 경우,

$$\frac{\overline{X}-\mu}{S/\sqrt{n}} \;=\; \frac{\overline{X}-\mu}{\sigma/\sqrt{n}} \times \frac{\sigma}{S} \;=\; \frac{Z}{\sqrt{\dfrac{V}{n-1}}}$$

여기서 또 다른 분포를 이끌어 낼 수 있다. 표준 정규 분포에서 숫자를 하나 뽑는다고 해보자. 동시에 자유도 $n-1$인 카이제곱 분포에서 또 다른 숫자를 뽑는다. 카이제곱 분포에서 뽑힌 수를 $n-1$로 나누고 루트를 씌운다. 이 수로 표준 정규 분포에서 나온 수를 나누면 그 값은 어떤 확률밀도함수를 따를 것인가? 즉 $Z \sim N(0,\ 1^2)$이고 $V \sim \chi^2(n-1)$일 때, $\dfrac{Z}{\sqrt{\dfrac{V}{n-1}}}$라는 확률 변수의 확률밀도함수를 구하는 것이다. 우리는 $\dfrac{Z}{\sqrt{\dfrac{V}{n-1}}}$의 확률밀도함수를 자유도 $n-1$인 t-분포라고 정의한다.

$$\frac{Z}{\sqrt{\dfrac{V}{n-1}}} \;\sim\; t(n-1)$$

다시 말해 크기 n인 집단의 표본평균을 구한 뒤, $\dfrac{\overline{X}-\mu}{S/\sqrt{n}}$를 구하면 그 분포는 자유도 $n-1$인 t-분포를 따른다.

$$\frac{\overline{X}-\mu}{S/\sqrt{n}} \;\sim\; t(n-1)$$

만일 우리가 모분산을 안다면 $\dfrac{\overline{X}-\mu}{\sigma/\sqrt{n}}$가 표준 정규 분포를 따르기에 그 사실을 활용해 데이터를 분석할 수 있다. 문제는 모분산을 모르기에 대신 표본분산을 사용하는데, 그 표본분산은 상수가 아닌 확률 변수이므로 어느 정도의 모호성을 갖고 있다. 때문에 $\dfrac{\overline{X}-\mu}{S/\sqrt{n}}$가 따르는 t-분포는 $\dfrac{\overline{X}-\mu}{\sigma/\sqrt{n}}$가 따르는 표준 정규 분포와 유사하지만, 표준 정규 분포보다 더 퍼져 있다는 특징이 있다.

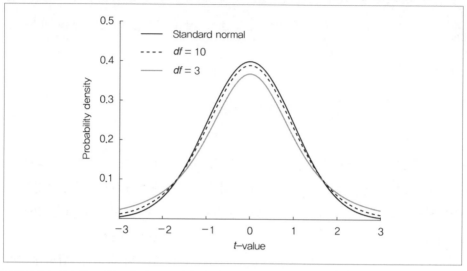

자유도가 높을수록 t-분포의 양쪽 꼬리가 얇아지고 가운데의 봉우리가 높아진다. 자유도가 아주 높다면 표준 정규 분포와 같은 형태를 보인다.

표본분산이 집단의 크기에 영향을 받기 때문에 t-분포 역시 집단의 크기(자유도)에 영향을 받는다. 자유도가 커질수록 t-분포는 표준 정규 분포와 유사해지는데, 집단이 커질수록 표본분산이 모분산과 비슷해지기 때문이다. 집단의 크기가 작다면 표본분산이 모분산과 차이가 클 가능성이 높은 반면, 집단의 크기가 커서 여러 번의 측정을 시행해 구한 표본분산은 모분산과 거의 같다. 앞서 살펴본 큰 수의 법칙을 떠올리면 편하다. 표본이 30 이상이면 표본분산은 모분산과 거의 같고, t-분포 역시 표준 정규 분포와 거의 같아진다. 참고로 이 책에서 증명하지는 않았지만, $\dfrac{\overline{X}-\mu}{\sigma/\sqrt{n}}$ 와 $\dfrac{S^2}{\sigma^2}$ 는 서로 독립이다.

3.5 One-sample t-test와 Paired t-test

방금 살펴본 t-분포는 크기가 n인 하나의 그룹을 다룬다. 이런 t-분포를 사용해 p-value를 구하는 검정법을 One-sample t-test라 부른다. One-sample t-test는 한 집단의 값이 특정 기준보다 크거나 작은지 확인하는 데 사용된다. 예를 들어

배터리의 작동시간이 5시간을 넘는지 확인하고 싶다고 하자. 무작위로 추출한 배터리 40개의 작동시간을 모두 측정해보니 정규 분포를 따르고 표본평균은 6.5시간, 표본표준편차는 2.1시간이 나왔다. μ를 배터리 작동 시간의 모평균이라 한다면 귀무 가설은 $H_0 : \mu = 5$가 된다. 이 정보를 활용해 t-분포를 따르는 t-value를 구해보자. 이 t-value는 자유도가 39이므로 t_{39}라고 쓴다.

$$t_{39} = \frac{\overline{X} - \mu}{S/\sqrt{n}} = \frac{6.5 - 5}{2.1/\sqrt{40}} = 4.52$$

귀무 가설이 맞다면 t_{39}라는 확률 변수는 자유도가 39인 t-분포를 따를 것이다. 여기서 표기법에 의한 혼동이 생길 수 있는데, t_{39}라는 확률 변수는 우리가 관찰한 하나의 확률 변수이다. t_{39}는 t-분포를 따르므로 다음과 같이 쓸 수 있다.

$$t_{39} \sim t(39)$$

이 식에서 $t(39)$는 확률 변수가 아니라 확률밀도함수를 나타낸다. 즉 $t(39)$는 하나의 값이 아니라 [그림 3.4]에 등장할 만한 확률의 분포이다. 이 차이를 인지하는 것이 중요하다.

이제 p-value를 구해보자. 자유도 39인 t-분포에서 추출한 값이 연구자가 관찰한 $t_{39} = 4.52$보다 클 확률은 얼마일까? 컴퓨터를 통해 그 값을 구하면 다음과 같다.

$$\int_{4.52}^{+\infty} F(x)dx = 0.000028$$

여기서 $F(x)$는 자유도 39인 t-분포이다. 그렇다면 p-value도 0.000028일까? 그렇지 않다. 양측검정을 수행해야 하기 때문이다. 다른 극단도 고려해 다음 값도 구해야 한다.

$$\int_{-\infty}^{-4.52} F(x)dx = 0.000028$$

다시 말해, t-분포에서 추출한 값이 연구자가 관찰한 t-value의 반대인 -4.52보다 작을 확률도 구해야 한다. 그 확률은 대칭성에 의해 0.000028이다. 즉 양측검정을 시행하면 p-value는 0.000028의 두 배인 0.000056이 된다. 이 p-value는 0.05보다 작고 표본평균도 5시간보다 크므로 배터리의 작동 시간은 5시간보다 유의미하게 크다고 볼 수 있다.

One−sample t−test와 유사한 방법으로는 Paired t−test(대응표본 t−test)가 있다. Paired t−test는 같은 피험체에게 서로 다른 두 가지 처리를 했을 때 사용하는 방법이다. 예를 들어 30명의 사람들에게 혈압 강하제를 투여했다고 하자. 투여 전의 혈압과 투여 후의 혈압을 비교하면 혈압 변화량이 하나의 확률 변수 X_i가 된다. 30명에 대해 각각 하나의 확률 변수가 나오므로 확률 변수는 총 30개이다. 연구자는 각 사람의 혈압이 투약 후에 유의미하게 감소했는지 확인하고 싶을 것이다. 귀무 가설은 혈압약이 효과가 없다는 것이다. μ가 혈압 변화의 모평균이라고 하면 H_0 : $\mu = 0$이다. 각 피험자 혈압 변화량의 평균은 −12 mmHg이고 표본표준편차는 35 mmHg이라고 하자. 이 경우 t−value를 계산하면

$$t_{29} = \frac{\overline{X} - \mu}{S/\sqrt{n}} = \frac{-12 - 0}{35/\sqrt{30}} = -1.878$$

자유도 29의 t−분포에서 임의로 뽑은 값이 1.878보다 크거나, −1.878보다 작을 확률은 0.07이다. 즉, 유의미한 p−value가 아니다. 만일 이 결과를 논문으로 보고한다면 다음과 같이 서술하는 것이 일반적이다.

> We were not able to detect the significant effect of the medication (paired t−test, $p = 0.07$, $t_{29} = -1.878$).

이 문장에서 t_{29}를 본 독자는 자유도의 크기를 통해 30명의 피험자에게 실험했다는 것을 유추할 수 있다. 또한 0.07이라는 p−value가 제대로 나온 것인지 t_{29}를 통해 확인해 볼 수 있다. 즉, t_{29}는 실험의 크기와 p−value의 근거를 알려주므로 논문에 적어주는 것이 좋다. 설령 논문에 p−value만 적더라도, 리뷰어 등이 추후에 물어볼 수 있으므로 나머지 세부 정보를 어디엔가 저장해 놓는 것이 좋다.

연구자들은 실험을 통해 혈압약의 유의미한 효과를 발견하지 못했다. 2.4절에서 말했듯 p−value가 크다면 실제로 효과가 없거나 또는 효과는 있지만 실험 횟수가 충분하지 못한 것이다. 어떤 것이 정답인지 현재로서는 알 수 없다. 추가 실험을 진행해서 총 55명의 데이터를 확보했다고 하자. 표본평균과 표본표준편차가 여전히 −12 mmHg와 35 mmHg라면

$$t_{54} = \frac{-12-0}{35/\sqrt{55}} = 2.543$$

이 경우 p−value는 거의 0이다. 피험자 수가 적어서 확인하지 못했던 약의 효과가 통계적으로 확인되는 것이다. 이와 같은 효과는 p−value를 시뮬레이션한 [그림 2.3]에서도 확인할 수 있다.

만일 약이 효과가 없다면 추가 실험을 진행할수록 표본평균은 0에 가까워질 것이다. 앞서 배운 큰 수의 법칙을 통해 이러한 트렌드를 예상할 수 있다.

3.6 F−분포의 정의

One−sample t−test는 하나의 그룹에 대한 통계 검정이다. 실제 실험에서는 독립적인 두 그룹에 서로 다른 처리를 가하고, 이들 사이에 유의미한 차이가 있는지 판단하는 경우가 많다. 이 경우에는 Two−sample t−test를 사용한다. t−test는 하나 또는 두 그룹 사이의 값을 비교하지만, 추후에 ANOVA와 회귀에서는 여러 개의 그룹을 다루므로 우선 k개의 그룹이 있을 때, 각 그룹의 평균이 어떤 분포를 따르는지 확인해보자.

이 작업을 위해 먼저 F−분포를 정의할 필요가 있다. 자유도 k_1, k_2인 카이제곱 분포를 따르는 확률 변수 V_1, V_2가 있다고 하자.

$$V_1 \sim \chi(k_1), \quad V_2 \sim \chi(k_2)$$

새로운 확률 변수 F를 다음과 같이 정의한다.

$$F = \frac{V_1/k_1}{V_2/k_2}$$

이러한 확률 변수 F가 따르는 확률밀도함수를 F−분포라고 정의하며 다음과 같이 표기한다.

$$F = \frac{V_1/k_1}{V_2/k_2} \sim F(k_1, \; k_2)$$

여기서 표기에 의한 혼동이 있을 수 있는데, 왼편의 F는 하나의 관측값인 확률

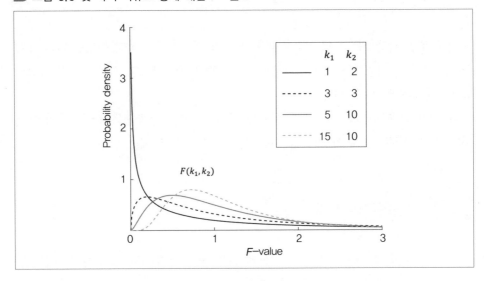

변수이고 오른편 $F(k_1,\ k_2)$의 F는 확률밀도함수를 나타낸다.

F-분포는 k_1, k_2라는 두 자유도에 의해 형태가 결정된다. k_1은 분자에 있는 V_1이 따르는 카이제곱 분포의 자유도, k_2는 분모에 있는 V_2가 따르는 카이제곱 분포의 자유도를 뜻한다.

분자의 자유도가 1이고 분모의 자유도가 k라고 해보자.

$$F = \frac{V_1/1}{V_2/k} \sim F(1,\ k)$$

앞서 자유도 1인 카이제곱 분포는 표준 정규 분포에서 나온 수를 제곱한 값의 분포와 같다고 말했다. 애당초 카이제곱 분포는 표준 정규 분포에서 나온 값을 제곱해서 얻기 때문이다. 즉 $Z \sim N(0,\ 1^2)$인 Z에 대해

$$F = \frac{Z^2}{V_2/k} = \left(\frac{Z}{\sqrt{\dfrac{V_2}{k}}} \right)^2$$

우리는 자유도 k인 t-분포가 다음과 같이 정의된다는 것을 알고 있다.

$$\frac{Z}{\sqrt{V/k}} \sim t(k)$$

따라서 자유도 k를 따르는 t−분포에서 추출한 한 값을 t_k라고 한다면($t_k \sim t(k)$), 다음이 성립한다.

$$t_k^2 = \left(\frac{Z}{\sqrt{\dfrac{V}{k}}} \right)^2 \sim F(1, \ k)$$

즉, t_k를 제곱한 값의 분포는 분자, 분모의 자유도가 1, k인 F−분포를 따른다. 이 지식은 다음 절에서 Two−sample t−test를 다룰 때 요긴하게 쓰인다.

3.7 여러 그룹에 대한 데이터 비교

이번 장에서는 Two−sample t−test와 ANOVA의 밑바탕이 되는 원리를 공부한다. 상당히 복잡한 수학적 내용이 담겨있는데, 만일 3.7절과 3.8절의 내용을 이해하기 어렵다면 결론에 해당하는 수식 3.12만 알고 넘어가도 무방하다.

k개의 그룹이 있을 때, 각 그룹의 크기를 n_j라고 하자. 쉽게 말해 n_j는 j번째 그룹에 소속된 피험자의 수이다. 따라서 j는 1부터 k까지의 자연수이다. $X_{j,i}$는 j번째 그룹의 i번째 측정값이다. 예를 들어 3개의 집단이 있고, 두 번째 집단에는 20명의 피험자가 있다고 하자. $X_{2,17}$은 두 번째 집단에 있는 17번 피험자의 측정값을 뜻한다. $X_{j,i}$에서 j는 1부터 k까지의 자연수, i는 1부터 n_j까지의 자연수이다.

각 그룹의 모평균을 μ_j라고 하자. 전체 피험자의 모평균은 각 그룹의 모평균의 평균값이다. 그룹별로 크기가 다르므로 그 점을 고려해서 평균을 구한다. 전체 모평균을 $\overline{\mu}$라고 한다면,

$$\overline{\mu} = \frac{\displaystyle\sum_{j=1}^{k} n_j \mu_j}{\displaystyle\sum_{j=1}^{k} n_j}$$

각 그룹에 속한 측정값은 모평균 μ_j, 모표준편차 σ를 따른다고 가정한다.

$$X_{j,i} \sim N\left(\mu_j, \ \sigma^2\right)$$

즉, 그룹별로 모평균만 다를 뿐 모표준편차는 모두 동일하다. 또한 계산의 편의를 위해 모든 그룹의 크기가 같다고 하자. 즉 n_j는 모두 n으로 같다. 표기상의 편의를 위해 j번째 그룹의 표본평균을 M_j라 하자. 전체 표본평균은 $\overline{M}$라고 쓴다.

$$M_j = \frac{1}{n}\sum_{i=1}^{n} X_{j,i}, \quad \overline{M} = \frac{1}{k}\sum_{j=1}^{k} M_j$$

이제 $\sum_{j=1}^{k}\left((M_j - \mu_j) - (\overline{M} - \overline{\mu})\right)^2$이 어떤 분포를 따르는지 알아보자. 수식 3.3을 통해 모평균과 모표준편차가 같은 확률 변수 Y_j들에 대해 다음의 관계가 성립한다는 것을 알 수 있다(Y_j의 모표준편차는 δ이다).

$$\sum_{j=1}^{k}\left(\frac{Y_j - \overline{Y}}{\delta}\right)^2 \sim \chi(k-1)$$

여기서의 Y_j를 $M_j - \mu_j$라고 정의한다면 $\overline{Y} = \overline{M} - \overline{\mu}$가 된다는 것을 확인할 수 있다. 즉, $M_j - \mu_j$를 위 식의 Y_j의 자리에 넣어도 된다는 것이다. 다만 M_j의 모표준편차는 $\frac{\sigma}{\sqrt{n}}$이므로 위 식의 δ 자리에는 $\frac{\sigma}{\sqrt{n}}$을 넣어준다. 그렇다면

$$\sum_{j=1}^{k}\left(\frac{(M_j - \mu_j) - (\overline{M} - \overline{\mu})}{\frac{\sigma}{\sqrt{n}}}\right)^2 \sim \chi(k-1)$$

이번에는 $\sum_{j=1}^{k}\sum_{i=1}^{n}(X_{j,i} - M_j)^2$을 살펴보자. 총 nk개의 $X_{j,i}$가 있을 때, 각 $X_{j,i}$에서 $X_{j,i}$가 속한 그룹의 평균을 뺀 값들의 제곱의 합이 어떻게 되는지를 보는 것이다. 이 식 역시 수식 3.3과 같은 구조이다. 우선 $\sum_{i=1}^{n}(X_{j,i} - M_j)^2$을 살펴보면

$$\sum_{i=1}^{n}\left(\frac{X_{j,i} - M_j}{\sigma}\right)^2 \sim \chi(n-1)$$

앞서 우리는 카이제곱 분포에 가법성이 있다는 것을 배웠다. $\sum_{j=1}^{k}\sum_{i=1}^{n}(X_{j,i} - M_j)^2$는 $\chi(n-1)$을 k번 더한 것이므로

$$\sum_{j=1}^{k}\sum_{i=1}^{n}\left(\frac{X_{j,i}-M_j}{\sigma}\right)^2 \sim \chi(nk-k) \qquad\qquad 수식\ 3.5$$

수식 3.1을 통해 위 식의 기댓값이 다음과 같이 표현된다는 것을 알 수 있다.

$$\frac{E\left[\sum_{j=1}^{k}\sum_{i=1}^{n}(X_{j,i}-M_j)^2/\sigma^2\right]}{nk-k}=1$$

분산에 해당하는 σ^2를 우변으로 옮기면,

$$\frac{E\left[\sum_{j=1}^{k}\sum_{i=1}^{n}(X_{j,i}-M_j)^2\right]}{nk-k}=\sigma^2$$

이런 성질이 있기에 $\dfrac{\sum_{j=1}^{k}\sum_{i=1}^{n}(X_{j,i}-M_j)^2}{nk-k}$를 모분산의 추정값인 $\hat{\sigma}^2$이라고 이름 붙이자. $nk-k$가 크다면 수식 3.1 중 카이제곱 분포의 분산에 대한 식을 통해 $\hat{\sigma}^2$의 분산 역시 0에 가깝다고 기대할 수 있다. 즉 추정된 분산과 실제 모분산이 거의 비슷해지는 것이다. 한편,

$$\sum_{j=1}^{k}\left(\frac{(M_j-\mu_j)-(\overline{M}-\overline{\mu})}{\frac{\sigma}{\sqrt{n}}}\right)^2 = \frac{n}{\sigma^2}\sum_{j=1}^{k}\left((M_j-\mu_j)-(\overline{M}-\overline{\mu})\right)^2 \sim \chi(k-1)$$

$$수식\ 3.6$$

또한,

$$\sum_{j=1}^{k}\sum_{i=1}^{n}\left(\frac{X_{j,i}-M_j}{\sigma}\right)^2 = \frac{1}{\sigma^2}\sum_{j=1}^{k}\sum_{i=1}^{n}(X_{j,i}-M_j)^2 \sim \chi(nk-k) \qquad 수식\ 3.7$$

수식 3.6과 수식 3.7은 서로 독립임이 알려져 있다. 수식 3.6을 자신의 자유도인 $k-1$로 나누고, 수식 3.7을 자신의 자유도인 $nk-k$로 나눈 다음에 전자를 후자로 나누면, 다음이 성립한다.

$$\frac{\dfrac{n\displaystyle\sum_{j=1}^{k}\left((M_j-\mu_j)-(\overline{M}-\overline{\mu})\right)^2}{k-1}}{\dfrac{\displaystyle\sum_{j=1}^{k}\sum_{i=1}^{n}(X_{j,i}-M_j)^2}{nk-k}} \sim F(k-1,\ nk-k)$$

$\hat{\sigma}^2$를 사용해 표현하면

$$\frac{n\displaystyle\sum_{j=1}^{k}\left((M_j-\mu_j)-(\overline{M}-\overline{\mu})\right)^2}{(k-1)\hat{\sigma}^2} \sim F(k-1,\ nk-k) \qquad\qquad 수식 \ 3.8$$

앞서 우리는 각 집단의 크기가 n으로 같다고 놓고 논의를 진행시켰다. 그 과정이 복잡해 이 책에서 증명하지는 않겠지만, 각 집단의 크기가 다르더라도 수식 3.8은 성립한다. 이 경우에는 집단의 크기(n_j)가 상수가 아니므로 시그마(Σ) 바깥으로 나올 수 없다. 따라서 집단의 크기가 같다는 보장이 없다면,

$$\frac{\displaystyle\sum_{j=1}^{k}n_j\left((M_j-\mu_j)-(\overline{M}-\overline{\mu})\right)^2}{(k-1)\hat{\sigma}^2} \sim F(k-1,\ N-k) \qquad\qquad 수식 \ 3.9$$

여기서 N은 모든 표본 크기의 합이다. 즉, $N=\displaystyle\sum_{j=1}^{k}n_j$이다. 수식 3.9는 ANOVA와 Two-sample t-test의 기초가 된다.

3.8 Two-sample t-test

앞선 절에서 살펴본 결과(수식 3.9)는 k개의 집단이 있는 경우를 다루었다. 두 그룹만 비교한다면 k를 2로 놓고 논의를 진행시키면 된다. 크기가 n_1인 첫 번째 그룹의 모평균을 μ_1, 크기가 n_2인 두 번째 그룹의 모평균을 μ_2라고 한다면, 전체 모평균은 $\overline{\mu}=\dfrac{n_1\mu_1+n_2\mu_2}{n_1+n_2}$으로 쓸 수 있다. 즉, 두 그룹의 크기를 고려한 평균치를 구하는 것이다. 마찬가지로 전체 표본평균 $\overline{M}$은 $\dfrac{n_1M_1+n_2M_2}{n_1+n_2}$가 된다. 수식 3.9의 왼쪽 식 분자에 있는 $(M_j-\mu_j)-(\overline{M}-\overline{\mu})$을 살펴보자. 먼저 j를 1로 놓자.

$$(M_1 - \mu_1) - (\overline{M} - \overline{\mu}) = M_1 - \overline{M} - (\mu_1 - \overline{\mu}) = \frac{n_2}{n_1 + n_2}(M_1 - M_2 - (\mu_1 - \mu_2))$$

수식 3.10

마찬가지로 j를 2로 놓으면

$$(M_2 - \mu_2) - (\overline{M} - \overline{\mu}) = \frac{n_1}{n_1 + n_2}(M_2 - M_1 - (\mu_2 - \mu_1))$$ 수식 3.11

이 성질을 이용해 수식 3.9의 왼쪽 식 중 분자에 해당하는 값을 구해보자.

$$\sum_{j=1}^{k} n_j \big((M_j - \mu_j) - (\overline{M} - \overline{\mu}) \big)^2$$

$$= \left(n_1 \frac{n_2^2}{(n_1 + n_2)^2} + n_2 \frac{n_1^2}{(n_1 + n_2)^2} \right) (M_2 - M_1 - (\mu_2 - \mu_1))^2$$

$$= \left(\frac{n_1 n_2 (n_1 + n_2)}{(n_1 + n_2)^2} \right) (M_2 - M_1 - (\mu_2 - \mu_1))^2 = \frac{n_1 n_2}{n_1 + n_2} (M_2 - M_1 - (\mu_2 - \mu_1))^2$$

$$= \frac{1}{\frac{1}{n_1} + \frac{1}{n_2}} (M_2 - M_1 - (\mu_2 - \mu_1))^2$$

수식 3.9의 왼쪽 식 중 분모에 해당하는 $(k-1)\hat{\sigma}^2$은 k가 2이므로 $\hat{\sigma}^2$가 된다. 이제 종합하면,

$$\frac{\sum_{j=1}^{k} n_j \big((M_j - \mu_j) - (\overline{M} - \overline{\mu}) \big)^2}{(k-1)\hat{\sigma}^2} = \frac{(M_2 - M_1 - (\mu_2 - \mu_1))^2}{\left(\frac{1}{n_1} + \frac{1}{n_2} \right)\hat{\sigma}^2} \sim F(1, \ N-2)$$

여기서 $N = n_1 + n_2$이다. 우리가 이런 확률 분포를 구하는 이유는 결국 귀무 가설에 대한 p-value를 구하기 위해서이다. 즉 크기가 서로 다른 두 그룹이 있을 때, 그룹 사이에 유의미한 차이가 존재하는지 알아보는 것이 목적이다. 귀무 가설은 차이가 없다는 내용을 담고 있으므로 $\mu_1 = \mu_2$이라고 가정한다. 따라서 귀무 가설을 가정한다면

$$\frac{(M_2 - M_1)^2}{\left(\frac{1}{n_1} + \frac{1}{n_2}\right)\hat{\sigma}^2} \sim F(1, \ N-2)$$

3.6절에서 분자의 자유도가 1인 F-분포는 t-value의 제곱에 대한 분포와 같다고 했다. 이 사실을 활용해 생각하면

$$\frac{M_2 - M_1}{\sqrt{\frac{1}{n_1} + \frac{1}{n_2}}\,\hat{\sigma}} \sim t(N-2)$$

앞서 표기상 편의를 위해 $\overline{X}_1$을 M_1이라고 나타냈었다. 이런 점을 반영해 위 식을 다시 쓰면

$$t_{N-2} = \frac{\overline{X}_2 - \overline{X}_1}{\sqrt{\frac{1}{n_1} + \frac{1}{n_2}}\,\hat{\sigma}} \sim t(n_1 + n_2 - 2) \qquad \text{수식 3.12}$$

이 식이 Two-sample t-test에서 p-value를 구하는 식이다. t-분포는 0에서 가장 크고 0에서 멀어질수록 작아지므로, 두 표본평균의 차이($|\overline{X}_2 - \overline{X}_1|$)가 크고, 관측수($n_1 + n_2$)가 많고, 표본표준편차($\hat{\sigma}$)가 작을수록 p-value가 작을 것으로 예상할 수 있다.

한 가지 예를 살펴보자. 그룹 1은 약물 A를 투여한 후 수축기 혈압을 측정했고, 그룹 2는 약물 B를 투여한 후 수축기 혈압을 측정했다. 두 그룹의 관찰값은 정규분포를 따르고 분산이 비슷하다. 그룹 1에는 20명의 피험자가, 그룹 2에는 15명의 피험자가 있다. 즉 총 피험자는 35명이다. 그룹 1의 평균은 121 mmHg, 그룹 2의 평균은 105 mmHg이다. 표준편차의 추정치를 구하는 것은 One-sample t-test를 할 때보다 복잡하다. 관측값에서 그 값이 속한 그룹의 표본평균을 뺀 후 제곱해야 하기 때문이다. 즉 그룹 1에 속한 혈압 측정값은 121 mmHg을 뺀 뒤 제곱하고, 그룹 2에 속한 혈압 측정값은 105 mmHg를 뺀 뒤 제곱한다(수식 3.5 참조). 이렇게 제곱해서 구한 값들을 다 더한 뒤, 전체 데이터 수에서 2를 빼준 $n_1 + n_2 - 2$로 나눠주면 그것이 표준편차의 기댓값이 된다.

$$\hat{\sigma} = \frac{1}{n_1 + n_2 - 2} \sum_{j=1}^{2} \sum_{i=1}^{n_j} \left(X_{j,i} - \overline{X}_j\right)^2$$

앞서 한 집단의 표본표준편차를 구할 때 제곱합을 전체 데이터 수에서 하나 뺀 값으로 나눠주었다. 그렇게 해야만 기댓값이 모표준편차와 같기 때문이다. 여러 집단에서 표본표준편차를 추정할 때도 마찬가지다. 각 그룹은 $n_j - 1$이 자유도를 갖고 있고, 각 자유도를 더한 값으로 나눠줘야만 그 기댓값이 모표준편차와 같아진다. 때문에 집단이 2개인 경우, 두 집단의 자유도 합인 $n_1 + n_2 - 2$으로 제곱합을 나눠준다.

약물과 혈압의 실험에서 표준편차의 추정치가 27 mmHg라고 하자. 그렇게 구한 t_{33}은 5.0794이다. 자유도 33인 t-분포에서 임의의 값이 5.0794보다 크거나, -5.0794보다 작을 확률(p-value)은 0.000014598이다. 따라서 두 약에는 유의미한 효과 차이가 있다고 말할 수 있다. 이것을 논문에 보고할 때는 다음과 같이 쓸 수 있다.

> Systolic blood pressure (SBP) after administartion of drug A was significantly higher than that of drug B (two-sample t-test, $p < 10^{-4}$, $n_1 = 20$, $n_2 = 15$, $t_{33} = 5.0794$).

3.9　t-test의 전제 조건

앞서 살펴본 One-sample 또는 Two-sample t-test의 가정은 다음과 같다.

(1) 각 관측값은 독립이다.
(2) 각 집단은 정규 분포를 따른다.
(3) 각 집단의 분산은 일정하다.

따라서 이와 같은 3가지 조건이 모두 만족되어야만 앞서 살펴본 One-sample 또는 Two-sample t-test를 쓸 수 있다. 가정이 만족되지 않은 채 검정법을 사용하는 것은 잘못된 일이지만 많은 연구자들이 가정을 제대로 확인하지 않고 통계 검정을 돌리는 오류를 범한다. 특히나 t-test는 Excel에서도 수행할 수 있을 정도로 사용법이 간단하므로 데이터의 성질에 관계없이 무조건 t-test를 수행해 p-value를 구하는 사례도 심심치 않게 찾아볼 수 있다.

t-test는 우선 1개 또는 2개의 집단에 대해서만 수행한다. 3개 이상의 집단에 대해서는 ANOVA와 같은 방법을 쓰는데, 그 이유는 ANOVA를 다루는 부분에서 설

명하도록 하겠다. 데이터의 독립성은 실험의 디자인을 통해 확인할 수 있다. 연관이 없는 서로 다른 피험자로부터 얻은 데이터는 서로 독립이라고 예상할 수 있다. 다음으로 확인할 것은 집단이 모두 정규 분포를 따르는지 여부이다. 하나의 집단이라도 정규 분포를 따르지 않으면 t-test를 쓸 수 없다. 물론 정규 분포를 따르지 않는 데이터에 대해서도 통계 프로그램에서 t-test를 돌려 p-value를 얻을 수 있지만 그 결과를 신뢰할 수 없게 된다. 정규 분포를 따르지 않는 집단에 대해서는 추후에 설명할 비모수 통계 검정을 사용한다. 먼저 집단이 정규 분포를 따르는지 확인하는 방법을 살펴보자.

정규성을 확인하기 위해 데이터에 대한 Q-Q plot을 그려볼 수 있다. Q-Q plot은 Quantile-quantile plot의 약자로 분위수대조도라고도 불린다. 예를 들어 100명의 학생이 시험을 보았는데, 그 점수가 정규 분포를 따르는지 확인한다고 하자. 이를 위해 100개의 데이터를 표준 정규 분포에서 추출해 순위를 매긴다고 해보자. 그렇다면 1등부터 100등까지 대략 어떤 값이 나올지를 기대할 수 있다. 예컨대 50등, 51등의 값은 0에 가까울 것이다. 40등과 60등 사이의 값들 역시 0과 멀지 않을 것이다. 1등은 2.3 정도의 값이 나오고, 100등은 -2.3 정도의 값이 나올 것이라 예상할 수 있다. 만일 500명의 데이터가 있다면 1등은 3 근처, 500등은 -3 근처의 값이 나올 것이다. 이처럼 총 데이터 수와 등수가 있을 때, 그 등수가 되려면 표준 정규 분포에서 얼마가 나와야 하는지 구하는 공식이 있다. 이렇게 뽑은 100개의 수를 이론 기댓값이라고 하자.

이제 100개의 실제 데이터와 이론 기댓값을 가지고 산점도 그래프를 그릴 것이다. 실제 데이터의 1등과 이론 기댓값의 1등을 xy 평면에 찍는다. 실제 데이터의 2등과 이론 기댓값의 2등을 한 쌍으로 하는 점을 또 찍는다. 이런 식으로 이론 기댓값의 n등과 실제 데이터의 n등을 각각 x값과 y값으로 하는 산점도에는 총 100개의 점이 찍힐 것이다. 이 산점도를 Q-Q plot이라 부른다.

만일 100개의 점수 데이터가 [그림 3.6 (a)]와 같이 정규 분포와는 거리가 먼 형태라면, Q-Q plot의 점들은 직선에서 상당히 벗어나게 된다. 여기서의 직선은 점수의 1분위수(Q1)와 이론 기댓값의 1분위수에 해당하는 하나의 점과, 점수의 3분위수(Q3)와 이론 기댓값의 3분위수에 해당하는 점을 이은 것이다. 직선에서 벗어난 모습, 예를 들어 점들이 S 형태의 모습을 보인다면 점수 분포가 정규 분포가 아니라고 유추할 수 있다.

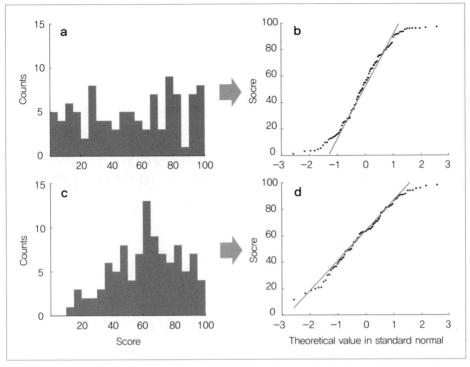

(a) 100개의 점수에 대한 히스토그램. 이 분포는 정규 분포를 따르지 않는다.

(b) (a)의 분포에 대한 Q-Q plot. 각 점은 점수와 표준 정규 분포에서 나온 이론 기댓값을 대응시킨 것들이다. 점수의 1등과 이론 기댓값의 1등을 하나의 점으로 그린 셈이다. 직선은 3분위(Q3)에 해당하는 점과 1분위(Q1)에 해당하는 점을 이은 것이다. 왼쪽과 오른쪽 끝에서 점들이 직선에서 벗어난 모습을 보인다.

(c) 100개의 점수에 대한 히스토그램. 이 분포는 정규 분포를 따르지만, 100점 이상의 값은 존재하지 않아 잘린 정규 분포 형태를 보인다.

(d) (c)의 분포에 대한 Q-Q plot. 점수 분포가 정규 분포를 따르므로 Q-Q plot의 점들도 직선에서 크게 벗어나지 않는다. 다만 100점 이상의 점수는 없기 때문에 Q-Q plot의 오른쪽 위 점들이 직선에서 벗어난 모습이 보인다.

만일 100개의 점수 데이터가 정규 분포를 따른다면(굳이 표준 정규 분포일 필요는 없다), 산점도의 점들은 직선 비슷한 모양을 이룬다. 직선의 기울기는 점수 분포의 분산에 의해 결정된다. 만일 점수가 분산이 1인 표준 정규 분포에서 나왔다면 Q-Q plot의 직선은 기울기가 1인 $y = x$와 비슷할 것이다.

Q-Q plot을 그렸을 때, 점들이 직선에서 벗어나는지를 확인하면 데이터가 정

규 분포를 따르는지 확인할 수 있다. Q-Q plot에서 x축에 해당하는 이론 기댓값을 다른 분포에서 나온 것으로 바꾸면 데이터가 특정 분포를 따르는지 확인할 수 있다. 예를 들어 데이터가 카이제곱 분포를 따르는지 확인하고 싶다면, 이론 기댓값을 카이제곱에 맞게 바꾸고 Q-Q plot을 그려 점들이 직선상에 위치하는지 보면 된다.

Q-Q plot에서 점들이 얼마나 직선에 가까워야 해당 분포를 따른다고 볼 수 있는지에 대한 절대적인 기준은 없다. 다만 상식적인 선에서 결론을 내릴 수 있기에 [그림 3.6 (b)]는 데이터가 정규 분포를 따르지 않는다고 말할 수 있으며, [그림 3.6 (d)]는 정규 분포를 어느 정도 따른다고 말할 수 있다. 안전한 방법은 논문에 Q-Q plot을 싣는 것이다. 에디터와 리뷰어, 독자들은 그 Q-Q plot을 보고 저자들의 주장에 대한 나름의 평가를 내릴 것이다.

Q-Q plot 외에도 데이터가 정규 분포로부터 도출되었는지 알려주는 통계적 검정법들이 있다. 이들은 Q-Q plot과 다르게 p-value라는 엄격한 잣대를 제공한다. 대표적인 방법으로 Shapiro-Wilk test와 Kolmogorov-Smirnov test가 있다. 편의상 각각 SW test, KS test라 부르도록 하겠다. SW test는 데이터가 정규 분포로부터 도출되었다는 귀무 가설을 검정한다. KS test는 데이터가 특정 분포로부터 도출되었다는 귀무 가설을 검정하는데, 그 특정 분포를 표준 정규 분포로 설정할 수 있다. 평균이 0이고 분산이 1인 표준 정규 분포를 가지고 검정하므로, 데이터가 정규 분포를 따르는지 확인하기 위해서는 표본평균을 빼고, 표본표준편차로 나눠주는 정규화(1.13절 참조)를 거친 후 검정을 진행해야 한다. 반면 SW test는 평균, 분산과 관계없이 정규 분포를 따르는지 검정하므로 정규화를 시행할 필요가 없다. 두 검정 모두 귀무 가설에 대한 p-value를 제공한다. (표준) 정규 분포를 따르는지에 대한 귀무 가설을 기준으로 삼은 p-value이므로 그 값이 작다면 귀무 가설을 기각할 수 있다. 따라서 p-value가 작게 나온다면 데이터가 정규 분포를 따르지 않는다고 결론내릴 수 있다.

이런 검정법을 통해 데이터가 (표준) 정규 분포를 따르는지 확인하고 싶은 경우에 혼선이 생길 수 있다. 만일 데이터가 정규 분포를 따른다면 p-value는 높게 나올 것이다. 그렇지만 다음 질문에 대해서는 어떻게 답할 수 있을까?

'SW test나 KS test에서 높은 p-value가 나왔다면 데이터는 정규 분포를 따르는가?'

2.4절에서는 p-value가 큰 경우에 어떻게 해석할지를 다루었다. 만일 데이터가 충분히 크다면 p-value가 크다는 것을 근거로 데이터가 정규 분포와 크게 다르지 않다고 추론할 수 있다. p-value가 높다고 완전한 정규 분포를 따른다고 볼 수는 없다. 우리는 데이터와 정규 분포와 사이의 유의미한 차이를 발견하지 못한 것일 뿐이다. 오차가 존재하는 상황에서 두 분포의 동일성을 보이는 것은 통계적으로 매우 어렵다.

만일 데이터 수가 적다면, 설령 데이터가 다른 분포를 따르더라도 p-value는 크게 나온다. 따라서 이 경우에는 큰 p-value를 가지고 데이터가 정규 분포를 따른다고 말할 수 없다. 물론 충분한 데이터 수에 절대적인 기준이 있는 것은 아니다. 정규 분포에서 추출된 10개의 데이터도 때로는 낮은 p-value를 보이고, 균등한 분포에서 추출된 10개의 데이터도 때로는 높은 p-value를 보인다.

p-value는 검정법에 대해서도 차이가 난다. SW test는 크기 50 미만의 데이터에서, KW test는 크기 50 이상의 데이터에서 쓰도록 권장되고 있다(Elliott AC & Woodward 2007). 그렇지만 이 기준 역시 절대적이지 않다. 100개로 이뤄진 [그림 3.6 (a)와 (c)]의 데이터에 SW test를 사용하면 각각 0.00013, 0.039의 p-value를 얻는다. 즉 SW test상으로 [그림 3.6 (a)와 (c)]의 데이터는 정규 분포라고 볼 수 없다. 반면, [그림 3.6 (a)와 (c)]의 데이터에 KS test를 사용하면 각각 0.3011, 0.6316의 p-value를 얻는다. 즉 KS test상으로 [그림 3.6 (a)와 (c)]의 데이터는 정규 분포가 아니라고 볼 수 없다. 그렇다면 어떻게 정규성을 검정할 수 있을까? 그 자세한 방법에 대해서는 비모수 검정법을 다루는 8장에서 더 자세히 설명하도록 하겠다.

📖 **참고문헌**

Elliott AC, Woodward WA. *Statistical analysis quick reference guidebook with SPSS examples*. 1st ed. London: Sage Publications; 2007

t−test를 수행하기 위해서는 두 집단의 분산이 비슷하다는 가정도 필요하다. 두 집단의 분산을 비교할 때는 F−분포를 활용한 F−test를 사용한다.

크기가 각각 n_1, n_2이고 모분산이 각각 σ_1, σ_2인 두 집단이 있다고 해보자. 두 집단의 표본분산 S_1, S_2 역시 계산할 수 있으며 수식 3.4를 통해 다음을 알 수 있다.

$$(n_1-1)\frac{S_1^2}{\sigma_1^2} \sim \chi^2(n_1-1) \qquad \text{수식 3.13}$$

$$(n_2-1)\frac{S_2^2}{\sigma_2^2} \sim \chi^2(n_2-1) \qquad \text{수식 3.14}$$

수식 3.13을 n_1-1로 나누고, 수식 3.14를 n_2-1로 나눈 다음 전자를 후자로 나누면,

$$\frac{\dfrac{S_1^2}{\sigma_1^2}}{\dfrac{S_2^2}{\sigma_2^2}} \sim F(n_1-1,\ n_2-1)$$

귀무 가설을 두 모분산 사이에 차이가 없다는 내용으로 삼는다면, 즉 $\sigma_1^2 = \sigma_2^2$이라는 귀무 가설을 가정하면,

$$\frac{S_1^2}{S_2^2} \sim F(n_1-1,\ n_2-1) \qquad \text{수식 3.15}$$

한 표본분산을 다른 표본분산으로 나눈 값은 귀무 가설하에서 F−분포를 따른다는 것을 알 수 있다. t−test는 두 집단 사이의 차이를 이용해 검정하지만, F−test는 두 집단 사이의 비율을 통해 검정을 시행한다. 만일 두 모집단이 비슷하다면, t−value는 0 근처의 값이 나오지만, F−value는 비율이므로 1 근처의 값이 나온다.

예시를 살펴보자. 크기가 12인 집단의 표본분산이 5.6이고, 크기가 20인 다른 집단의 표본분산이 3이라고 하자. 두 집단 사이의 모분산이 유의미하게 다른지 확인하기 위해 귀무 가설이 옳다고 가정하자. 두 집단의 표본분산 비는 자유도 12, 20

을 따르는 F-분포($F(12,\ 20)$)에서 추출한 어떠한 F-value가 된다. 아래 첨자에 자유도를 넣어서 그러한 F-value를 $F_{12,20}$이라고 이름 붙이자.

$$F_{12,20} = \frac{5.6}{3}$$

t-분포를 설명할 때도 비슷한 이야기를 했는데, $F_{12,20}$는 하나의 확률 변수이고, $F(12,\ 20)$는 확률밀도함수를 뜻한다. t-test에서 p-value를 구할 때에는 t-value가 0보다 큰지 작은지를 확인했지만, F-test에서 p-value를 구하는 것은 더 까다롭다. 우선 F-분포는 t-분포처럼 대칭이 아니며, t-분포는 모든 영역에서 정의되지만, F-분포는 0과 양수에 대해서만 정의된다.

통계 프로그램의 패키지를 쓸 때에는 문제가 되지 않지만, 손으로 F-test를 시행할 때는 큰 표본분산이 분자로 가게 해서 F-value가 1 이상이 되도록 하는 것이 편리하다. 앞서 $F_{12,20}$를 구할 때에도 5.6을 3으로 나눈 값을 활용했다. 3을 5.6으로 나눈 0.5357을 F-test에 활용해도 결과는 동일하지만 계산하기 좀 더 복잡할 수 있다. 이 경우에는 분자와 분모의 자유도가 바뀌는 것에 유의한다. 즉, $F_{12,20}$이 아니라 $F_{20,12} = 0.5357$이 되는 것이다.

1보다 큰 F-value를 구한 다음에 F-분포에서 그보다 큰 값이 나올 확률을 구한다. 보통 이 확률은 0.5보다 작다. F-value가 1보다 약간 크다면 가끔 이 확률이 0.5보다 커질 수 있다. 우선은 이 확률이 0.5보다 작다고 하자. 관찰한 F-value보다 큰 값이 나올 확률이 작다면 귀무 가설하에서 이런 F-value가 잘 설명되지 않는다는 뜻이다. F-value보다 큰 값이 나올 확률을 측정한 것은 대립 가설의 한 축인 $\sigma_1 > \sigma_2$를 고려했기 때문이다. 이 확률은 $\sigma_1 > \sigma_2$이라는 가정하에서 시행한 단측검정의 p-value이다.

우리는 양측검정을 시행할 것이므로 대립 가설의 다른 축인 $\sigma_1 < \sigma_2$에 대한 p-value도 구할 것이다. F-분포의 특징을 고려해 이 p-value를 구하는 방법도 있지만, 간단하게 단측검정으로 구한 p-value의 두 배가 최종적인 양측검정의 p-value가 된다는 사실을 이용할 수도 있다. 이 원리는 t-test를 할 때도 동일하게 적용된다. 즉 관찰한 F-value보다 큰 값이 나올 확률에 2배를 곱해주면 p-value가 된다. F-분포의 p-value에 대한 시각적 해석은 [그림 3.7]을 참조하라.

드문 경우긴 하지만, F-value가 1보다 큰데도, F-value보다 큰 값이 나올 확률이

0.5를 넘어가면 어떻게 할까? 방금 말한 방법으로 p-value를 구하면 p-value는 1보다 크다. p-value는 확률인데 1보다 큰 값을 가지는 것은 어불성설이다. 예를 들어 0.52가 나왔다고 하자. 그렇다면 F-value가 F-분포의 중앙값보다 작다는 뜻이다. F-value가 F-분포의 중앙값보다 작으면 단측검정의 p-value는 F-분포에서 F-value보다 작은 값이 나올 확률이다. 그 확률은 1에서 방금 구한 0.52를 뺀 0.48이 된다. 양측검정에 의한 p-value는 단측검정의 2배이므로 양측검정의 p-value는 0.96이 되며, 귀무 가설을 기각하지 못한다. 이 원리는 t-test에도 동일하게 적용된다. t-분포는 대칭성으로 인해 중앙값이 0이 된다는 점을 떠올리면 된다.

F-value가 1보다 충분히 큰 동시에 분자와 분모의 자유도가 크다면(즉 관측수가 많다면), p-value는 작게 나올 것이다. 이 경우, 귀무 가설이 기각되어 두 분포의 모분산이 다르다고 말할 수 있다. 관측수가 많은데도, F-test의 p-value가 높게 나온다면, 두 분포의 모분산에 유의미한 차이를 발견하지 못한 것이다. 모분산의 차이 여부에 따라 서로 다른 t-test를 사용한다.

<h2>3.11 적합한 통계 방식을 결정하기</h2>

하나의 집단이 있다. 이 집단의 평균이 특정 값보다 높거나 낮은지 확인하고 싶다면 One-sample t-test를 사용하는 것을 고려할 수 있다. 물론 검정을 시행하기 전에, 데이터가 검정에서 요구하는 성질들을 갖추고 있는지 확인해야 한다. One-sample t-test는 정규성을 필요로 한다. 따라서 Q-Q plot, SW test, KS test 등을 통해 정규성을 확인하고 시행해야 한다. 하나의 집단에 두 가지 처리를 하고 각 피험체의 변화값을 구하는 Paired t-test의 경우도 마찬가지다. 각 피험체의 변화값이 정규 분포를 따라야 한다.

이번에는 두 집단이 있다고 해보자. t-test를 쓰기 위해서는 두 집단 모두 정규 분포를 따라야 한다. 정규 분포를 따른다고 해도 Two-sample t-test는 동일한 분산을 가정한다. 같은 분산을 가지는지 확인하기 위해서는 F-test를 사용한다. 충분한 관측을 했는데도 F-test의 p-value가 높게 나오면 두 집단의 분산에 유의미한 차이가 없다고 보고 Two-sample t-test를 쓰면 된다.

만일 정규 분포는 따르지만, 두 집단의 분산이 다르면 어떻게 할까? F-test의 p

−value가 낮게 나오면 Welch's t−test 혹은 Unequal variances t−test라고 불리는 변형된 형태의 Two−sample t−test를 시행하면 된다. 앞서 동일한 분산을 가정한 Two−sample t−test는 Student's t−test라고 부른다.

Welch's t−test는 집단 간 차이가 없다는 귀무 가설하에서 t−value를 다음과 같이 정의한다.

$$t_\nu = \frac{\overline{X}_2 - \overline{X}_1}{\sqrt{\dfrac{S_1^2}{n_1} + \dfrac{S_2^2}{n_2}}}$$

여기서 S_1^2, S_2^2는 두 그룹의 표본분산이다. 또한 t−분포의 자유도도 독특하게 정의된다. Welch's t−test에서 t−분포의 자유도는

$$\nu = \frac{\left(\dfrac{S_1^2}{n_1} + \dfrac{S_2^2}{n_2}\right)^2}{\dfrac{1}{n_1-1}\left(\dfrac{S_1^2}{n_1}\right)^2 + \dfrac{1}{n_2-1}\left(\dfrac{S_2^2}{n_2}\right)^2}$$

거칠게 표현하자면 이 자유도는 각 집단의 크기에 표본분산의 가중치를 둔 합이라고 볼 수 있다. 당연한 이야기겠지만 ν는 자연수가 아닐 수 있다. ν가 자연수가 아니더라도 t−분포는 이론적으로 정의될 수 있고, 그에 따른 p−value를 구할 수 있다. t−분포는 이론적으로 감마 함수(Gamma function)라는 복잡한 함수로 정의되는데, 이 감마 함수를 통해 자연수가 아닌 자유도를 갖는 t−분포를 구할 수 있다. 실제 손으로 계산할 때는 이런 방법을 쓰기가 어려워서 ν에 가장 가까운 자연수를 자유도로 놓고 계산하는 경우가 많지만, 컴퓨터로 계산하면 문제가 되지 않는다. 참고로 수리통계에서 핵심적인 역할을 하는 감마 함수는 느낌표 기호(!)를 써서 표현하는 팩토리얼(Factorial)의 일반화된 함수이다. 예를 들어 $4! = 4 \times 3 \times 2 \times 1 = 24$가 되는데, 4와 같은 자연수 이외에도 3.5, −2처럼 어느 숫자라도 팩토리얼을 수행할 수 있게 해주는 것이 감마 함수이다.

Welch's t−test를 논문에 보고할 때는 복잡한 자유도인 ν를 기술하는 것보다 각각의 표본 크기를 적어주는 것이 좋다. 실험 디자인을 한눈에 알 수 있기 때문이다.

As we found a significant difference of variances between two groups (F−test, $F_{17,15} = 3.6848$, $p = 0.0184$), we performed Welch's t−test, and the effect of drug A was significantly higher than that of drug B ($n_1 = 17$, $n_2 = 15$, $t = 3.5045$, $p = 0.0018$).

우리가 살펴본 네 가지 t−test인 One−sample t−test, Paired t−test, Student's t−test, Welch's t−test를 각각 어떤 조건에서 사용해야 하는지 잘 알아야 한다. One−sample t−test를 제외한 나머지 세 가지 방법은 [그림 3.2]에 나와 있다.

3.12 신뢰 구간(Confidence interval)

통계학은 오차와 무작위성을 극복하기 위한 분투이다. 때문에 현상을 하나의 숫자로만 나타내기보다 참값이 어디쯤 위치하는지 그 구간을 보여주는 것이 더 유용할 때가 많다. 두 집단 사이의 차이를 보여줄 경우, 모평균의 차이가 높은 확률로 위치하는 구간을 계산할 수 있다. Student's t−test를 그 예로 들어보자. 수식 3.12 를 $\mu_1 = \mu_2$라는 가정 없이 일반적으로 표현하면

$$t_{n_1 + n_2 - 2} = \frac{\overline{X}_2 - \overline{X}_1 - (\mu_2 - \mu_1)}{\sqrt{\frac{1}{n_1} + \frac{1}{n_2}}\, \hat{\sigma}} \;\sim\; t(n_1 + n_2 - 2)$$

편의상 $t_{n_1 + n_2 - 2}$를 t_ν라고 표기하자. 여기서 p−value를 딱 0.05로 만드는 양수의 t−value를 생각해보자. 즉 다음의 조건을 만족시키는 t^*를 생각해볼 수 있다.

$$\int_{-t^*}^{t^*} \phi(x)dx = 0.95$$

여기서 $\phi(x)$는 자유도 $n_1 + n_2 - 2$의 t−분포이다. 확률 변수인 t_ν에 대해 표현하면,

$$P\left[-t^* < t_\nu < t^*\right] = 0.95$$

우리는 t_ν의 구성 요소 중에서 모평균의 차이인 $\mu_2 - \mu_1$에 대해 관심이 있다. 우선 $t_\nu < t^*$를 살펴보자.

$$t_\nu = \frac{\overline{X}_2 - \overline{X}_1 - (\mu_2 - \mu_1)}{\sqrt{\frac{1}{n_1} + \frac{1}{n_2}}\,\hat{\sigma}} < t^*$$

위 식을 $\mu_2 - \mu_1$에 대해 정리해 계산하면

$$\mu_2 - \mu_1 > \overline{X}_2 - \overline{X}_1 - t^*\sqrt{\frac{1}{n_1} + \frac{1}{n_2}}\,\hat{\sigma}$$

부등식의 양변에 무언가를 곱할 때에는 부호에 신경써야 하는데, $\sqrt{\frac{1}{n_1} + \frac{1}{n_2}}$, $\hat{\sigma}$, t^* 모두 양수인 것을 알기 때문에 그에 맞춰 계산할 수 있다. 마찬가지로 $-t^* < t_\nu$를 $\mu_2 - \mu_1$에 대해 정리하면

$$\mu_2 - \mu_1 < \overline{X}_2 - \overline{X}_1 + t^*\sqrt{\frac{1}{n_1} + \frac{1}{n_2}}\,\hat{\sigma}$$

위 두 부등식을 합치면

$$P\left[\overline{X}_2 - \overline{X}_1 - t^*\sqrt{\frac{1}{n_1} + \frac{1}{n_2}}\,\hat{\sigma} < \mu_2 - \mu_1 < \overline{X}_2 - \overline{X}_1 + t^*\sqrt{\frac{1}{n_1} + \frac{1}{n_2}}\,\hat{\sigma}\right] = 0.95$$

이를 통해 $\mu_2 - \mu_1$이 존재할 확률이 0.95가 되는 구간을 구할 수 있다. 그 구간은 표본평균의 차이인 $\overline{X}_2 - \overline{X}_1$을 중심으로 양쪽으로 $t^*\sqrt{\frac{1}{n_1} + \frac{1}{n_2}}\,\hat{\sigma}$만큼 나아간 구간이다. 따라서 구간의 길이는 $2t^*\sqrt{\frac{1}{n_1} + \frac{1}{n_2}}\,\hat{\sigma}$가 된다. 이 구간을 95% 신뢰구간(95% Confidence interval, 줄여서 95% CI)이라고 부른다.

신뢰구간은 직접 계산해 구할 수도 있고, 패키지를 통해 구할 수도 있다. 논문에 보고할 때에도 t-value, p-value와 더불어 95% CI를 적어주는 것이 좋다. 논문에 기술할 때는 보통 95% CI라 적고 그 옆에 대괄호([])를 써서 표현한다. 예컨대 CI의 하한(Lower bound)이 -0.4, 상한(Upper bound)이 1.5라고 한다면, 95% CI [-0.4 1.5]라고 기술하는 것이다. 또는 95% CI $= (-0.4, 1.5)$처럼 쓰기도 한다.

두 집단 사이에 유의미한 차이가 있다면, 즉 p-value가 0.05 이하라면 95% CI 에는 0이 포함되지 않는다. 그 말인즉슨 95% CI의 하한과 상한의 부호가 같다는 뜻이다. 반면 유의미한 차이가 없다면 95% CI에 0이 포함된다. 다시 말해 CI 하한 의 부호는 음수이고, 상한의 부호는 양수가 된다. 따라서 95% CI만 봐도 유의미한

차이가 있는지 알 수 있다.

F-test의 CI는 조금 더 복잡하다.

$$\frac{\dfrac{S_1^2}{\sigma_1^2}}{\dfrac{S_2^2}{\sigma_2^2}} \sim F(n_1-1,\ n_2-1)$$

분자$\left(\dfrac{S_1^2}{\sigma_1^2}\right)$와 분모$\left(\dfrac{S_2^2}{\sigma_2^2}\right)$를 바꾸면 다음과 같이 쓸 수 있다. 분모와 분자의 위치를 바꾸는 이유는 최종적으로 $\dfrac{\sigma_2^2}{\sigma_1^2}$이 아닌 $\dfrac{\sigma_1^2}{\sigma_2^2}$의 95% CI를 얻기 위해서이다.

$$\frac{\dfrac{S_2^2}{\sigma_2^2}}{\dfrac{S_1^2}{\sigma_1^2}} \sim F(n_2-1,\ n_1-1)$$

여기서 표본분산과 모분산을 서로 나눠서 기술하면,

$$\frac{S_2^2}{S_1^2}\,\frac{\sigma_1^2}{\sigma_2^2} \sim F(n_2-1,\ n_1-1)$$

자유도 $n_2-1,\ n_1-1$을 따르는 F-분포의 오른쪽 꼬리에 대해서 그보다 큰 값이 나올 확률이 0.025가 되게 하는 F-value를 F_R^*라고 하자. F-분포의 왼쪽 꼬리에 대해서도 그보다 작은 값이 나올 확률이 0.025가 되게 하는 F-value를 F_L^*라고 하자.

$$\int_0^{F_L^*} \psi(t)dt = 0.025, \quad \int_{F_R^*}^{\infty} \psi(t)dt = 0.025$$

확률을 0.025로 잡는 이유는 0.05의 절반이기 때문이다. 이렇게 F_L^*과 F_R^*을 설정하면, 다음 확률식이 성립한다.

$$P\left[\frac{S_1^2}{S_2^2}F_L^* < \frac{\sigma_1^2}{\sigma_2^2} < \frac{S_1^2}{S_2^2}F_R^*\right] = 0.95$$

그림 3.7 자유도 10, 15를 따르는 $F-$분포의 F_L^*과 F_R^*의 예시

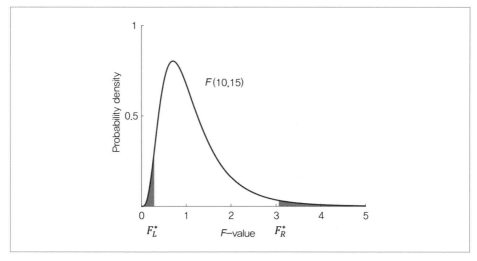

자유도 10, 15를 따르는 $F-$분포에서 왼쪽에 있는 회색 면적의 넓이는 0.025이다. 오른쪽 회색 면적 역시 0.025이다. 회색 면적의 경계를 결정하는 값이 F_L^*과 F_R^*이다. 이들은 $F-$test의 95% 신뢰구간을 결정하는 데 사용되며, 그 값은 각각 0.284와 3.06이다.

우리는 모분산의 비에 관심이 있으므로 95% CI에 1이 포함되는지를 확인하면 된다. 유의미한 차이가 있다면 CI에 1이 포함되지 않고, 유의미한 차이가 발견되지 않는다면 1이 포함될 것이다. 따라서 $F-$test의 경우에도 CI만을 보고서 유의미한 분산 차이가 있는지 확인할 수 있다. $t-$test의 CI 중간값은 표본평균의 차이가 되지만($\overline{X}_2 - \overline{X}_1$), $F-$test의 CI 중간값은 그런 성질을 갖지 않는다.

> ☑ **Tips for Practitioners**
>
> 우리는 실제 측정된 값을 가지고 통계 검정을 수행하므로 각 숫자에는 단위와 차원이 있기 마련이다. 예를 들어 5 mm는 길이의 차원을 가지며, 단위는 mm이다. 262 g은 질량의 차원을 갖는다.
>
> 통계 분석을 수행할 때는 단위 없이 오직 숫자만을 가지고 계산을 수행한다. 문제는 같은 데이터라도 단위에 따라 값이 달라진다는 것이다. 예컨대 450 g은 0.45 kg과 같은 값이다. 통계를 돌릴 때 단위를 통일해야 하는 것은 너무도 자명하지만, 어떤 단위로 통일하는지에 따라 통계 검정의 결과가 달라질까? 예컨대 g 단위로 통계 분석을 수행하면 kg 단위로 분석을 수행할 때와 같은 $p-$value가 나올까?

단위가 통일된다면 단위의 효과는 상쇄되기 마련이다. 예를 들어 kg 단위로 One-sample t-test를 수행하기 위해 다음의 t-value를 얻었다고 하자.

$$\frac{\bar{X}-\mu}{S/\sqrt{n}}$$

kg으로 수행한 통계 검정을 g 단위로 바꾼다면 값들은 모두 1000배씩 커진다. 표본평균($\bar{X}$)과 모평균(μ), 표본표준편차(S) 모두 1000배씩 커진다. 단 시행 횟수(n)는 단위의 영향을 받지 않는다. 1000배씩 커진 효과는 상쇄되어 kg으로 수행한 t-value와 같아진다.

$$\frac{1000\bar{X}-1000\mu}{1000S/\sqrt{n}}=\frac{\bar{X}-\mu}{S/\sqrt{n}}$$

통계 검정은 애당초 단위가 상쇄되도록 구성되어 있다. 만일 단위가 p-value에 영향을 미친다면 그것이 더 이상하지 않겠는가? 중요한 것은 통일된 단위를 사용하는 것이다. 표본 평균은 kg 단위로 구하고, 표본표준편차를 g 단위로 구한 뒤 통계 검정을 시행하면 이상한 결과가 나올 수밖에 없다.

일원 분산분석
One-way ANOVA

일원 분산분석
(One-way ANOVA)

지금까지는 두 집단을 비교하는 방법을 살펴보았다. 이제는 3개 이상의 집단을 비교할 것이다. 2개나 3개 이상이나 결국에는 동일하지 않냐고 생각할 수 있는데, 꼭 그렇지만은 않다. 3개 이상의 집단을 비교할 때는 그만큼 오류에 대한 취약성이 커지기 때문에 그에 맞는 통계 검정을 수행해야 한다. 따라서 3개의 집단에 대해 2개씩 짝을 지어 t-test를 수행하는 것은 옳지 못하다. 그럼에도 불구하고 이런 오류는 심심치 않게 찾아볼 수 있다. 그래서인지 여러 학술지 홈페이지에서는 그렇게 하지 말라고 직접적으로 말하고 있다. 다음은 *Scientific Reports*의 Author Guideline에 있는 문구이다.

Multiple comparisons: when making multiple statistical comparisons on a single data set, you should explain how you adjusted the alpha level to avoid an inflated Type I error rate, or you should select statistical tests appropriate for multiple groups (such as ANOVA rather than a series of t-tests).

출처: https://www.nature.com/srep/author-instructions/submission-guidelines?gclid= EAIaIQobChMIm_fR8tiY_AIVx7mWCh3pHgLIEAAYASABEgLT4PD_BwE

이 문구에서는 여러 집단을 비교할 때 t-test를 수행하지 말고, ANOVA와 같은 방법을 사용하라고 말한다. 1종 오류의 가능성이 높아지기 때문이다. 이번 장에서는 왜 여러 집단을 비교할 때 오류의 가능성이 높아지며, 그에 따라 복잡한 통계 기법을 써야하는지 알아보자.

4.1 **명제와 논리**

ANOVA의 논리 구조를 이해하기 위해서는 명제 논리에 대한 지식이 필요하다. 수학과 통계학의 기본이 되는 명제 논리를 먼저 짚고 넘어가자.

명제(Proposition, 命題)는 참(True, T)과 거짓(False, F) 여부를 판단할 수 있는 수

식 또는 문장이다. $2 \times 3 = 6$은 참인 명제이고 $5 + 4 = 10$은 거짓인 명제이다. '지구는 직육면체이다'는 거짓인 명제이고 '예술은 아름답다'라는 문장은 참 거짓 여부를 판단할 수 없으므로 명제가 아니다. 참 거짓 여부를 진리값(Truth value)이라고 하므로 명제란 곧 참 또는 거짓의 진리값을 가지는 문장이나 수식이다. 명제는 하나의 진리값만을 가진다. 다시 말해 한 명제가 참인 동시에 거짓일 수는 없다. 그런 문장은 모순(Contradiction)이다.

명제는 합쳐져서 새로운 명제를 만들 수 있다. 한 명제를 P 다른 명제를 Q라고 하면 'P and Q'와 'P or Q' 역시 명제가 된다. 'P and Q'는 P와 Q 모두 참일 때에만 참이 된다. P나 Q 중 하나라도 거짓이 있으면 'P and Q'는 거짓이다. P, Q의 진리값에 따라 'P and Q'가 어떤 진리값을 가지는지는 다음 표에 정리되어 있다.

P	Q	P and Q
T	T	T
T	F	F
F	T	F
F	F	F

예컨대 '지구는 평평하고 달은 지구 주위를 공전한다'라는 명제는 거짓 명제와 참 명제가 and로 연결된 것이므로 거짓이다.

'P or Q'는 둘 중 하나라도 참이 있으면 참이다. P와 Q 모두 거짓일 때만 'P or Q'도 거짓이다.

P	Q	P or Q
T	T	T
T	F	T
F	T	T
F	F	F

'지구는 평평하거나 달은 지구 주위를 공전한다'라는 명제는 거짓 명제와 참 명제가 or로 연결된 것이므로 참이다.

또 다른 명제 R이 있을 때도 마찬가지다. 'P and Q and R' 역시 세 명제 모두 참이어야 참이다. 'P or Q or R' 또한 셋 중 하나라도 참이 있으면 참이다.

명제에는 부정(Negation)을 취할 수 있다. 부정을 가한 명제는 진리값이 바뀐다. 참인 명제의 부정 명제는 거짓이고, 거짓인 명제의 부정 명제는 참이다. 명제 P의 부정은 ~P라고 표기한다. $x = y$처럼 등호로 이어진 수식의 부정은 $x \neq y$가 된다. 예컨대 $3 = 5$는 거짓이지만 이 명제의 부정인 $3 \neq 5$는 참이다. $a > b$처럼 부등호로 이어진 수식의 부정은 $a \leq b$처럼 부등호의 방향이 바뀌고 등호가 추가되거나 없어진다. $a \geq b$의 부정은 $a < b$이 된다.

복합명제에 대해서도 부정을 시행할 수 있다. 'P and Q'의 부정은 '~P or ~Q'이다. 'P and Q'가 거짓이 되기 위해서는 P나 Q 중에 하나라도 거짓이 있어야 한다는 점을 생각하면 된다. 'P or Q'의 부정은 '~P and ~Q'가 된다. 'P or Q'가 거짓이려면 P와 Q 모두 거짓이 되어야 한다는 점을 생각하면 된다. 그렇다면 'P and Q and R'의 부정은 어떨까?

'P and Q and R'이 거짓이 되기 위해서는 P, Q, R 중 적어도 하나가 거짓이어야 한다. 따라서 'P and Q and R'의 부정은 '~P or ~Q or ~R'이다. 'P or Q or R'이 거짓이 되기 위해서는 P, Q, R 모두 거짓이어야 한다. 따라서 'P or Q or R'의 부정은 '~P and ~Q and ~R'이다. 이와 같은 명제와 논리 지식은 ANOVA의 가설 검정에서 필수적으로 사용된다.

4.2 다중 비교(Multiple comparison)의 문제점

3장까지는 비교하는 집단이 하나 또는 두 개였다. 세 개의 집단을 비교하면 문제는 좀 더 복잡해진다. 세 집단이 있다고 하자. 각 집단에 위약, 백신 A, 백신 B를 접종했다. 이후 각 집단의 항체 변화를 측정하였더니 모두 정규 분포를 따르고 분산이 비슷했다. 그렇다면 백신의 효과를 증명하기 위해서, 또는 백신 사이의 차이를 구하기 위해 두 집단을 골라 Two-sample t-test를 시행하면 될까? 예를 들어 백신 A와 백신 B를 접종한 집단에 t-test를 시행해 0.04의 p-value를 구했다면 두 백신 사이에 유의미한 차이가 있다고 볼 수 있을까?

p-value는 귀무 가설을 설정해야 구할 수 있고, 귀무 가설은 차이가 없다는 내용을 담고 있다. 위약, 백신 A, 백신 B를 접종한 집단의 모평균을 각각 μ_0, μ_A, μ_B라고 했을 때, 귀무 가설은 다음과 같다.

$$H_0 : \ \mu_0 = \mu_A = \mu_B$$

$\mu_0 = \mu_A = \mu_B$를 풀어 쓰면 다음과 같다.

$$\mu_0 = \mu_A \ \text{and} \ \mu_A = \mu_B \ \text{and} \ \mu_0 = \mu_B$$

즉, $\mu_0 = \mu_A = \mu_B$라는 수식은 $\mu_0 = \mu_A$, $\mu_A = \mu_B$, $\mu_0 = \mu_B$라는 관계가 모두 성립한다는 내용을 포함한다. 다시 말해 우리는 두 집단의 모평균이 같다는 세 개의 귀무 가설을 확인하는 셈이다. 귀무 가설과 그에 따른 검정을 시행할 때마다 우리는 오류의 가능성에 노출된다. 두 개의 집단 사이에서 검정을 시행하면 오류에 한 번 노출되지만, 세 개의 집단 사이에서 검정을 시행하면 오류에 세 번 노출된다. 검정을 시행할 때마다 위양성 오류에 직면할 확률이 α라고 하자. 편의상 집단 i와 집단 j 사이에 유의미한 차이가 발견되면 $D_{ij} = 1$, 그런 차이가 발견되지 않으면 $D_{ij} = 0$이라고 하자. 예컨대 위약 그룹과 백신 A 그룹 사이에 유의미한 차이가 발견되면 $D_{0A} = 1$로 표기하는 것이다. 위양성이 발견될 확률은 다음과 같이 쓸 수 있다.

$$P[D_{0A} = 1 \ | \ \mu_0 = \mu_A] = \alpha$$

즉, 위양성이 발견될 확률 α는 실제로 위약 그룹과 백신 A 그룹의 모평균이 같은데, 두 그룹 사이에서 유의미한 차이가 잘못 발견될 확률이다. 반대로, 두 그룹의 모평균이 같은데 유의미한 차이가 발견되지 않을 확률은 다음과 같다.

$$P[D_{0A} = 0 \ | \ \mu_0 = \mu_A] = 1 - \alpha$$

나머지 두 쌍의 비교에 대해서도 마찬가지다.

$$P[D_{AB} = 0 \ | \ \mu_A = \mu_B] = 1 - \alpha$$
$$P[D_{0B} = 0 \ | \ \mu_0 = \mu_B] = 1 - \alpha$$

귀무 가설이 참이라고 할 때, 한 번의 비교에서 위양성 오류가 일어나지 않을 확률은 $1-\alpha$이다. 반면 세 번의 비교에서 위양성 오류가 한 번도 일어나지 않을 확률은 각 비교에서 오류가 일어나지 않을 확률의 곱이므로 $(1-\alpha)^3$이다. 한 번이라도 오류가 일어날 확률은 $1-(1-\alpha)^3$이다.

$\alpha=0.01$로 잡는다면, 두 그룹을 비교할 때의 위양성 확률은 0.01이지만, 세 그룹을 비교할 때는 0.0297로 상승한다. 그룹의 수가 많아지면 위양성 확률은 급격히 상승한다. 10개의 그룹에서 2개씩 짝을 지어 비교를 하는 방법은 총 45가지다 $({}_{10}C_2=45)$. 설령 모든 집단의 모평균이 같더라도, 우연에 의해 하나 이상의 위양성이 발견될 확률은 $1-(1-\alpha)^{45}=0.3638$로 상당히 높다. 다시 말해, 그룹의 수가 많아지고 그에 따라 가설 검정을 여러 번 시행할수록 위양성이 발견될 가능성도 높아진다. 집단의 수가 많아지면, 적어도 한 쌍에 대해서는 유의미한 차이가 발견될 수 있다는 뜻이다.

극단적으로 서로 다른 100개의 물질이 혈당량에 어떤 영향을 미치는지 확인하기 위해 3,000명의 피험자를 30명씩 100개의 그룹으로 나누어 물질을 투여했다고 해 보자. 설령 100개의 물질이 동일한 물질이더라도, 100개의 그룹 중 혈당량이 가장 높은 그룹과 가장 낮은 그룹을 골라 $t-test$를 시행하면 $p-value$는 0.05보다 낮을 가능성이 매우 크다. 여러 그룹 중 우연히 어떤 그룹은 혈당이 높고, 어떤 그룹은 낮을 수 있기 때문이다. 때문에 여러 비교를 시행할 때는 그만큼 더 엄격한 기준을

▶ 그림 4.1 그림 다중 비교의 오류를 보여주는 가상의 사례

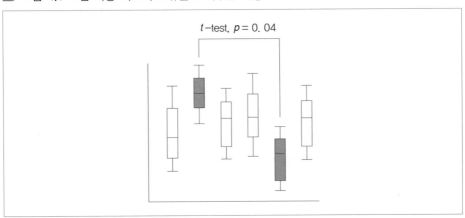

여러 그룹을 비교하는 경우, 설령 모평균이 모두 같더라도, 값이 가장 높은 그룹과 낮은 그룹을 비교하면 유의미한 차이가 발견될 수 있다.

적용해야 위양성의 오류를 상쇄시킬 수 있다. 이 때문에 3개 이상의 그룹을 비교할 때는 분산분석(Analysis of variance, ANOVA)이라는 방법을 사용한다. ANOVA 역시 그 원리는 t-test와 본질적으로 동일하다.

4.3 그냥 없다고 생각하면 안 되는가?

필자는 다음과 같은 생각 때문에 다중 비교의 문제점과 ANOVA의 개념을 받아들이기 어려웠다. 위약, 약물 A, 약물 B를 투여한 3개의 집단이 있고 t-test를 수행해서 위약 그룹과 약물 B 그룹 사이에 유의미한 차이가 확인되었다고 하자. 약물 A 그룹의 결과는 위약 그룹과 약물 B 그룹의 관찰값에 영향을 미치지 않는다. 모두 독립 사건이기 때문이다. 그럼에도 불구하고 약물 A 그룹의 결과가 존재한다는 그 사실 때문에 더 엄격한 조건을 써야 한다는 것을 받아들이기 어려웠다. 처음부터 약물 A 그룹을 실험하지 않았더라면, 위약 그룹과 약물 B 그룹 사이에서 t-test를 수행할 수 있는 것 아닌가? 그냥 약물 A 그룹에 대한 결과가 존재하지 않는다고 상정하면 안 되는가?

만약 양심적으로 처음부터 위약 그룹과 약물 B 그룹의 차이만을 비교하고 싶었는데, 어쩌다 보니까 약물 A 그룹의 데이터까지 구했다면 그렇게 생각할 수도 있다. 그렇지만 일반적인 실험 과정에서는 보통 관심 있는 요소들을 모두 실험해본 뒤, 하나씩 쌍을 지어 유의미한 차이를 비교해본다. 이런 실험 디자인을 Unplanned comparisons라고 부른다. 그렇게 하나하나 비교하다가 유의미성이 발견되었다고 했을 때, 나머지 집단이 처음부터 존재하지 않았다고 생각하는 것은 논리적으로 문제가 있다. 앞 절에서 살펴본 100개의 그룹 중에서 평균이 가장 높은 그룹과 낮은 그룹을 비교하는 예시에서도 마찬가지다. 평균이 가장 높은 그룹과 낮은 그룹을 제외하고 나머지 그룹의 측정값이 처음부터 존재하지 않았다고 보는 것은 직관적으로 봐도 옳지 못하다. 그룹이 많아지면 당연히 위양성이 나올 수 있기 때문이다.

이처럼 처음부터 존재하지 않았다고 가정하는 사고법을 일반화하면 어떠한 주장이든지 그 근거를 실험적으로 찾아낼 수 있다. 고열량 음식이 체중에 미치는 영향을 실험적으로 증명하기 위해 100명의 사람에게 고열량 음식을 섭취하게 했다고 하자. 70명의 사람들은 체중이 증가했고, 우연과 질병 등 다른 요인들로 인해 30명의 사람들은 체중이 감소했다. 연구자가 체중이 증가한 70명이 처음부터 실험에 참여하지 않았다고 가정하고 나머지 30명의 데이터로만 분석을 진행하면 '고열량 음식이 체중을 감소시킨다'는 잘못된 주장을 도출할 수 있다. 이처럼 실험자가 원하는 데이터만을 취사선택해 결론을 도출하는 행위를 체리 피킹(Cherry picking)이라고 부른다. 싱싱하고 맛있는 체리만을 골라먹는 것처럼 자신이 원하는 데이터만을 골라서 분석을 진행하는 것이다.

이러한 본질적인 문제가 있지만, 다중 비교의 오류는 출간된 논문에서도 심심치 않게 찾아볼 수 있다. 여러 집단이 있는데, 두 집단씩 짝을 지어 t-test를 시행해 p-value를 구하는 것이다. 유의미한 차이가 발견되어야만 그 결과가 보고되는 학계의 특성상(2.10절 참조) 두 그룹씩 짝을 지어 p-value를 구하는 것은 잘못된 지식을 퍼뜨리는 행위가 될 수 있다. 영화 <스파이더 맨>에는 "큰 힘에는 큰 책임이 따른다(With great power comes great responsibility)"라는 말이 나온다. 다중 비교에 있어서도 "더 많은 검정에는 더 큰 엄격함이 필요하다(With more tests comes great strictness)." 그 엄격함은 바로 ANOVA이다. Unplanned comparisons에는 ANOVA를 써야 한다.

4.4 요인(Factor)과 수준(Level)

여러 그룹을 다루면 실험의 구조도 복잡해진다. 여러 그룹을 실험할 때는 요인 (Factor)과 수준(Level)을 먼저 정해야 한다. 요인이란 실험에서 확인하려는 효과의 '차원'이다. 수준은 각 차원이 몇 개의 값을 가지는지를 나타낸다. 예를 들어 약물의 종류에 따른 호르몬을 측정하는데, 총 4가지의 약물(위약, 약물 A, 약물 B, 약물 C)을 실험한다고 하자. 약물은 연구자가 효과를 보이는지 확인하고자 하는 요인에 해당한다. 서로 다른 4가지의 약물이 있으므로, 약물의 요인에는 4가지의 수준이 있다. 각 수준마다 여러 명의 피험자가 있어야 통계 분석이 가능하다. 수준이 4가지이므로 각 수준마다 10명의 피험자를 구한다면 필요한 피험자의 수는 총 40명이다. 각 수준의 피험자들에게는 동일한 약물을 투여하고 결과를 관찰한다. 이처럼 서로 다른 피험자에게 같은 처리를 가해 그 결과를 관찰하는 것을 반복(Replication)이라고 부른다. 우리말로는 흔히 반복이라고 하지만, 이렇게 지칭할 경우 추후에 등장하는 반복 측정(Repeated measures)과 혼동할 가능성이 크기 때문에, 구별을 위해 원어인 Replication이라 부르도록 하겠다. Repeated measures는 같은 피험자를 다른 조건에서 측정하는 기법이다.

Same treatment, different subject → Replication
Different treatment, same subject → Repeated measures

각 수준별로 Replication 수가 같을 수도 있고 다를 수도 있다. 약물 A는 20명의 피험자를 대상으로 실험했지만, 약물 B는 5명만으로 실험을 진행했을 수 있다. 수준별 Replication 수가 같으면 Balanced design이라 부르고, Replication 수가 다르면 Unbalanced design이라 부른다.

이처럼 요인이 하나만 있는 분석을 일원분산분석(One-way ANOVA)이라고 부른다. N개의 요소가 있다면 Factorial ANOVA라고도 불리는 N-way ANOVA를 사용한다. One-way ANOVA의 경우, Replication 수가 하나여서는 안 된다. ANOVA는 분산분석이라는 그 이름이 말하는 것처럼 분산을 사용해 통계적 추론을 이끌어낸다. 분산은 여러 개의, 즉 2개 이상의 데이터가 있어야만 정의될 수 있다. 단 2개의 측정값은 정확한 분산을 유추하기에는 부족하기에 적어도 Replication이 3 이상은 되어야 믿을 만한 ANOVA를 시행할 수 있다. 같은 이유로 t-test 역시 각 그룹에 2개 이상의 Replication이 있어야 한다.

이번에는 온도와 약물의 종류에 따른 호르몬 농도를 측정한다고 하자. 요인은 2가지이므로 Two-way ANOVA(이원 분산분석)를 시행해야 한다. 온도와 약물을 변화

▶ 표 4.1 Two-way ANOVA의 예시 데이터

약물(Medication)과 온도(Temperature)라는 두 요인이 있으므로 Two-way ANOVA를 시행해 검정한다. 약물의 수준은 4이며, 온도의 수준은 3이다.

		Medication			
		Pseudo	A	B	C
Temperature	Low	5 subjects	5 subjects	5 subjects	5 subjects
	Moderate	5 subjects	5 subjects	5 subjects	5 subjects
	High	5 subjects	5 subjects	5 subjects	5 subjects

시켜 가면서 호르몬을 측정하는데, 온도의 수준은 저온, 중온, 고온 총 3가지가 있다고 하자. 약물은 마찬가지로 4가지를 사용한다. 이제 가능한 조합은 <표 4.1>과 같이 총 12가지가 된다.

각 수준의 조합마다 5명의 피험자가 있다면 총 피험자 수는 60명이다. Two-way ANOVA는 다음 장에서 자세히 다루도록 하겠다.

<h2>4.5 ANOVA의 구조</h2>

과학은 자연의 법칙을 탐구하는 학문이다. 따라서 과학을 연구한다는 것은 알려지지 않은 법칙을 찾아내는 것이다. 그러한 법칙은 (신기하게도) 수학이라는 언어를 통해 기술된다. 예컨대 힘(F)은 질량(m)과 가속도(a)의 곱이라는 $F = ma$는 운동의 법칙을 나타낸다. 수많은 실험 결과는 이 식을 증명한다. 그렇지만 진실은 $F = ma$와 약간 다르다. 아인슈타인의 상대성이론에 의해 움직이는 물체는 질량이 더 커지기에 $F = ma$는 엄밀하게 말해 일종의 근사식이다. 과학은 아이작 뉴턴이 $F = ma$라는 모델을 발견했을 때 한 번 발전했고, 아인슈타인이 $F = ma$에 중요한 수정을 가했을 때 한 번 더 발전했다. 우리는 진실에 가까운 수식을 찾아가고 있다. 이와 같이 자연 현상을 기술하는 수식과 이론을 모델(Model)이라고 부른다. 분양관에 있는 모델 하우스가 진짜 집과 유사하게 꾸며진 것처럼 통계적 추론에서의 모델 역시 자연을 거칠게나마, 때로는 정교하게 설명하고 예측한다. 과학의 진보는 곧 모델을 발견하는 것이다. 실제 집은 모델 하우스보다 더 많은 물건과 가구가 들어차 있고, 더 지저분하기도 하다. 과학의 모델도 실제 자연보다 더 단순한 경우가 많으며, 오차항이 없기 때문에 더 깔끔하다.

생명과학 연구도 마찬가지다. 약물 A가 약물 B보다 더 뛰어난 효과를 보인다는 것을 실험적으로 입증하는 것은 $\mu_A > \mu_B$라는 모델을 정당화하는 과정이다. 지금까지는 t-test를 통해 두 모평균을 비교하는 모델을 통계적으로 검증하는 방법을 익혔다. 이제부터는 3개 이상의 모평균을 비교하는 모델을 세우고 이를 검증할 것이다. 그만큼 형태도 더 복잡하다. 가장 간단한 One-way ANOVA의 모델은 다음과 같다.

$$y_{i,j} = \mu + \alpha_i + \varepsilon_{i,j} \qquad\qquad \text{수식 4.1}$$

$y_{i,j}$는 i번째 그룹(수준)의 j번째 관찰값이란 뜻이다. 4가지의 약물을 사용해 호르몬을 측정하는 실험을 진행했다고 하자. 대조군과 실험군은 총 4그룹으로 각 그룹에는 10명의 피험자가 있다고 하자. $y_{2,6}$은 2번째 그룹 중 6번째 피험자의 호르몬 측정값이다. 그룹이 총 4개이므로 i는 1부터 4까지의 값을 가질 수 있고, j는 1부터 10까지의 값을 가질 수 있다. μ는 전체적인 평균값이다. 그룹이나 피험자와 관계없는 전체 평균이므로 굳이 아래첨자를 쓸 이유가 없다. α_i는 i번째 그룹의 효과를 나타낸다. $\alpha_1 = 10$이라면, 첫 번째 그룹의 호르몬은 전체 평균보다 10가량 높을 것으로 예상할 수 있다. $\varepsilon_{i,j}$는 i번째 그룹의 j번째 관찰값에서 발견되는 오차이다. 모든 측정값에는 오차가 있기에 그러한 오차를 설명해주는 항이다. $\varepsilon_{i,j}$는 측정의 오차와 우연, 피험자 간의 상태 차이 등에 의해 발생한다. $\varepsilon_{i,j}$는 각 그룹 안에서 데이터의 퍼진 정도, 즉 분산을 결정하는 역할을 수행하며, 많은 모델에서 그렇듯 기댓값은 0이다. ANOVA는 $\varepsilon_{i,j}$가 분산이 일정한 정규 분포를 따른다고 가정한다. 즉, $\varepsilon_{i,j} \sim N(0, \sigma_R^2)$을 전제로 삼는 것이다.

오차가 없는 이상적인 상황이라면, 즉 피험자 간 개인차도 없고 자연이 모델을 완벽하게 따르는 상황이라면, 호르몬의 예측값은 다음과 같을 것이다.

$$\hat{y}_{i,j} = \mu + \alpha_i$$

$\hat{y}_{i,j}$는 i번째 그룹 중 j번째 관찰값의 기대치이다. 기대치, 추정치를 나타내는 기호 ^은 hat이라고 읽기에 $\hat{y}$는 'y hat'이라고 읽으면 된다. 오차를 무시한다면 같은 그룹 내 피험자의 호르몬 값은 모두 같을 것으로 예상할 수 있다. 그들의 호르몬 값은 전체 평균(μ)과 약물(α_i)에 의해서만 결정될 것이다. ANOVA의 통계 검정은 처리에 의한 효과(α_i)와 오차($\varepsilon_{i,j}$)를 비교해서 효과가 얼마나 유의미한지 알려준다.

참고로 모든 α_i의 합은 0이 되게 잡는다. 만일 α_i의 합이 0이 아니라면 μ를 조정해서 α_i의 합을 0이 되게 할 수 있다. 이렇게 α_i를 설정하면 통계 검정을 수행할 때 더 편리한 점이 있다.

One-way ANOVA의 가정과 용어

One-way ANOVA를 수행하기에 앞서 데이터가 One-way ANOVA의 가정을 만족하는지 확인해야 한다. 먼저 각 그룹의 데이터 분포가 정규 분포를 따르는지 확인한다. 하나의 그룹이라도 정규 분포를 따르지 않으면 ANOVA를 사용할 수 없다. 두 번째로 각 그룹의 분산이 비슷한지를 확인한다. 앞서 두 그룹의 분산은 F-test를 통해 확인한다고 설명했다. 그렇지만 3개 이상의 그룹이 있을 경우, 짝을 지어 F-test를 수행하면 앞서 말한 다중 비교의 오류가 발생해 위양성의 위험이 커진다. 모든 집단의 분산이 같더라도, 다중 비교를 수행하면 두 그룹의 분산이 유의미하게 다르다는 잘못된 결과를 얻을 가능성이 커진다는 뜻이다. t-test 대신 ANOVA를 사용하는 것처럼 여러 그룹의 분산을 비교할 때는 다중 비교에 특화된 Bartlett's test 혹은 Levene's test를 사용한다. 이 검정법은 모든 집단의 모분산이 동일하다는 귀무 가설에 대한 p-value를 제공하므로, p-value가 낮다면 적어도 두 그룹의 분산이 유의미하게 다르다고 볼 수 있다. ANOVA는 각 그룹이 같은 모분산을 갖고 있다고 가정한다. 각 그룹 안에서의 분산은 $\varepsilon_{i,j}$에 의해 결정되기 때문에, ANOVA는 $\varepsilon_{i,j}$가 그룹에 관계없이 같은 분포를 갖는다고 가정하는 셈이다. 따라

▶ 그림 4.2 총변동(SST), 군간변동(SSB), 군내변동(SSE)

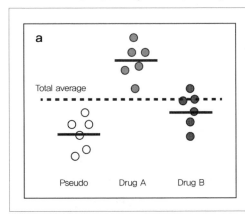
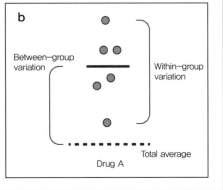

(a) 세 그룹에 각각 6명의 피험자가 있다고 하자. 가로 점선은 전체 피험자의 평균, 가로 실선은 각 그룹의 평균을 나타낸다. 각 데이터가 전체 평균에서 떨어진 정도는 총변동으로 나타낸다.

(b) 한 그룹 내에서 그룹 평균에 대해 데이터가 얼마나 퍼졌는지는 군내변동으로 나타낸다. 각 그룹의 평균이 전체 평균으로부터 퍼진 정도는 군간변동으로 나타낸다.

서 Bartlett's test 혹은 Levene's test를 사용해 낮은 p-value를 얻었다면 ANOVA를 사용해서는 안 된다.

ANOVA의 전제 조건이 만족되었다고 하자. 우리는 그룹별로 데이터가 차이나는 정도와, 각 그룹 내에서 데이터가 퍼진 정도를 비교해서 그룹별 데이터에 '유의미한' 차이가 있는지를 확인할 것이다. 이를 위해서 몇 가지 용어를 정의하고 시작하자.

[그림 4.2]와 같이 3가지 약물에 대해 투약 후 호르몬 분비를 측정한 실험을 진행했다고 하자. 각 그룹에는 6명의 피험자가 있으며 평균은 위약이 제일 낮고 약물 A가 가장 높다. 먼저 각 그룹 내에서 데이터가 퍼진 정도를 구할 수 있다. 각 그룹에 있는 6개의 데이터가 자신의 그룹 평균으로부터 얼마나 멀리 떨어져 있는지가 하나의 지표가 된다. 1번 그룹(위약)의 평균을 $\overline{Y_1}$이라고 하자. 분산에서 편차의 제곱을 활용한 것처럼, 각 데이터가 평균으로부터 떨어진 거리의 제곱을 모두 더한 값을 활용한다. 1번 그룹에 대해서만 살펴보면

$$\sum_{j=1}^{6}\left(y_{1,j}-\overline{Y_1}\right)^2$$

1번 그룹 중 j번째 피험자의 관찰값 $y_{1,j}$를 1번 그룹의 평균($\overline{Y_1}$)으로 빼서 제곱한 뒤, 6명의 측정치에 대해 같은 과정을 반복해 더한 것을 위의 수식으로 표현한다.

3개의 그룹에 이와 같은 과정을 시행해 그 값들을 더하면 다음과 같다. 그 값은 각 그룹 내에서 얼마만큼의 변동이 있는지를 알려주므로 군내변동(Within-group variation)이라 부른다. 군내변동은 다르게 말해 오차항($\varepsilon_{i,j}$)에 의해 발생하는 편차의 제곱합이므로, 오차 제곱합(Error sum of square), 줄여서 SSE라고 지칭한다.

$$SSE=\sum_{i=1}^{3}\sum_{j=1}^{6}\left(y_{i,j}-\overline{Y_i}\right)^2$$

연구자는 각 그룹의 평균이 전체 평균으로부터 얼마만큼 떨어져 있는지도 확인할 수 있다. 각 그룹 평균이 전체 평균으로부터 멀수록 그룹별 차이가 존재한다고 볼 여지도 커진다. 총 18개의 데이터에 대해서 각 데이터가 속한 그룹의 평균이 전체 평균으로부터 떨어진 거리의 제곱을 구한 뒤 다 더해보자. 예컨대 1번 그룹의 6개 데이터에 대해 1번 그룹의 평균과 전체 평균의 차이 제곱합을 구하면 다음과 같다.

$$\sum_{j=1}^{6}\left(\overline{Y_1}-\overline{Y}\right)^2$$

그룹 1의 6개 데이터 모두 같은 그룹 평균을 갖고 있으므로 위 식에서 시그마 기호를 없앨 수 있다.

$$\sum_{j=1}^{6}\left(\overline{Y_1} - \overline{Y}\right)^2 = 6\left(\overline{Y_1} - \overline{Y}\right)^2$$

나머지 그룹에 대해서도 마찬가지다. 각 18개 데이터에 대해 그룹 평균과 전체 평균의 차이 제곱을 구한 값을 군간변동(Between-group variation)이라 부른다. 군 간변동은 Sum of square와 Between을 합쳐서 *SSB*라고 부른다. 때로는 Treatment 를 줄여서 *SStr*이라고도 부른다.

$$SSB = \sum_{i=1}^{3}\sum_{j=1}^{6}\left(\overline{Y_i} - \overline{Y}\right)^2 = \sum_{i=1}^{3}6\left(\overline{Y_i} - \overline{Y}\right)^2$$

$\overline{Y_i}$는 i번째 그룹의 평균이다. 지금까지는 각 그룹을 고려한 제곱합을 구했지만, 그룹을 전혀 고려하지 않고 18개의 데이터가 전체 평균으로부터 떨어진 거리의 제 곱합을 구할 수도 있다. 이 값을 총제곱합이라 부르며, Total의 T를 따와 *SST*라고 부른다.

$$SST = \sum_{i=1}^{3}\sum_{j=1}^{6}\left(y_{i,j} - \overline{Y}\right)^2$$

*SST*를 전체 데이터 수에서 1을 뺀 17로 나눠주면 18개 데이터의 표본분산을 구 할 수 있다.

신기하게도 *SST*, *SSB*, *SSE* 사이에는 다음과 같은 간단한 관계가 성립한다.

$$SST = SSB + SSE$$

이 간단한 관계는 ANOVA 분석의 기초가 된다. 시그마와 제곱이 등장하는 복잡 한 지표들이 이렇게 표현되는 이유를 수식을 통해 증명할 수도 있지만, 직관적인 그림으로 전달할 수도 있다. 각 관찰값과 전체 평균의 차이($y_{i,j} - \overline{Y}$)는 각 관찰값과 그룹 평균의 차이($y_{i,j} - \overline{Y_i}$)에 그룹 평균과 전체 평균의 차이($\overline{Y_i} - \overline{Y}$)를 더한 값이 다[그림 4.3]. 다시 말해서,

$$y_{i,j} - \overline{Y} = \left(y_{i,j} - \overline{Y_i}\right) + \left(\overline{Y_i} - \overline{Y}\right)$$

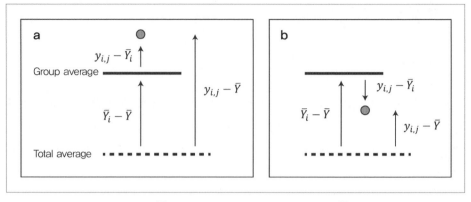

데이터와 전체 평균의 차이($y_{i,j} - \overline{Y}$)는 데이터와 그룹 평균의 차이($y_{i,j} - \overline{Y_i}$)와 그룹 평균과 전체 평균의 차이($\overline{Y_i} - \overline{Y}$)의 합으로 나타낼 수 있다.

$y_{i,j} - \overline{Y}$는 SST에, $y_{i,j} - \overline{Y_i}$는 SSE에, $\overline{Y_i} - \overline{Y}$는 SSB에 대응되는 개념이다. 따라서 SST = SSB + SSE라는 것을 거칠게 받아들일 수 있다. 이것은 엄밀한 증명이 아니며 비유 정도로 받아들이면 된다.

4.7 One-way ANOVA의 통계 검정

[그림 4.2]처럼 세 약물 중에서 약물 A의 평균이 다른 약물의 평균보다 높다는 것을 관찰했다고 하자. 실험 연구자는 약물 A가 다른 약물에 비해 유의미한 효과를 낸다고 말하고 싶지만, 삐딱한 누군가는 약물 A 그룹의 평균이 높은 것은 순전히 우연에 의한 것이라고 주장할 수도 있다. 실제로 데이터 자체의 흔들림(Fluctuation)이 심하다면 순전히 오차에 의해 그룹별 차이가 발생할 수 있다. 예컨대 약을 먹지 않으면 모든 사람의 호르몬 농도가 99에서 101 사이라고 하자. 약물 A를 투여하니 그 집단의 호르몬 농도가 120에서 122 사이가 된 것을 확인했다. 피험자 수가 충분하다면 약물 A가 효과적이라고 확실히 말할 수 있다. 반면 약을 먹지 않았을 때 사람들의 호르몬 농도가 평균은 100이지만 대부분 50에서 150 사이를 왔다 갔다 하는 경우를 상상해 보자. 약물 A를 투여한 집단의 호르몬 평균이 120으로 측정되었다면, 그 평균이 사람들의 자연적인 변화 때문에 그런 것인지, 아니면 약물에 의한 것인지 확인하기 어렵다.

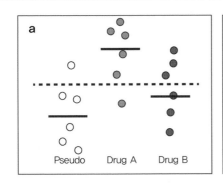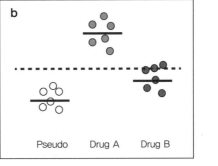

각 그룹의 평균이 전체 평균으로부터 떨어진 거리는 (a)와 (b)의 예시에서 같다. 즉 이들의 군간변동은 같다. 다만 (a)의 데이터는 각 그룹 내에서 더 퍼져있어 군내변동이 (b)의 데이터보다 크다. (a)의 경우 각 그룹의 평균 차이가 데이터 자체의 변동성에 의한 것인지 그룹별 처리 차이에 의한 것인지 판단하기 쉽지 않다. 그룹별로 데이터가 겹치는 구간도 있다. 반면 (b)의 데이터는 한눈에 봐도 그룹별로 유의미한 차이가 있다는 것을 확인할 수 있다. 때문에 군내변동과 군간변동의 상대적 비를 주목해야 한다.

일반적으로 말해 그룹별 차이(SSB)가 동일하더라도 데이터의 내재적인 변동폭(SSE)이 크면 그룹별 차이가 유의미한지 알기 어렵다. [그림 4.4]는 이 내용을 도식적으로 나타낸다. 따라서 우리는 유의미한 그룹별 차이가 존재하는지 확인할 통계적 추론법이 필요하다.

이전의 통계 검정법이 그러하듯이 그룹별 차이가 없다는 귀무 가설하에서 논의를 진행한다. 수식 4.1에서 One-way ANOVA의 구조를 다음과 같이 설정했다.

$$y_{i,j} = \mu + \alpha_i + \varepsilon_{i,j}$$

귀무 가설은 차이가 없다는 내용을 담기 때문에 모든 i에 대하여 $\alpha_i = 0$이 귀무 가설이 된다. 각 데이터는 전체 기댓값에 오직 오차만으로 설명된다고 보는 것이다.

$$y_{i,j} = \mu + \varepsilon_{i,j}$$

이런 귀무 가설이 참이라면 $y_{i,j}$들과 $\overline{Y_i}$들은 어떤 분포를 보일까? 이 내용은 이미 3.7절에서 다루었다. 수식 3.9를 ANOVA의 표기법에 맞춰 다시 쓰면 다음과 같이 된다.

$$\frac{\sum_{i=1}^{k} n_i \left(\left(\overline{Y}_i - (\mu + \alpha_i) \right) - \left(\overline{Y} - \mu \right) \right)^2}{(k-1)\hat{\sigma}^2} \sim F(k-1, \ N-k)$$

여기서 k는 그룹의 개수, N은 총 관찰수 $\left(N = \sum_{i=1}^{k} n_i \right)$ 이다. 귀무 가설이 참($\alpha_i = 0$)
이라면 이 식은 다음과 같이 단순해진다.

$$\frac{\sum_{i=1}^{k} n_i \left(\overline{Y}_i - \overline{Y} \right)^2}{(k-1)\hat{\sigma}^2} \sim F(k-1, \ N-k) \qquad\qquad \text{수식 } 4.2$$

3.7절의 내용을 토대로 $\hat{\sigma}^2$을 정의하면 다음과 같다.

$$\hat{\sigma}^2 = \frac{\sum_{i=1}^{k} \sum_{j=1}^{n_i} \left(y_{i,j} - \overline{Y}_i \right)^2}{N-k}$$

$\overline{Y}_i - \overline{Y}$와 $y_{i,j} - \overline{Y}_i$은 SSB, SSE에서 다룬 값들이다. $\sum_{i=1}^{k} n_i \left(\overline{Y}_i - \overline{Y} \right)^2$은 SSB와 같고,
$\sum_{i=1}^{k} \sum_{j=1}^{n_i} \left(y_{i,j} - \overline{Y}_i \right)^2$은 SSE와 같다. 그러므로 수식 4.2는 다음과 같이 쓸 수 있다.

$$\frac{\dfrac{SSB}{k-1}}{\dfrac{SSE}{N-k}} \sim F(k-1, \ N-k) \qquad\qquad \text{수식 } 4.3$$

SSB는 k개의 그룹에 대해 정의되는 개념이다. SSB를 그룹보다 하나 작은 $k-1$로
나눈 값을 평균적인(Mean) SSB라는 의미에서 MSB라고 부른다. 여기서 $k-1$을 SSB
의 자유도(Degree of freedom)라고 부른다. SSE는 N개의 데이터에 정의되는 개념인
데, 그보다 k가 작은 $N-k$로 나눠준 값을 평균적인 SSE라는 의미에서 MSE라고 부
른다. $N-k$는 SSE의 자유도가 된다. 즉 수식 4.3은 다음과 같이 쓸 수 있다.

$$\frac{MSB}{MSE} \sim F(k-1, \ N-k) \qquad\qquad \text{수식 } 4.4$$

이 식은 One-way ANOVA의 p-value를 구하는 식이 된다.

4.8 One-way ANOVA의 *p*-value 계산

3.10절에서 F-분포를 통해 두 분산의 차이를 확인하는 F-test를 다뤘다. ANOVA의 핵심인 수식 4.4에 F-분포가 등장하므로 분산을 비교하는 F-test와 비슷할 것이라 예상할 수 있지만 ANOVA의 F-test와 분산을 비교하는 F-test에는 중요한 차이점이 있다. 수식 3.15를 다시 살펴보자.

$$\frac{S_1^2}{S_2^2} \sim F(n_1-1,\ n_2-1)$$

우리가 확인하고 싶은 것은 두 모분산이 같은지 다른지 여부이다. S_1^2이 S_2^2에 비해 현저히 작거나 현저히 크면 두 모분산이 다를 것이라고 추론할 수 있다. 때문에 p-value를 구할 때 F-value에 해당하는 $\frac{S_1^2}{S_2^2}$이 작은 경우(F-분포의 왼쪽 영역)와 $\frac{S_1^2}{S_2^2}$이 큰 경우(F-분포의 오른쪽 영역)를 모두 고려해 p-value를 구한다. 다시 말해 양측검정(Two-tailed test)을 시행한 것이다.

ANOVA에서 F-value에 해당하는 $\frac{MSB}{MSE}$를 살펴보자. 연구자는 그룹별로 유의미한 차이가 있는지 확인하고 싶다. 그룹별로 차이가 커서 MSB가 MSE에 비해 상당히 크다면 그룹별로 유의미한 차이가 있다고 볼 수 있다. MSB가 MSE에 비해 상당히 작은 경우는 어떨까? 극단적으로 그룹별 평균이 모두 같은 경우를 생각해보자. 이 경우 MSB는 0이 된다. 반면 각 그룹 내에는 어느 정도의 변동이 존재한다. 그렇다면 어떻게 생각해도 그룹별로 유의미한 차이가 있다고 보기 어렵다. 다시 말해 그룹별 평균 차이가 그룹 내 변동보다 훨씬 작다면 그룹별로 유의미한 차이가 존재한다고 볼 수 없다. $\frac{MSB}{MSE}$가 작다면 귀무 가설을 기각할 수 없다는 뜻이다. 오히려 귀무 가설을 아주 잘 따르는 현상이라고 볼 수 있다. 따라서 우리는 $\frac{MSB}{MSE}$가 큰 경우에 대해서만 p-value를 구한다. 즉 단측검정(One-tailed test)을 시행하는 것이다.

예컨대 $\frac{MSB}{MSE}=3.7$이고 총 관찰수는 30, 그룹 수는 4라고 하자. 귀무 가설이 참이라면 $\frac{MSB}{MSE}$는 분자, 분모의 자유도가 각각 3, 26인 F-분포를 따른다(수식 4.4). 그룹 간 유의미한 차이가 있는지 확인하기 위해서는 관찰한 3.7이라는 값보다 큰 값이 나올 확률이 얼마인지(단측검정) 구하면 된다.

$$p = \int_{3.7}^{\infty} F(x)\,dx$$

이 값을 구하면 0.0243이 된다. 따라서 귀무 가설을 기각할 수 있다. 이처럼 ANOVA의 p-value를 계산해 0.05보다 낮은 값을 얻었다면 어떤 결론을 내릴 수 있을까?

그룹별 차이가 없다는, 즉 모든 i에 대해 $\alpha_i = 0$이라는 ANOVA의 귀무 가설을 풀어 쓰면 다음과 같다.

$$H_0 : \ \alpha_1 = 0 \ \text{and} \ \alpha_2 = 0 \ \text{and} \ \alpha_3 = 0 \ \text{and} \ ... \ \text{and} \ \alpha_k = 0$$

p-value가 낮아 귀무 가설이 기각된다면 H_0의 부정이 참이라는 뜻이다. 여러 명제가 and로 연결되었을 때 그 부정을 어떻게 구하는지는 4.1절에서 살펴보았다. H_0의 부정인 대립 가설 H_1은 다음과 같이 쓸 수 있다.

$$H_1 : \ \alpha_1 \neq 0 \ \text{or} \ \alpha_2 \neq 0 \ \text{or} \ \alpha_3 \neq 0 \ \text{or} \ ... \ \text{or} \ \alpha_k \neq 0$$

즉, 귀무 가설이 거짓이라면, 적어도 하나의 α_i가 0이 아니라는 뜻이다. 어떤 α_i가 0인지, 또 몇 개의 α_i가 0인지는 모르겠지만, 어쨌든 적어도 하나의 α_i는 0이 아니라는 것을 의미한다. 앞서 모든 α_i의 합은 0이 되도록 α_i를 설정했다(4.5절). 따라서 어떤 α_i가 0이 아니라면 적어도 한 쌍의 α_i, α_j에 대해 다음이 성립한다.

$$\alpha_i \neq \alpha_j \quad (i \neq j)$$

즉 모평균이 다른 그룹의 쌍이 적어도 하나 존재한다. 어떤 쌍이 유의미하게 다른지는 아직 알지 못한다. ANOVA의 낮은 p-value를 통해 알 수 있는 것은 그룹의 모평균이 모두 같지 않다는 것이다. 어떤 쌍이 서로 다른지는 추후에 다룰 사후 검정(Post hoc analysis)을 시행해야 알 수 있다.

t−test와 ANOVA에는 자유도라는 개념이 계속 등장한다. 특히나 ANOVA의 경우 SST, SSB, SSE마다 자유도가 존재해서 더욱 복잡하다. 수업 시간에도 많은 이들이 자유도에 대한 질문을 던진다. 도대체 자유도는 무엇이며 어떤 특징을 갖고 있을까?

t−분포와 F−분포는 모두 정규 분포와 카이제곱 분포의 조합으로 만들어진다. 카이제곱 분포 역시 정규 분포들의 제곱으로 기술되므로 결국 정규 분포로부터 도출되었다고 할 수 있다. 정규 분포에는 자유도가 존재하지 않지만 카이제곱 분포는 몇 개의 표준 정규 분포를 제곱해서 만들었는지에 따라 그 형태가 달라진다. 몇 개의 표준 정규 분포를 제곱했는지가 그 카이제곱 분포의 자유도가 된다. 일반적인 F−분포에는 분자와 분모에 카이제곱 분포가 각각 쓰인다. 따라서 F−분포의 자유도도 두 개다. t−분포는 분자의 자유도가 1인 F−분포에 대응되며, 때문에 F−분포 중 분모의 자유도만 알면 된다(3.8절 참조). 따라서 t−분포의 자유도는 하나만 존재한다.

이번에는 SST, SSB, SSE의 자유도를 살펴보자. SST는 그룹을 고려하지 않고 모든 데이터(N)에서 전체 표본평균을 뺀 뒤 제곱해 더한 것이다. ANOVA의 가정 중 하나는 모든 데이터가 그룹에 관계없이 같은 모분산을 갖는다는 것이다. 이 모분산을 σ^2이라고 한다면, 수식 3.3에 의해 다음이 성립함을 알 수 있다.

$$\frac{1}{\sigma^2}\sum_{i=1}^{k}\sum_{j=1}^{n_i}\left(y_{i,j}-\overline{Y}\right)^2 = \frac{SST}{\sigma^2} \sim \chi^2(N-1)$$

즉 SST를 모분산으로 나눠주면 그 값은 자유도 $N-1$의 카이제곱 분포를 따른다. 이 때문에 SST의 자유도는 $N-1$이라고 하는 것이다. 자유도가 N이 아닌 $N-1$이 되는 이유는 모평균 μ가 아닌 표본평균 $\overline{Y}$를 사용해 계산했기 때문이다. 확률 변수 $\overline{Y}$에 의해 자유도가 1 감소하는 효과가 생겨나는데 왜 그렇게 되는지는 3.3절에서 다루었다.

SSE 역시 마찬가지다. 한 그룹 내에서 각 데이터와 그 그룹 평균을 뺀 뒤 제곱하면 다음의 성질이 만족된다.

$$\frac{1}{\sigma^2}\sum_{j=1}^{n_i}\left(y_{i,j}-\overline{Y}_i\right)^2 \sim \chi^2(n_i-1)$$

이와 같은 그룹이 총 k개 있다. 카이제곱 분포에는 가법성이 있기 때문에 자유도가 서로 다른 카이제곱 분포를 더하면 각 자유도의 합을 새로운 자유도로 갖는 카이제곱 분포가 된다. 각 그룹의 자유도(n_i-1)를 모두 더하면 $N-k$가 된다.

$$\frac{1}{\sigma^2}\sum_{i=1}^{k}\sum_{j=1}^{n_i}\left(y_{i,j}-\overline{Y}_i\right)^2 = \frac{SSE}{\sigma^2} \sim \chi^2(N-k)$$

이렇게 SST와 SSE의 자유도가 정의되면, SSB의 자유도 역시 바로 정의된다. SST, SSB, SSE의 자유도를 각각 ν_T, ν_B, ν_E라고 이름 붙이자. SST = SSB + SSE의 관계가 성립하는데, 이와 마찬가지로 $\nu_T = \nu_B + \nu_E$의 관계가 성립한다. 즉 제곱합의 관계와 자유도의 관계는 일치한다. SST의 자유도는 $N-1$, SSE의 자유도는 $N-k$이므로, SSB의 자유도는 $k-1$이 된다.

One−way ANOVA뿐만 아니라 뒤에서 다룰 Repeated measures ANOVA와 N−way ANOVA에서도 이와 같은 원리가 적용된다. SST가 여러가지 제곱합(SSA, SSB, SSC, SSD)으로 나눠진다고 해보자. 이 경우 각 제곱합의 자유도(ν_A, ν_B, ν_C, ν_D) 역시 모두 더하면 SST의 자유도가 된다. 즉 자유도의 총합은 보존된다.

$$SST = SSA + SSB + SSC + SSD$$
$$\rightarrow \nu_T = \nu_A + \nu_B + \nu_C + \nu_D$$

엄밀한 정의와는 약간 거리가 있지만, 자유도는 '해당 요소의 평균을 알 때 몇 개의 데이터를 알면 전체 값을 추론할 수 있는가?'라는 질문을 통해 구할 수 있다. 예컨대 모든 데이터 N개의 평균을 안다고 하지. 그럼 $N-1$개 데이터 값을 안다면 나머지 한 개의 값을 유추할 수 있다. 때문에 총제곱합의 자유도는 $N-1$이 된다. 마찬가지로 k개의 그룹 중 $k-1$개 그룹의 평균을 알면 나머지 한 개 그룹의 평균도 알 수 있다. 때문에 군간변동의 자유도는 $k-1$이다. 크기가 n_i인 그룹의 평균을 알면 n_i-1개의 데이터만 알아도 그룹 내 나머지 값을 알 수 있다. 이와 같은 방법으로 모든 그룹을 분석하기 위해 필요한 데이터 수는 $\sum_{i=1}^{k}(n_i-1)=N-k$이며 이 값은 군내변동의 자유도이다.

이러한 거친 원리는 모평균이 아닌 표본평균을 쓰기 때문에 적용할 수 있다. 모평균을 쓰면 자유도는 데이터 개수와 같은 반면 변동이 있는 표본평균은 자유도를 1 낮추는 효과가 있다. t-test와 F-test의 자유도도 이와 같이 이해할 수 있다. 크기 n의 그룹이 있을 때 평균을 안다면 $n-1$개의 데이터로 전체값을 알 수 있다. 크기가 n_1, n_2인 두 그룹이 있다면 n_1-1과 n_2-1을 더한 n_1+n_2-2가 총 자유도가 된다. 이 같은 방법은 상당히 거칠고 수학적으로 엄밀하지 못하지만 여러 통계 검정법에서 자유도를 구하는 데 요긴하게 사용될 수 있다.

4.10 One-way ANOVA의 예시

예시 데이터를 통해 ANOVA를 직접 계산해 보도록 하자. 물론 논문을 작성할 때는 통계 프로그램의 패키지를 사용할 테지만, 적어도 몇 번은 손으로 ANOVA의 p-value를 구해야 그 작동 원리를 체화할 수 있다. 여기서 손으로 구한다는 것은 연필과 종이로만 계산한다는 뜻이 아니라 통계 프로그램의 간편한 ANOVA 패키지를 쓰지 않는다는 뜻이다. 굳이 간단한 산수를 반복할 필요는 없으며 F-분포의 면적은 통계학 연구자가 아닌 이상 연필로 구할 수 없다. 반복 연산을 할 때는 Microsoft Excel을 쓰고, F-분포에서 p-value를 도출할 때는 인터넷의 F-분포 계산기나 통계 프로그램에서 F-분포의 면적을 구해주는 패키지를 쓰면 된다.

위약, 약물 A, 약물 B에 대해 각 5명의 피험자(Balanced design)를 모집해 총 15명에 대한 호르몬 분비량을 비교했다고 하자. 그 측정값은 다음 표와 같다.

Placebo	Drug A	Drug B
6.6	16.3	10.0
10.7	15.8	9.9
7.6	23.1	8.4
6.8	21.3	12.5
7.4	18.6	9.7

각 열(Column, 세로줄)은 하나의 그룹에 대한 데이터를 담고 있다. 첫 번째 열은 위약, 두 번째, 세 번째 열은 각각 약물 A와 약물 B에 대한 측정값이다. 이 데이터

의 경우 행(Row, 가로줄)은 별다른 의미를 갖지 않는다. 각 그룹 내에서 데이터의 행 순서가 바뀌어도 결과는 달라지지 않는다. 각 열(그룹)의 평균과 전체 평균을 구하면 다음과 같다(평균을 구할 때 1.15절에서 설명한 유효숫자에 주의한다).

Placebo Avr.	Drug A Avr.	Drug B Avr.	Total Avr.
7.8	19.0	10.1	12.3

ANOVA를 수행하기 위해서는 SST, SSB, SSE 중 두 값을 구해야 한다. 두 값만 알아도 $SST = SSB + SSE$의 관계를 통해 나머지 하나를 알아낼 수 있다.

우선 SST를 구해보자. 총 15개 값에 대해서 전체 평균을 뺀 뒤 제곱해 더해주는 과정을 시행한다. 전체 평균은 12.3이므로

$$SST = \sum_{i=1}^{k}\sum_{j=1}^{n_i}\left(y_{i,j} - \overline{Y}\right)^2$$
$$= (6.6-12.3)^2 + (10.7-12.3)^2 + (7.6-12.3)^2 + \ldots + (9.7-12.3)^2 = 410.0$$

이렇게 15개의 값에서 12.3을 뺀 뒤 제곱해 더하면 410.0이 된다. 즉 SST는 410.0이다.

SSB는 쉽게 구할 수 있다. 각 그룹 평균은 3개가 있는데, 여기에 전체 평균을 뺀 뒤 제곱해 더해주면 된다. 다만 각 그룹에 데이터가 5개씩 있으므로 5를 곱해주어야 한다.

$$SSB = \sum_{i=1}^{k} n_i\left(\overline{Y}_i - \overline{Y}\right)^2 = 5\left[(7.8-12.3)^2 + (19.0-12.3)^2 + (10.1-12.3)^2\right] = 350.3$$

따라서 SSB는 350.3이다.

SSE는 각 데이터에서 해당 그룹의 평균을 뺀 뒤 제곱해 더해주면 된다.

$$SSE = \sum_{i=1}^{k}\sum_{j=1}^{n_i}\left(y_{i,j} - \overline{Y}_i\right)^2 = (6.6-7.8)^2 + (10.7-7.8)^2 + (7.6-7.8)^2 + \ldots +$$
$$(9.7-10.1)^2 = 59.7$$

따라서 SSE는 59.7이다.

350.3과 59.7을 더하면 410.0이 되므로 $SST = SSB + SSE$가 성립한다는 것을 알

수 있다. 만일 이 관계가 성립하지 않으면 계산에 문제가 있다는 뜻이다.

p-value를 구하기 위한 F-value를 구하기 위해서는 SSB와 SSE를 각각의 자유도로 나눠준 평균적인 변동, 즉 MSB와 MSE를 구해야 한다. 자유도를 구하는 방법은 4.9절에서 설명했다. 총 3개의 그룹이 있으므로 전체 평균을 안다면 2개 그룹의 평균만 알아도 나머지 한 그룹의 평균을 알 수 있다. 따라서 SSB의 자유도는 2가되며 MSB는 350.3을 2로 나눈 175.2가 된다.

한 그룹의 평균을 알면 그 그룹 내의 데이터 4개만 알아도 나머지 하나의 데이터를 알 수 있다. 그런 그룹이 3개 있으므로 그룹 당 4개씩 12개의 데이터만 알아도 나머지 3개 데이터를 알 수 있다. 따라서 SSE의 자유도는 12이며 MSE는 59.7을 12로 나눈 5.0이다. F-value는 평균적인 그룹 차이를 평균적인 오차로 나눈 MSB/MSE이다. 이 값은 35.0이다. 만일 그룹별 차이가 없다는 귀무 가설이 맞다면 F-value에 해당하는 MSB/MSE는 자유도 2, 12인 F-분포를 따른다. 귀무 가설하에서 연구자가 관측한 35.0보다 더 극단적인 F-value를 관측할 확률은 다음과 같다(왜 단측검정을 시행하는가?).

$$p = \int_{35.0}^{\infty} F(x)dx = 9.8221 \times 10^{-6}$$

여기서 $F(x)$는 자유도 2, 12인 F-분포이다. p-value가 매우 작으므로 귀무 가설을 기각할 수 있다. 따라서 적어도 한 쌍의 그룹에 대해 유의미한 차이가 존재한다(아직까지는 그것이 어떤 쌍인지 알지 못한다).

통계 프로그램에 위 데이터를 입력하고 연산을 수행하면 프로그램마다 형식의차이는 있지만 대부분 다음과 같은 결과표(ANOVA table)를 보여준다.

ANOVA Table

Source	Sum of squares (SS)	Degree of freedom (df)	Mean square (MS)	F	p
Factor (Between)	350.3	2	175.2	35.0	9.8221×10^{-6}
Error (Within)	59.7	12	5.0		
Total	410.0	14			

다만 통계 프로그램의 패키지는 유효숫자를 고려하지 않는 경우가 많아 실제 값은 위 표와 미세하게 다를 수 있다. 또한 F-분포의 면적을 구할 때 프로그램별로 서로 다른 근삿값을 사용하여 p-value가 다소 달라질 수도 있다.

ANOVA table은 각 값들을 구한 계산의 과정을 한눈에 보여준다. Sum of squares(SS) 열을 보면 두 제곱합을 더한 값이 SST(Total)가 되는 것을 알 수 있다. 각 제곱합을 같은 행의 자유도로 나눠주면 평균적인 제곱합(MS)을 구할 수 있다. F-value는 그렇게 구한 두 평균적 제곱합의 비가 된다. ANOVA를 수행하고 나면 이 ANOVA table을 어딘가에 저장하기를 권장한다. 경우에 따라 논문에 제시하는 경우도 많다.

이와 같이 세 가지 약물에 대해 ANOVA를 시행해 차이를 발견했다면 논문의 결과(Results) 부분에 다음 문장들과 같이 서술할 수 있다.

> We found a significant effect of treatments on hormone levels (one-way ANOVA, $F_{2,12}$ = 35.0, $p < 10^{-5}$).
>
> Effects of the medication treatments were significant (one-way ANOVA, $F_{2,12}$ = 35.0, $p < 10^{-5}$).

F-value에 해당하는 $F_{2,12}$의 두 첨자는 두 자유도를 나타낸다. 실험 구조에 대한 설명 없이 이 문장만 보아도 그룹이 3개 있고, 총 데이터는 12+2에 1을 더한 15개라는 것을 알 수 있다.

참고로 ANOVA는 각 조합의 관측수가 일정하지 않은 Unbalanced design이어도 문제없이 작동한다. 다만 Unbalanced ANOVA의 계산을 손으로 하는 것은 간단하지 않다.

4.11 사후 분석(Post hoc analysis)

ANOVA를 사용했더니 p-value가 0.05보다 작게 나왔다. 따라서 모든 그룹의 모평균이 같다는 귀무 가설을 기각할 수 있다. 이제 적어도 한 쌍의 그룹에 대해 두 모평균이 다르다는 추정이 가능하다. 문제는 어떤 쌍에 유의미한 차이가 있는지이다. 그런 쌍이 존재한다는 것은 ANOVA를 통해 알 수 있지만, 구체적으로 어떤 쌍이 다른지는 사후 분석(Post hoc analysis)을 통해 알아내야 한다. 'Post hoc'은

'이것 다음'이라는 뜻의 라틴어이다. 실제로 사후 분석은 ANOVA '다음에' 사용하는 방법이다.

사후 분석에는 여러가지 방법이 있다. 몇 가지 대표적인 방법을 꼽아보면 다음과 같다.

- Fisher의 최소 유의차(LSD: Least Significant Difference)
- Dunnett 검정
- Tukey의 정직 유의차(HSD: Honest Significant Difference) (Tukey-Kramer 방법으로도 불린다)
- Dunn-Sidák 검정
- Bonferroni 검정
- Scheffe 검정

아래쪽에 있는 방법일수록 더 보수적이다. 즉, 명확한 차이가 있어야만 p-value가 0.05보다 작게 나온다. 반면 위쪽에 있는 방법은 차이가 작아도 p-value가 0.05보다 작을 수 있다. 즉 위쪽의 방법은 위양성의 위험이 높으며, 아래쪽의 방법은 위음성에 취약하다. 보통은 사후 검정으로 중간 정도의 보수성을 갖는 Tukey의 정직유의차(HSD)를 많이 사용한다.

두 그룹을 Tukey의 HSD 방법으로 비교할 경우, 다음의 값을 구한다.

$$q = \frac{|\overline{Y_i} - \overline{Y_j}|}{\sqrt{\dfrac{MSE}{2}\left(\dfrac{1}{n_i} + \dfrac{1}{n_j}\right)}}$$

여기서 $\overline{Y_i}$는 i번째 그룹의 평균, $\overline{Y_j}$는 j번째 그룹의 평균이다. n_i, n_j는 각각 i번째 그룹과 j번째 그룹의 크기(관측수)이다. MSE는 ANOVA를 계산할 때 구한 SSE를 자유도로 나눠준 평균적인 군내변동이다(4.7절 참조). 두 그룹 간 차이가 없다면 이 q 값은 Studentized range distribution을 따르게 되는데, 이러한 귀무 가설하에서 q 값이 클 확률은 낮다. 이를 통해 두 그룹 사이에 유의미한 차이가 있는지 확인하는 p-value를 구할 수 있다. 분자의 절댓값으로 인해 q는 0 또는 양수이며, q가 커질수록 p-value는 작아진다. q의 구조를 살펴보면, 두 그룹 간 차이가 크고, 군내변동이 작으며, 관측수가 많을수록 q가 커져 p-value는 작아진다는 것을 알 수 있다. p-value가 0.05보다 작다면, 두 그룹 사이에는 유의미한 차이가 존재한다. 나머지 사후 검정 기법들도 이와 비슷한 방법을 통해 p-value를 구한다.

사후분석은 t-test와 달리 비교하려는 두 그룹 이외에 다른 그룹의 분포가 검정에 영향을 미친다. q 값에서 MSE가 사용되었는데 MSE는 비교하는 두 그룹 외에 다른 그룹의 영향을 받기 때문이다. 비교하는 두 그룹 외에 어떤 그룹의 군내변동이 크다면 MSE도 커져 q 값이 작아진다. 이 경우, 두 그룹의 차이를 확인하는 p-value는 커지게 된다.

4.12 Intra-Ocular Trauma Test

누가 봐도 명백한 차이나 트렌드가 존재한다면 굳이 통계 기법이 필요하지 않을 수 있다. 예컨대 두 그룹에 각 1,000명의 피험자가 있고 투약 그룹의 항체 수치가 대조군에 비해 압도적으로 높아서 실험군의 최솟값이 대조군의 최댓값보다 훨씬 크다면 굳이 통계 기법을 쓰지 않아도 약물에 효과가 있다고 누구나 믿을 것이다.

이처럼 직관적이고 명백한 차이가 눈에 보인다면 통계 기법을 써도 낮은 p-value를 얻을 수 있다. 학술적 용어는 아니지만 눈으로 뚜렷한 차이를 확인하는 것

▶ 그림 4.5 Intra-Ocular Trauma Test

만일 데이터상에 명백한 차이가 있다면 굳이 통계 검정을 하지 않아도 눈을 통해 그 차이를 확인할 수 있다. 다만 다중 비교에서 두 그룹만 떼어놓고 눈으로 검정하는 것은 올바르지 못하다. 다른 그룹의 데이터가 통계적 결론에 영향을 미치기 때문이다.

을 Intra-ocular trauma test(IOTT)라고 재미 삼아 말한다. 눈 안에(Intra-ocular) 강한 인상(Trauma)을 주면 차이가 있다고 보는 방법이다. IOTT로 차이가 확인되면 실제로도 차이가 있는 경우가 많지만 다중 비교에서는 주의할 필요가 있다. 여러 그룹 중 두 그룹만 떼어놓고 보면 차이가 명백해 보이지만 위양성을 고려하는 ANOVA와 사후 분석을 사용해 검정하면 차이가 발견되지 않을 수 있기 때문이다. 다중 비교에서 IOTT를 사용하고 싶다면 두 그룹의 데이터만 비교하지 말고 전체 데이터를 같이 살펴봐야 위양성 오류를 통제할 수 있을 것이다.

4.13 간편한 사후 검정: Bonferroni correction

대부분의 사후 검정은 ANOVA를 수행한 후 복잡한 방법으로 시행된다. 사후 검정은 아니지만 다중 비교에서 사용할 수 있는 간단한 검정법으로 Bonferroni 교정(Bonferroni correction 또는 Bonferroni adjustment)이 있다. 여기서 말하는 Bonferroni 교정은 4.11절에서 나온 Bonferroni 사후 검정과는 다른 방법이다. Bonferroni 사후 검정은 Tukey의 HSD 방법처럼 복잡한 수식으로 구성되어 있다.

여러 가설이 있으면 그만큼 비교를 수행할 때마다 위양성이 나타날 가능성이 높아진다. 이를 제어하기 위해 p-value가 0.05보다 낮은 경우에 유의미한 차이가 있다고 보지 않고, 0.05보다 더 낮은 기준을 적용할 수 있다. 이와 같이 유의미성을 가르는 기준을 Alpha level(유의수준)이라고 한다. Bonferroni 교정은 보통 0.05로 설정된 Alpha level을 더 낮춰서 위양성의 가능성을 억제하는 방법이다. 만일 검정하려는 가설의 개수가 m개라면 Alpha level을 $0.05/m$으로 설정한 후 쌍별(Pairwise) 통계 검정을 진행하는 것이다.

예컨대 Student's t-test가 적용 가능한 네 그룹(A, B, C, D)이 있다고 하자. 그룹 간 차이가 존재하는지 보려면 원칙적으로 ANOVA를 사용해야 한다. ANOVA는 기본적으로 Unplanned comparisons, 즉 모든 쌍별 비교를 가정한다. 네 개의 그룹 중에서 두 개를 고르는 방법은 6가지이므로 6가지의 비교를 내포하는 것이다. 그렇지만 연구자는 실험을 계획할 때부터 A와 B, B와 C, C와 D 이렇게 세 쌍만 비교하고 싶었을 수 있다. 즉 연구자는 처음부터 Unplanned comparisons를 계획한 것이 아니다. 나머지 비교는 생물학적으로나 물리적으로 의미가 없을 수도 있다.

이런 상황에서 ANOVA를 사용하면 오히려 지나치게 보수적인 통계적 판단이 이뤄질 수 있다. 이런 경우에 Bonferroni 교정을 쓰면 유용하다.

비교하려는 쌍이 세 쌍이므로 귀무 가설 역시 세 개이다. 따라서 A와 B에 대해 Student t-test를 수행하여 얻은 p-value가 0.05를 3으로 나눈 0.01667보다 작은 경우에만 두 그룹 사이에 차이가 있다고 해석한다. 다른 두 쌍(B와 C, C와 D) 역시 마찬가지로 새로운 Alpha level을 놓고 검정을 진행한다. 이 경우 두 그룹 사이의 차이가 더 뚜렷해야만 통계적 유의미성이 나타날 수 있으므로 위양성의 위험을 줄일 수 있다.

즉 Bonferroni 교정은 ANOVA와 같이 다중 비교에 특화된 방법이 아닌 t-test처럼 두 그룹에 대한 검정법을 사용하는 대신 Alpha level을 조정하는 방법이다. 다만 Bonferroni 교정은 다소 보수적이라고 알려져 있다. 즉 실제 차이가 있어도 발견하지 못하는 경우가 잦다는 것이다. 대신 Bonferroni 교정으로 유의미성을 발견하면 그 차이는 위양성이 아닐 가능성이 높다.

4.14 Repeated measures ANOVA의 필요성

세 개 이상의 그룹이 있을 때, 지금까지 다룬 예제에서는 각 그룹에 서로 다른 피험자나 피험체가 있었다. 그룹이 3개이고 각 그룹에 10명의 피험자가 있다면 피험자가 총 30명인 식이다. 그렇지만 한 피험자에 대해 다른 조건으로 측정을 시행할 수도 있다. 대표적인 것이 시간에 따른 변화를 측정할 때이다. 약물을 투여받은 직후, 30분 후, 100분 후의 호르몬 농도를 비교한다고 해보자.

각 피험자는 성질이 비슷할 수도 있고 다를 수도 있다. 만일 약물이 호르몬 변화에 영향을 주는 것은 맞지만 피험자의 기초 호르몬 농도가 상당히 다르다면 어떨까? 예컨대 약물을 주입하고 30분이 지나면 모든 피험자의 혈중 호르몬 농도가 대략 30 μg/L 정도 상승하지만, 어떤 피험자는 기본적인 호르몬 농도가 100 μg/L이고 누군가는 200 μg/L일 수 있다. 이 경우 투약 후 30분이 지났을 때 두 피험자의 호르몬 농도는 130, 230 μg/L가 되겠지만, 기본적인 호르몬 농도 차이 때문에 그룹 내 분산은 상당히 클 것으로 예상할 수 있다. 이와 같은 사례가 그림 [그림 4.6]에 나타나 있다.

> 그림 4.6 Repeated measures ANOVA의 필요성을 보여주는 그림

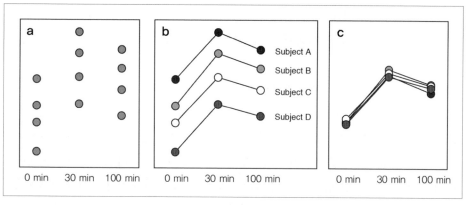

(a) 3개 그룹(0 min, 30 min, 100 min)의 데이터가 상당히 퍼져있다. 즉 군내변동이 크다. 이 경우 일반적인 ANOVA를 사용하면 p-value가 크게 나올 가능성이 높다. 차이를 발견하지 못하는 것이다.

(b) (a)의 데이터는 사실 같은 피험자에게 여러 번 측정한 것일 수 있다. 같은 피험자에게 잰 데이터는 선으로 연결되어 있다. 피험자 모두 30분 후에 호르몬 수치가 증가하고 이후 떨어지는 경향성을 보인다. 이 경우 약물이 효과가 있는 것은 분명해 보인다.

(c) 각 데이터를 피험자의 평균으로 빼주면 개인별 차이를 제거할 수 있다. Subject A의 데이터를 Subject A가 보인 세 데이터의 평균으로 빼주는 식이다. 이 방법을 쓰면 개인별 차이가 제거되어 약물의 시간에 따른 변화가 더 명확하게 관찰된다. Repeated measures ANOVA는 개인별 차이를 상쇄시켜 처리의 효과만을 분석하는 방법이다.

만일 처리의 효과가 분명하더라도 피험자 간 기본값의 차이가 크다면 처리의 효과를 알아차리기 어려울 수 있다. 따라서 개인별 차이를 상쇄시키고 오직 처리의 효과만 볼 수 있는 검정법이 필요해진다. 그것이 바로 Repeated measures ANOVA(RM ANOVA)이다.

4.15 Repeated measures ANOVA의 계산

수식 4.1은 One-way ANOVA의 기본 구조를 설명한다. One-way RM ANOVA는 여기에 하나의 항이 추가된다.

$$y_{i,j} = \mu + \alpha_i + \pi_j + \varepsilon_{i,j}$$

$y_{i,j}$는 i번째 그룹 내 j번째 피험자의 측정값이다. 수식 4.1과 마찬가지로 μ는 전반적인 평균, α_i는 i번째 그룹의 효과, $\varepsilon_{i,j}$는 오차이다. 새롭게 추가된 항목 π_j는 j번째 피험자의 개인 평균을 나타낸다. 개인별 차이가 크다면 π_j가 j에 따라 크게 달라질 것이다.

RM ANOVA의 핵심은 피험자간 차이에 의한 변동을 구분하는 것이다. One-way ANOVA를 구할 때 총변동(SST)과 군내변동, 군간변동(SSB)을 살펴보았다. 이 값들은 RM ANOVA에서도 사용되며 구하는 방법 역시 같다. 다만 RM ANOVA에서는 편의상 군내변동을 SSE가 아닌 Within을 사용해 SSW라고 부르자. 군내변동이 데이터의 내재적인 변동에 의해서만 발생하지 않기 때문이다. RM ANOVA에서도 $SST = SSB + SSW$의 관계가 성립한다. 일반적인 ANOVA와의 차이는 SSW를 한 번 더 나누는 데에 있다.

One-way ANOVA에서 각 그룹 내의 변동은 데이터 자체의 내재적인 변동으로 해석되었다. RM ANOVA에서 각 그룹 내의 군내변동(SSW)은 이러한 데이터의 내재적인 변동(SSE)과 피험체별 차이에 의한 변동(SSS)의 합이라고 볼 수 있다. SSS는 Subject를 따서 만든 단어이다. 편의상 SSE를 오차 변동, SSS를 개인 변동이라 부르자.

$$SST = SSB + SSW = SSB + (SSS + SSE)$$

One-way ANOVA에서 우리는 데이터의 순수한 내재적 변동과 그룹별 차이를 비교했다. RM ANOVA에서도 데이터의 내재적인 변동(오차 변동)과 그룹별 차이(군간변동)를 비교하면 된다.

각 그룹 내의 변동을 뜻하는 군내변동은 오차 변동과 개인 변동의 합이다. 따라서 오차 변동을 구하기 위해서는 군내변동에서 개인 변동을 빼주면 된다. 군내변동을 구하는 법은 One-way ANOVA의 경우와 같다. 각 데이터를 그 데이터가 속한 그룹의 평균으로 빼준 뒤 제곱해 더하면 된다. 개인 변동을 구하는 법은 군간변동을 구하는 법과 비슷하다. 군간변동은 각 데이터에 대해 그 데이터가 속한 '그룹'의 평균을 전체 평균에서 뺀 뒤 제곱해 더한 값이었다. 개인 변동은 각 데이터에 대해 그 데이터가 속한 '개인'의 평균을 전체 평균에서 뺀 뒤 제곱해 더한 값이다. 총 그룹(실험군)의 수가 k이고 j번째 피험자의 평균이 S_j라고 했을 때, 개인 변동은 다음과 같이 구할 수 있다.

$$SSS = k\sum_{j=1}^{m}\left(S_j - \overline{Y}\right)^2$$

여기서 m은 피험자의 수, $\overline{Y}$는 전체 데이터의 평균이다. 군내변동에서 개인 변동을 빼면($SSW - SSS$), 개인별 차이를 감안한 데이터의 내재적 변동인 오차 변동을 구할 수 있다. 오차 변동과 군간변동을 비교하면 One-way ANOVA를 시행했을 때와 마찬가지로 그룹별로 유의미한 차이가 있는지 알 수 있다.

다만 ANOVA를 수행하기 위한 F-value를 구하기 위해서는 자유도를 고려한 '평균적인' 변동을 구해야 했다. 4.9절에서, 엄밀한 의미는 아니지만 자유도란 '해당 요소의 평균을 알 때 몇 개의 데이터를 알면 전체 값을 추론할 수 있는가?'라는 질문을 통해 구할 수 있다고 설명했다. 개인별 차이에 의한 자유도도 마찬가지이다. n명의 피험자가 있을 경우, SSS의 자유도는 $n-1$이 된다. 전체 피험자의 평균을 안다고 가정했을 때, $n-1$명의 평균만 알아도 나머지 1명의 값을 알아낼 수 있기 때문이다.

4.9절에서 자유도의 총합이 보존된다고도 말했다. 총 $N = nk$개의 데이터와 k개의 그룹이 있는 경우, 총 자유도는 $nk-1$, 군간변동의 자유도는 $k-1$이므로 군내변동(SSW)의 자유도는 $nk-k$가 된다. RM ANOVA의 경우, SSW의 일부를 이루는 SSS의 자유도가 $n-1$이므로 $nk-k$에서 $n-1$을 빼주면 SSE의 자유도인 $(k-1)(n-1)$을 구할 수 있다.

즉 자유도에 대해 다음의 식이 성립함을 알 수 있다.

$$SST = SSB + SSW = SSB + (SSS + SSE)$$
$$\rightarrow \nu_T = \nu_B + \nu_W = \nu_B + (\nu_S + \nu_E)$$

여기서 ν_T, ν_B, ν_W, ν_S, ν_E는 각각 SST, SSB, SSW, SSS, SSE의 자유도를 뜻한다.
변동과 자유도를 알았으니, 검정을 시행할 수 있다. One-way ANOVA와 마찬가지로 자유도를 고려한 평균적인 군간변동을 자유도를 고려한 평균적인 오차 변동으로 나눌 수 있다. 그룹 간 차이가 없다는 귀무 가설이 맞다면 이 값(F_{ν_B,ν_E})은 F-분포를 따른다.

$$F_{\nu_B,\nu_E} = \frac{SSB/\nu_B}{SSE/\nu_E} \sim F(\nu_B, \nu_E)$$

이전에 값과 분포의 표기를 헷갈리면 안 된다고 강조했었다. F_{ν_B,ν_E}는 실험을 통해 측정한 하나의 값이다. 그 값은 $\dfrac{SSB/\nu_B}{SSE/\nu_E}$를 계산해 구할 수 있다. 귀무 가설이 맞다면 F_{ν_B,ν_E}는 F−분포를 따르는데, 그 분포를 나타내는 것이 $F(\nu_B,\ \nu_E)$이다. $F(\nu_B,\ \nu_E)$는 값이 아니라 함수, 즉 확률밀도함수이다. $F(\nu_B,\ \nu_E)$의 확률밀도함수에서 추출한 임의의 값이 F_{ν_B,ν_E}보다 클 확률, 즉 $F(\nu_B,\ \nu_E)$에서 F_{ν_B,ν_E}보다 오른쪽에 있는 면적의 넓이가 RM ANOVA의 p−value이다. F_{ν_B,ν_E}가 크다면, 즉 오차 변동에 비해 군간변동이 크다면 p−value는 작고, 따라서 (피험자별 차이를 상쇄시킨) 그룹 간 차이가 유의미하다고 볼 수 있다. 군간변동이 작은 것은 의미가 없으므로 One−way ANOVA와 마찬가지로 단측검정을 시행한다.

4.16 Repeated measures ANOVA의 예시

다음의 예시 데이터를 통해 RM ANOVA의 계산법을 살펴보자. 총 6명의 피험자에게 약물을 투여한 후, 투여 직후(0분), 30분 후, 100분 후에 호르몬 농도를 측정했다고 해보자. 원래는 ANOVA나 RM ANOVA를 수행하기 전에 각 그룹의 데이터가 정규 분포를 따르는지 확인해야 한다. 편의상 이 예시에서는 각 그룹의 데이터 분포가 정규성을 따른다는 것이 알려져 있다고 가정하자.

▶ 표 4.2 6명의 피험자에게 약물을 투여한 예시 데이터

Subject ID	0 min	30 min	100 min	Subject average
Subj. 1	116.1	147.0	127.3	130.1
Subj. 2	126.9	151.8	143.0	140.6
Subj. 3	96.0	128.0	108.7	110.9
Subj. 4	95.6	135.8	113.0	114.8
Subj. 5	130.2	171.8	148.4	150.1
Subj. 6	36.3	63.2	43.9	47.8
Group average	100.2	132.9	114.1	115.7

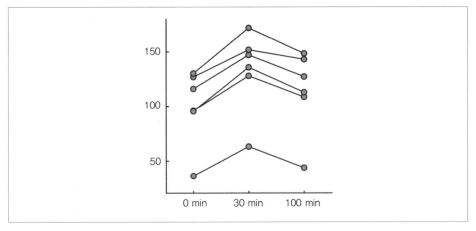

같은 선으로 이어진 데이터는 같은 피험자로부터 추출된 데이터이다.

[그림 4.7]에서 알 수 있듯이, 30분 후 호르몬 농도가 올라가고 이후에 떨어지는 트렌드는 명확하지만 개인별 편차가 심하다는 것을 알 수 있다. 만일 개인별 차이를 고려하지 않고 세 그룹(0분, 30분, 100분)에 대한 One-way ANOVA를 실시하면 p-value는 0.3256가 나온다. 즉 그룹별로 유의미한 차이를 발견할 수 없다. 약의 효과가 분명하더라도, 개인별 차이가 커서 군내변동이 커지기 때문이다.

앞 절에서 살펴본 바와 같이 군내변동(SSW)은 데이터 자체의 내재적인 변동(SSE)과 피험자별 차이에 의한 변동(SSS)로 나뉜다. 총변동(SST), 군간변동, 군내변동을 구하는 방법은 One-way ANOVA와 동일하다.

One-way ANOVA 때와 비슷하게 $y_{i,j}$를 i번째 그룹(0분, 30분, 또는 100분) 중 j번째 피험자의 측정값이라고 하자. 예컨대 $y_{2,3}$은 3번째 피험자(Subject 3)가 투약 후 30분에 측정한 값이 된다. $\overline{Y}$는 전체 평균인 115.7이다. 그룹은 3개이고, 피험자는 6명이므로 총변동은 다음과 같다.

$$SST = \sum_{i=1}^{3} \sum_{j=1}^{6} (y_{i,j} - \overline{Y})^2$$
$$= (116.1 - 115.7)^2 + (126.9 - 115.7)^2 + (96.0 - 115.7)^2 + \ldots + (43.9 - 115.7)^2$$
$$= 23334.7$$

군간변동은 각 데이터가 속한 그룹의 평균($\overline{Y_i}$)을 전체 평균으로 빼준 뒤 더하면 된다. One−way ANOVA의 방법과 같다.

$$SSB = \sum_{i=1}^{3} 6\left(\overline{Y_i} - \overline{Y}\right)^2 = 3231.9$$

군내변동(SSW)은 각 데이터를 그 데이터가 속한 그룹의 평균으로 빼준 뒤 제곱해 더하면 된다. 역시나 One−way ANOVA의 방법과 같다.

$$SSW = \sum_{i=1}^{3}\sum_{j=1}^{6}\left(y_{i,j} - \overline{Y_i}\right)^2 = 20091.8$$

이제 새로운 개념인 개인 변동(SSS)이 등장한다. 개인 변동은 군간변동을 구할 때와 그 방법이 유사하다. 1번 피험자로부터 얻은 세 측정(0분, 30분, 100분)의 평균은 130.1이다. 이 값은 1번 피험자의 전반적인 평균을 나타낸다. 이 값에서 전체 평균인 115.7을 빼준 뒤 제곱한다. 그러면 207.4가 나온다. 1번 피험자는 총 3번 측정을 시행해서 데이터도 3개이니, 207.4에 3을 곱한다. 이러한 과정을 6명의 피험자에게 모두 시행하면 다음과 같은 결과를 얻는다.

$$SSS = 3\sum_{j=1}^{6}\left(S_j - \overline{Y}\right)^2 = 19935.0$$

오차 변동(SSE)은 군내변동에서 개인 변동을 빼 준 156.8이 된다(유효숫자에 의해 통계 프로그램에 넣고 돌린 값과 약간 차이가 날 수 있다).

군간변동의 자유도는 그룹 수에서 1을 빼준 2이다. 오차 변동의 자유도는 그룹 수에서 1을 뺀 값(2)과 피험자 수에서 1을 뺀 값(5)을 곱한 10이다. 따라서 통계 검정을 위한 F−value는 다음과 같다.

$$F_{2,10} = \frac{3231.9/2}{156.8/10} = 103.1$$

$F(2, 10)$의 확률밀도함수에서 103.1보다 큰 값이 나올 확률은 2.1170×10^{-7}이다. 즉 이 약물은 시간에 따라 어떠한 변화를 가져다 준다고 볼 수 있다. One−way ANOVA로는 보이지 않았던 현상이 RM ANOVA를 통해 발견된 것이다. 어떤 그룹이 다른 그룹과 유의미하게 다른지 확인하기 위해서는 역시나 사후 검정을 실시해야 한다. Tukey의 HSD 방법으로 사후 검정을 실시하면 세 그룹 모두 서로 유의미하게 다르다는 것을 확인할 수 있다.

4.17 구형성 가정(Sphericity assumption)

[그림 3.2]에 정리된 것처럼, One-way ANOVA를 수행하기 위해서는 각 그룹의 데이터가 정규 분포를 따라야 하고, 그 분산이 서로 다르지 않아야 한다. RM ANOVA 역시 각 그룹의 데이터가 정규 분포를 따라야만 사용할 수 있다. 다만 RM ANOVA의 경우, 각 피험자의 데이터 사이에 상관성(Correlation)이 있다. 약물을 투여받고 호르몬 농도를 측정한 앞선 RM ANOVA의 사례를 떠올려 보자. 약물을 투여받은 직후의 호르몬 수치가 낮게 측정된 피험자가 있다고 하자. 이 피험자는 태생적으로 호르몬 수치가 낮은 사람일 가능성이 높다. 때문에 30분 후, 100분 후의 호르몬 수치도 다른 피험자보다 낮을 것이라고 예측할 수 있다. 즉 하나의 데이터가 다른 데이터와 연결된 것이다. One-way ANOVA는 각 데이터가 독립적이라고 가정하는데, RM ANOVA의 데이터는 구조상 독립적이지 않다. 때문에 One-way ANOVA는 Bartlett's test 혹은 Levene's test으로 등분산성을 확인하지만, RM ANOVA는 등분산성이 아닌 다른 특징을 확인해 p-value를 결정한다.

그 다른 특징은 각 피험자의 데이터 변동폭이 일정한지 확인하는 구형성(Sphericity)이다. 앞선 예시에는 6명의 피험자가 있었다. 측정은 0분, 30분, 100분 후에 진행되어 그룹은 총 3개가 있다. 3개의 그룹끼리 비교하는 방법은 총 3가지이다(0분-30분, 0분-100분, 30분-100분). 0분과 30분을 비교하면 <표 4.3>과 같은 결과를 얻는다.

▶ 표 4.3 0분에 측정한 데이터와 30분 후 측정한 데이터의 차이와 그 차이의 분산

Subject ID	0 min	30 min	Difference
Subj. 1	116.1	147.0	−30.9
Subj. 2	126.9	151.8	−24.9
Subj. 3	96.0	128.0	−32
Subj. 4	95.6	135.8	−40.2
Subj. 5	130.2	171.8	−41.6
Subj. 6	36.3	63.2	−26.9
		Variance	46.7

각 피험자에 대해 투약 직후의 측정값에서 30분 후의 측정값을 빼면 총 6개의 차이값을 얻고, 이 차이값들의 분산인 46.7을 얻을 수 있다. 30분과 100분의 비교값과 0분과 100분의 비교값에 대해서도 이런 식으로 분산을 구할 수 있다. 이 3개의 분산을 비교해서 유의미한 차이가 나는지 확인하는 것이 구형성 검정이다. 이 검정은 Mauchly's sphericity test를 통해 수행한다. Mauchly's sphericity test의 귀무 가설은 세 분산이 모두 같다는 것이다. 분산이 같다면 구형성 가정이 만족된다는 뜻이다. 따라서 Mauchly's sphericity test를 수행해서 p-value가 0.05보다 작게 나온다면 세 분산이 같다는 귀무 가설이 기각되고, 구형성 가정이 만족되지 않는다.

One-way ANOVA의 경우, 구형성 가정에 대응되는 등분산 가정이 만족되지 않으면 One-way ANOVA를 사용할 수 없다. 그렇지만 RM ANOVA는 구형성 가정이 만족되지 않더라도 보정된 p-value를 통해 RM ANOVA를 쓸 수 있다. Mauchly's sphericity test를 수행해 p-value가 0.05보다 크다면 별다른 제약 없이 RM ANOVA를 쓰면 된다. 만일 Mauchly's sphericity test를 수행해 p-value가 0.05보다 작게 나오면 RM ANOVA을 통해 그룹별로 유의미한 평균 차이가 존재하는지 확인할 때 보정된 p-value를 보면 된다. 보정된 p-value는 만족되지 않는 구형성을 고려해 그룹별 차이가 존재하는지 확인해주는 값이다. Greenhouse-Geisser adjustment, Huynh-Feldt adjustment, Lower bound adjustment 등의 방법을 통해 구하며, 통계 프로그램에서 자동적으로 그 값을 계산해 줄 것이다. 어느 방법을 써도 크게 문제가 되지는 않는다. Greenhouse-Geisser adjustment가 세 방법 중 중간 정도의 보수성을 가진다고 알려져 있으므로, 이 방법으로 보정된 p-value를 구하는 것이 무난할 것이다.

4.18 결측치(Missing data)의 처리

One-way ANOVA에서 각 그룹에 (독립적인) 6개의 데이터가 있다고 해보자. 실험을 마치고 분석을 하려 살펴보니 한 측정치가 소실되거나, 기준을 만족시키지 않은 것으로 판명될 수 있다. 예컨대 투약 후 30분이 지나 측정해야 하는데, 실험자의 실수로 55분이 지나서야 측정한 경우 그 데이터를 제외하고 분석을 진행할

表 4.4 한 값이 사라진 RM ANOVA의 예시

Subject ID	0 min	30 min	100 min
Subj. 1	116.1	147.0	127.3
Subj. 2	126.9	~~151.8~~	143.0
Subj. 3	96.0	128.0	108.7
Subj. 4	95.6	135.8	113.0
Subj. 5	130.2	171.8	148.4
Subj. 6	36.3	63.2	43.9

수 있다. 아니면 저장장치의 고장으로 인해 한 피험자의 기록이 사라질 수도 있다. 이 경우에도 One-way ANOVA를 사용할 수 있다.

RM AVOVA의 경우라면 어떨까? 앞서 살펴본 RM ANOVA의 예시에서 2번 피험자의 30분 후 측정 결과가 훼손되었다고 해보자(<표 4.4>에서 ×표시된 칸).

RM ANOVA에서는 개인별 평균이 전체 평균과 얼마나 다른지를 확인해서 개인 변동(SSS)을 구했다. 어떤 피험자의 한 값이라도 사라지면 그 피험자의 평균을 구할 수 없게 된다. 개인별 평균은 모든 상황(0분, 30분, 100분)에서 측정한 값의 평균이기 때문이다. 30분에 측정한 값을 빼고 구한 평균은 의미가 없다. 따라서 2번 피험자의 값을 모두 분석에 쓸 수 없게 된다.

이처럼 RM ANOVA에서는 한 값만 사라지거나 신뢰할 수 없게 되어도, 그 피험자의 나머지 값도 분석에서 제외해야 한다. RM ANOVA에는 개인별 차이를 고려해 p-value를 구해주는 장점이 있으나, 그 장점으로 인해 결측치(Missing data)에 취약하다.

☑ Tips for Practitioners

논문을 쓸 때 정확한 문장 부호(Punctuation)를 사용하는 것도 중요하다. 잘못된 부호를 발견한 저널의 에디터와 리뷰어는 저자의 소양과 논문의 완성도에 부정적인 인상을 받을 것이다. 논문을 작성할 때 (특히 비영어권 연구자라면) 붙임표나 줄표라 불리는 하이픈 (Hyphen), 엔 대시(En dash), 엠 대쉬(Em dash)를 잘못 사용하는 경우가 많다.

하이픈(붙임표)은 셋 중에 길이가 가장 짧으며 단어와 단어를 이어준다. 키보드에 바로 있어 (0과 +자판 사이) 입력하기 편하다. 영어에서는 두 개 이상의 단어가 모여 하나의 수식어를 이루는 경우가 자주 있는데 이를 복합 수식어(Compound modifier)라 부른다. 복합 수식어를 이루는 단어들은 하이픈으로 연결되어 한 덩어리라는 것을 알려준다. One-way ANOVA가 대표적인 예이다. One way라는 형용사와 명사가 합쳐져 ANOVA를 꾸미는 새로운 수식어가 되었다. One way가 한 단어처럼 쓰인다는 걸 표현하기 위해 중간에 하이픈을 붙인다. Computer-aided design(컴퓨터가 보조하는 디자인)이나 Theory-based approach(이론에 기반한 접근)처럼 based나 aided가 하이픈과 함께 하나의 수식어가 되는 경우가 자주 있다. Quantum-mechanics-based처럼 based 앞에 두 단어가 와도 하이픈으로 모두 연결할 수 있다.

대문자 N과 너비가 비슷해 중간 길이를 갖는 엔 대쉬는 다양한 경우에 활용된다. 우선 엔 대쉬는 다음 문장의 사례처럼 범위를 나타낼 때 사용된다.

The novel bacterial colony decomposes 6–15 mg of antibiotics per day.

엔 대쉬가 범위를 나타낼 때는 띄어쓰기를 쓰지 않는다. 우리나라에서는 범위를 표현할 때 물결표라고 불리는 ～를 자주 쓰는데, 영미권에서는 잘 사용되지 않는 방법이다.

또한 엔 대쉬는 둘 사이의 관계를 나타낼 때 쓰인다. Host–parasite relationship은 Host와 Parasite 사이의 관계를 의미하므로 엔 대쉬를 써야 한다.

뺄셈, 음수를 나타낼 때 쓰는 마이너스 부호는 하이픈, 엔 대쉬, 엠 대쉬와 별개로 존재하지만, 만일 마이너스 부호를 입력하기 어려운 경우 엔 대쉬를 대신 사용한다. $10 - 2 = 8$처럼 두 숫자 사이에 뺄셈을 나타낼 때는 엔 대쉬 양 옆에 공백을 둔다. $+, -, \times, \div, <, \geq$처럼 두 숫자를 잇는 연산자 양 옆에는 공백을 두는 것이 원칙이다. 그렇지만 -5처럼 음수(부호)를 나타낼 때는 숫자와 엔 대쉬를 붙여 쓴다.

하이픈으로 세 단어를 이은 복합 수식어 Quantum-mechanics-based에서 Quantum mechanics는 그 자체로 한 덩어리이기 때문에 하이픈이 들어가면 오히려 이상해 보일 수 있다. 때문에 띄어쓰기로 이어진 단어가 한 덩어리일 경우 덩어리 내의 공백을 살리고, 대신 하이픈이 쓰이는 자리에 엔 대쉬를 쓰는 것도 가능하다. Quantum-mechanics-based 대신 Quantum mechanics–based라고 쓰는 것이다. 다음 두 문장은 모두 올바르다.

Quantum-mechanics-based conceptualization is essential for modern physics.
Quantum mechanics–based conceptualization is essential for modern physics.

알파벳 M과 너비가 비슷해 길이가 가장 긴 엠 대쉬는 홀로 쓰일 경우 콜론(:)을 대신할 수 있고, 쌍으로 쓰이면 괄호나 동격을 나타내는 쉼표를 대신할 수 있다. 콜론의 역할처럼 무언가를 나열할 때, 또는 새로운 문장을 이어줄 때 사용된다.

There are three domains of cellular organsims: Archaea, Bacteria, and Eukarya.

There are three domains of cellular organsims—Archaea, Bacteria, and Eukarya.

Bacteria (also called Eubacteria) can infect humans.

Bacteria—also called Eubacteria—can infect humans.

Antibiotics, the substances that kill or inhibit bacteria, are used to treat bacterial infection.

Antibiotics—the substances that kill or inhibit bacteria—are used to treat bacterial infection.

괄호나 동격을 나타내는 엠 대쉬는 보통 띄어쓰기 없이 사용하지만, 엠 대쉬 양 옆에 공백을 넣는 것도 허용된다. 참고로 글씨체에 따라 하이픈과 대쉬가 잘 구분되지 않는 경우도 있다.

논문을 작성할 때 상황에 맞는 하이픈과 대쉬를 사용해 에디터와 리뷰어에게 좋은 인상을 심어줄 수 있도록 (적어도 부정적인 인상을 피하도록) 하자. 논문을 쓰고 심도 있는 교정과 탈고를 반복하다 보면 하이픈과 대쉬의 차이와 공백의 이상 여부를 곧바로 알아채는 '매의 눈'이 생길 것이다.

이원 분산분석

Two-way ANOVA

이원 분산분석
(Two-way ANOVA)

    4.4절에서 요인(Factor)과 수준(Level)의 정의를 다루었다. One-way ANOVA는 하나의 요인하에서 여러 수준을 갖는 데이터를 분석할 때 사용된다. 예컨대 위약, 약물 A, 약물 B, 약물 C를 각각 10명의 피험자에게 투여하고 결과를 관측했다면 약물이라는 하나의 요인에 대해 4개의 수준을 갖는 실험을 진행한 것이다. 같은 조건에 각 10명의 피험자가 있으므로 Replication은 10이다(번역 시의 혼란으로 인해 원어인 Replication을 사용한다고 4.4절에서 언급했다).

    이제는 요인이 하나 더 늘어난다. 온도의 요인을 추가한다고 하자. 온도는 저온, 중온, 고온이라는 3가지 수준을 갖는다. 요인이 2개이므로 ANOVA로 분석할 때 Two-way라는 이름을 쓴다. Two-way ANOVA의 예시인 <표 4.1>을 다시 살펴보자.

    Replication은 같은 조건에서 몇 명의 다른 피험자에게 실험을 수행했는지를 나타낸다. 여기서 조건은 모든 요인의 모든 수준이 같다는 것을 뜻한다. 요컨대 약물도 같고 온도도 같아야 같은 조건(조합)으로 보는 것이다. <표 5.1>의 경우, 같은 조건에 각각 5명의 피험자가 있는 Balanced design이다. 일부 조건의 피험자 수가 3명이거나 6명인 Unbalanced designed이어도 Two-way ANOVA를 수행할 수 있다.

▶ 표 5.1 Two-way ANOVA의 예시. 〈표 4.1〉과 같은 데이터이다.

		Medication			
		Pseudo	A	B	C
Temperature	Low	5 subjects	5 subjects	5 subjects	5 subjects
	Moderate	5 subjects	5 subjects	5 subjects	5 subjects
	High	5 subjects	5 subjects	5 subjects	5 subjects

비교 그룹이 2개에서 3개로 늘어나면 다중 비교의 문제로 인해 t-test보다 더 복잡한 ANOVA를 쓰는 것처럼, ANOVA의 요인이 1개에서 2개로 늘어나면 교호작용(Interaction)으로 인해 고려할 점이 더 많아진다. 한 피험자에게서 다른 조건으로 데이터를 수집하는 Repeated measures design의 경우에도 두 요인 중 어떤 요인이 Repeated measure인지에 따라 분석법이 달라진다. 이번 장에서는 Two-way ANOVA의 구조와 교호작용 등을 알아본다.

5.1   Two-way ANOVA의 구조

Two-way ANOVA의 모델(가정)은 다음과 같다.

$$y_{i,j,r} = \mu + \alpha_i + \beta_j + \phi_{i,j} + \varepsilon_{i,j,r}$$
수식 5.1

One-way ANOVA에 비해 항이 늘어난 것을 알 수 있다. $y_{i,j,r}$은 첫 번째 요인 (예컨대 온도)의 i번째 수준(예컨대 중온)과 두 번째 요인(예컨대 약물)의 j번째 수준 (예컨대 약물 B)이라는 조건에서 r번째 Replication을 시행했을 때의 측정값이다. α_i는 첫 번째 요인의 i번째 수준이 미치는 영향이다. β_j는 두 번째 요인의 j번째 수준이 미치는 영향이다. $\varepsilon_{i,j,r}$는 매 측정 시 생겨나는 오차를 뜻한다. One-way ANOVA와 마찬가지로 α_i들의 합은 0으로 설정한다. β_j들의 합도 0이 되게 한다. 그렇게 해야 μ가 전체 데이터의 기댓값을 나타내게 된다.

우리가 주목할 항은 교호작용(Interaction)이라 불리는 $\phi_{i,j}$이다. 약물 B가 온도에 민감한 분자 구조를 갖고 있다고 하자. 온도가 조금만 높아도 이 분자는 파괴되어 제 기능을 못한다. 따라서 약물 B는 오직 저온에서만 효과를 나타내고, 중온과 고온에서는 효과가 없다. 즉, 약물 B는 온도와 상호작용을 일으킨다.

약물 C는 온도와 관계없이 일정한 효과를 나타낸다. 예컨대 어떤 온도에서든 투약 시 호르몬을 10 μg/L만큼 낮춘다고 하자. 약물 C가 두 번째 요인의 세 번째 수준(β_3)이라고 한다면 $\beta_3 = -10$이라고 쓸 수 있다. 약물 B는 두 번째 요인의 두 번째 수준(β_2)이라고 하자. 약물 B는 저온일 때만 호르몬을 20 μg/L만큼 높인다. 따라서 약물 B의 효과는 β_2만으로 나타내기 어렵다. 이러한 차이를 설명해 주는 것이 상호작용을 나타내는 $\phi_{i,j}$항이다.

저온이 온도의 첫 번째 수준($i=1$)이라고 하자. 중온과 고온에서 약물 B는 효과가 없으므로 $\beta_2 = 0$으로 놓는다. 온도는 저온이고 약물이 B인 경우는 $i=1$이고 $j=2$인 경우이다. $\phi_{1,2} = 20$이고 나머지 i, j에 대해 $\phi_{i,j} = 0$이라고 한다면, 온도가 저온이고 약물이 B일 때 호르몬이 20 μg/L 상승하는 현상을 $\phi_{1,2}$을 통해 설명할 수 있다. β_2와 $\phi_{i,j}$를 다른 방식으로 설정해 교호작용을 설명할 수도 있다.

만일 교호작용이 유의미하다면, Two-way ANOVA를 사용할 때 세심한 주의가 요구된다. 교재에 따라서 교호작용이 유의미하다면 Two-way ANOVA를 쓰면 안 된다고 말하기도 한다. 교호작용이 유의미할 때의 대처법은 뒤에서 더 자세히 설명하도록 하겠다.

Owo-way ANOVA의 가정과 유사하게, Two-way ANOVA를 쓰기 위해서는 각 조합을 이루는 데이터가 정규 분포를 따르고 그 분산이 조합별로 다르지 않아야 한다. 또한 모든 데이터는 서로 독립이어야 한다. 정규성은 히스토그램을 확인하거나 Q-Q plot, SW test, KS test 등으로 검정할 수 있고, 등분산성은 Bartlett's test 혹은 Levene's test로 알 수 있다. 데이터의 독립성은 실험의 구조를 통해 판단할 수 있다.

5.2   Two-way ANOVA 계산의 의미

모든 조합의 Replication 수가 같은 Balanced design에서 Two-way ANOVA를 수행하는 법을 알아보자. 예시 데이터는 <표 5.1>이다.

Two-way ANOVA에서는 같은 조건을 가진 것들의 평균을 자주 이용한다. 저온이라는 조건을 만족시키는 조합은 저온에서 위약, 약물 A, 약물 B, 약물 C를 투여받은 총 4가지 그룹이다. 저온의 평균적인 효과는 이 4가지 그룹의 값들을 모두 더한 뒤 데이터 수로 나눈 평균을 통해 구한다. 약물 B의 평균적인 효과는 저온, 중온, 고온에서 약물 B를 투여하고 구한 데이터의 평균이다. M_1, M_2, M_3, M_4를 위약, 약물 A, 약물 B, 약물 C의 평균적인 효과라고 하자. 마찬가지로 T_i를 각 온도에서 이러한 평균적인 값이라고 하자. T_1, T_2, T_3는 각각 저온, 중온, 고온에서의 평균값이다. $I_{i,j}$는 i번째 온도와 j번째 약물에서의, 즉 한 조합에서의 평균값이다. $\overline{Y}$는 전체 데이터의 평균이다. 하나의 측정값은 수식 5.1에 나타난 것과 마찬가지로

$y_{i,j,r}$라고 쓸 수 있다. $y_{2,3,4}$는 중온(첫 번째 요인의 두 번째 수준)에서 약물 B(두 번째 요인의 세 번째 수준)를 투여받은 5명의 피험자 중 4번째 피험자의 측정값을 뜻한다. 각 측정값에서 전체 측정값을 뺀 값($y_{i,j,r} - \overline{Y}$)은 다음과 같이 표현 가능하다.

$$y_{i,j,r} - \overline{Y} = (y_{i,j,r} - I_{i,j}) + (I_{i,j} - T_i - M_j + \overline{Y}) + (T_i - \overline{Y}) + (M_j - \overline{Y}) \quad \text{수식 5.2}$$

우변이 상당히 복잡해 보이지만, 펜을 들고 계산해보면 $y_{i,j,r}$와 $\overline{Y}$를 제외한 항이 모두 상쇄된다는 것을 알 수 있다. T_i, M_j 등의 항들을 한 번 더하고 한 번 빼준 형태이다. 수식 5.2의 우변에는 총 4개의 괄호가 등장하는데, 각 괄호의 의미를 살펴보자.

$y_{i,j,r} - I_{i,j}$는 각 측정값에서 해당 조합의 평균을 빼준 값이다. 즉, 각 조합 내에서 값이 얼마나 변하는지를 알려준다. 따라서 이 값은 군내변동에 대응된다.

$T_i - \overline{Y}$는 첫 번째 요인인 온도의 평균들이 전체 평균과 얼마나 다른지를 나타낸다. 즉 첫 번째 요인의 군간변동에 대응되는 값이다. 마찬가지로 $M_j - \overline{Y}$는 두 번째 요인의 군간변동에 대응된다.

$I_{i,j} - T_i - M_j + \overline{Y}$는 교호작용을 나타내는 부분이다. Two-way ANOVA의 기본 모델인 수식 5.1을 다시 살펴보자.

$$y_{i,j,r} = \mu + \alpha_i + \beta_j + \phi_{i,j} + \varepsilon_{i,j,r}$$

만일 교호작용($\phi_{i,j}$)이 없다고 가정하면, i번째 온도와, j번째 약물에서의 추정치 ($\hat{I}_{i,j}$)는 다음과 같이 표현이 가능하다.

$$\hat{I}_{i,j} = \mu + \alpha_i + \beta_j$$

추정치이므로 오차($\varepsilon_{i,j,r}$)가 무시된다는 점에 유의하자. 마찬가지로 교호작용과 오차가 없다면, i번째 온도의 평균에 대한 추정치($\hat{T}_i$)는 다음과 같을 것이다.

$$\hat{T}_i = \mu + \alpha_i$$

같은 조건에서 j번째 약물의 평균에 대한 추정치($\hat{M}_j$)는 다음과 같다.

$$\hat{M}_j = \mu + \beta_j$$

전체 평균($\overline{Y}$)의 추정치는 μ가 된다.

따라서 교호작용이 없다면, $I_{i,j} - T_i - M_j + \overline{Y}$의 추정치는 $\hat{I}_{i,j} - \hat{T}_i - \hat{M}_j + \mu$가 된다는 것을 알 수 있다. 방금 설명한 값들을 대입하면 $\hat{I}_{i,j} - \hat{T}_i - \hat{M}_j + \mu$는 0이 된다. 따라서 $I_{i,j} - T_i - M_j + \overline{Y}$이 0과 많이 다르다면 (0이 되어야 할 값이 0과 많이 다르므로) 교호작용이 유의미하다고 유추할 수 있다. 따라서 $I_{i,j} - T_i - M_j + \overline{Y}$는 교호작용의 유의미성을 판단할 때 사용된다.

$(a+b+c)^2$를 계산한다면, a^2, b^2, c^2 외에도 ab, bc, ac와 같은 항들을 고려해야 한다. 수식 5.2의 양변을 제곱할 때도 마찬가지이다.

$$\left(y_{i,j,r} - \overline{Y}\right)^2 = \left[\left(y_{i,j,r} - I_{i,j}\right) + \left(I_{i,j} - T_i - M_j + \overline{Y}\right) + \left(T_i - \overline{Y}\right) + \left(M_j - \overline{Y}\right)\right]^2$$

그렇지만 매우 편리하게도, 수식 5.2를 제곱한 다음 모든 요인의 모든 수준에 대해 합을 시행하면 ab, bc, ac와 같은 항들이 모두 상쇄된다는 것을 알 수 있다. 그 과정이 복잡해서 여기서 설명하진 않겠지만 그 결과는 다음과 같다.

$$\sum_{r=1}^{5}\sum_{j=1}^{4}\sum_{i=1}^{3}\left(y_{i,j,r} - \overline{Y}\right)^2 = \sum_{r=1}^{5}\sum_{j=1}^{4}\sum_{i=1}^{3}\left(y_{i,j,r} - I_{i,j}\right)^2 + \sum_{r=1}^{5}\sum_{j=1}^{4}\sum_{i=1}^{3}\left(I_{i,j} - T_i - M_j + \overline{Y}\right)^2$$
$$+ \sum_{r=1}^{5}\sum_{j=1}^{4}\sum_{i=1}^{3}\left(T_i - \overline{Y}\right)^2 + \sum_{r=1}^{5}\sum_{j=1}^{4}\sum_{i=1}^{3}\left(M_j - \overline{Y}\right)^2$$

One-way ANOVA와 마찬가지로 각 항들은 제곱합(Sum of squares, SS)으로 불린다.

$\sum_{r=1}^{5}\sum_{j=1}^{4}\sum_{i=1}^{3}\left(y_{i,j,r} - \overline{Y}\right)^2$은 총제곱합(SST)이다.

$\sum_{r=1}^{5}\sum_{j=1}^{4}\sum_{i=1}^{3}\left(y_{i,j,r} - I_{i,j}\right)^2$은 오차 제곱합(SSE)이다.

$\sum_{r=1}^{5}\sum_{j=1}^{4}\sum_{i=1}^{3}\left(I_{i,j} - T_i - M_j + \overline{Y}\right)^2$은 교호작용의 제곱합(SSI)이다.

$\sum_{r=1}^{5}\sum_{j=1}^{4}\sum_{i=1}^{3}\left(T_i - \overline{Y}\right)^2$은 첫 번째 요인인 온도의 제곱합(SS1)이다.

$\sum_{r=1}^{5}\sum_{j=1}^{4}\sum_{i=1}^{3}\left(M_j - \overline{Y}\right)^2$은 두 번째 요인인 약물의 제곱합(SS2)이다.

$SS1$과 $SS2$는 One-way ANOVA의 군간변동에 해당되는 값이다. 요인이 2개이 므로, 군간변동값도 2개가 된다. 또한 여러 개의 요인이 있으므로 교호작용을 고려 한다.

첫 번째 요인의 수준이 p개, 두 번째 요인의 수준이 q개라고 하고 모두 m번의 Replication이 있다고 하자. SSI의 시그마 기호 안에 있는 $(I_{i,j} - T_i - M_j + \overline{Y})^2$는 r의 영향을 받지 않는다. 따라서 다음과 같이 줄여 쓸 수 있다.

$$\sum_{r=1}^{m}\sum_{j=1}^{q}\sum_{i=1}^{p}(I_{i,j} - T_i - M_j + \overline{Y})^2 = m\sum_{j=1}^{q}\sum_{i=1}^{p}(I_{i,j} - T_i - M_j + \overline{Y})^2$$

$SS1$의 시그마 기호 안에 있는 $(T_i - \overline{Y})^2$는 j와 r의 영향을 받지 않는다.

$$\sum_{r=1}^{m}\sum_{j=1}^{q}\sum_{i=1}^{p}(T_i - \overline{Y})^2 = mq\sum_{i=1}^{p}(T_i - \overline{Y})^2$$

마찬가지로, $SS2$의 시그마 기호 안에 있는 $(M_j - \overline{Y})^2$는 i와 r의 영향을 받지 않는다.

$$\sum_{r=1}^{m}\sum_{j=1}^{q}\sum_{i=1}^{p}(M_j - \overline{Y})^2 = mp\sum_{j=1}^{q}(M_j - \overline{Y})^2$$

한편, 총제곱합은 나머지 제곱합의 합과 같다.

$$SST = SS1 + SS2 + SSI + SSE \qquad \text{수식 5.3}$$

유의미성을 구하는 기본적인 원리는 One-way ANOVA와 같다. 평균적인, 그 러니까 자유도로 나눠준 변동의 상대적인 크기를 통해 F-value와 p-value를 구 하는 것이다. 이를 위해서는 자유도를 알아야 한다.

5.3 Two-way ANOVA의 자유도

앞 절과 마찬가지로 첫 번째 요인의 수준이 p개, 두 번째 요인의 수준이 q개라고 하고 모두 m번의 Replication이 있다고 하자. 총 측정은 pqm번 시행되었으며 이 값을 N이라고 하자.

앞서 자유도란 거칠게 말해 '해당 요소의 평균을 알 때 몇 개의 데이터를 알면 전체 값을 추론할 수 있는가?'라고 설명했다. 총 자유도는 전체 데이터에서 하나를 뺀 $N-1$이다. 전체 평균을 안다면 첫 번째 요인의 각 수준에 대한 평균치를 $p-1$개만 알아도 나머지 한 수준의 평균을 알 수 있다. 따라서 첫 번째 군간변동값인 $SS1$의 자유도는 $p-1$이다. 마찬가지 원리로 $SS2$의 자유도는 $q-1$이다.

각 그룹의 평균을 알 경우, 그 그룹에서 $m-1$개의 데이터만 알아도 나머지 값을 유추할 수 있다. 이러한 조합이 pq개 있으므로, 각 그룹 내에서 측정되는 SSE의 자유도는 $pq(m-1)$이다.

교호작용은 각 조합에 대해 측정된다. 각 수준의 교호작용 평균값을 알고 있다고 해보자. 이 평균값들은 <표 5.2>에서 짙은 회색으로 표시된 Avr. Low부터 Avr. High와 Avr. Pseudo부터 Avr. C이다. x_1과 x_2 조합의 교호작용값을 안다고 해보자. 이 경우, Avr. Pseudo를 알고 있으므로 t_1을 유추할 수 있다. 또한 x_1, x_3, x_5의 값을 알 경우, Avr. Low를 알고 있으므로 w_1이 유추 가능하다. 이런 식으로 t_1, t_2, t_3, w_1, w_2를 유추하면 마지막 퍼즐인 w_3도 유추할 수 있다. 따라서 총 pq개의 조합이 있고, 각 조합에 하나의 교호작용값이 존재한다면, 교호작용의 자유도는 $(p-1)(q-1)$이 된다.

▶ 표 5.2 교호작용의 자유도를 나타내는 표

		Medication				
		Pseudo	A	B	C	
Temperature	Low	x_1	x_3	x_5	w_1	Avr. Low
	Moderate	x_2	x_4	x_6	w_2	Avr. Mod.
	High	t_1	t_2	t_3	w_3	Avr. High
		Avr. Pseudo	Avr. A	Avr. B	Avr. C	

자유도의 합은 수식 5.3과 마찬가지로 보존되어야 한다. 총변동의 자유도를 좌변, 나머지 자유도의 합을 우변에 적은 식은 다음과 같다.

$$pqm - 1 = (p-1) + (q-1) + (p-1)(q-1) + pq(m-1)$$

계산해보면 위 식이 성립한다는 것을 알 수 있다. 평균적인 변동은 One-way ANOVA와 마찬가지로 구한다.

$$MS1 = \frac{SS1}{p-1}$$

$$MS2 = \frac{SS2}{q-1}$$

$$MSI = \frac{SSI}{(p-1)(q-1)}$$

$$MSE = \frac{SSE}{pq(m-1)}$$

우리는 교호작용의 유의미성, 요인 1의 유의미성, 요인 2의 유의미성을 따질 것이다. 유의미성은 해당 요소의 평균 변동을 MSE로 나눠준 값이 귀무 가설하에서 F-분포를 따른다는 성질을 이용한다. 요인 1의 유의미성을 예로 들어보자. 귀무 가설은 요인 1의 어떠한 수준도 차이를 나타내지 않는다는 것이다.

$$H_0 : \ \alpha_1 = \alpha_2 = \alpha_3 = \ ... \ = \alpha_p = 0$$

이 귀무 가설이 옳다면, $MS1$을 MSE로 나눈 값은 분자, 분모의 자유도가 각각 $p-1$, $pq(m-1)$인 F-분포를 따른다.

$$\frac{MS1}{MSE} \ \sim \ F(p-1, \ pq(m-1))$$

연구자가 측정한 $\frac{MS1}{MSE}$보다 큰 값이 나올 확률이 첫 번째 요인의 유의미성을 나타내는 p-value가 된다. 이 p-value가 0.05보다 작다면 첫째 요인의 적어도 한 수준이 유의미한 영향을 준다는 뜻이다. 마찬가지 원리로 두 번째 요인의 유의미성도 구할 수 있다.

$$\frac{MS2}{MSE} \ \sim \ F(q-1, \ pq(m-1))$$

첫 번째 요인과 두 번째 요인이 유의미하다고 해도, 교호작용이 유의미하다면 데이터를 해석하기 까다로워진다. 교호작용이 유의미하지 않아야 Two-way ANOVA를 혼란 없이 사용할 수 있다. 교호작용의 귀무 가설은 다음과 같다.

$$H_0 : \quad \phi_{i,j} = 0 \text{ for every } i \text{ and } j$$

모든 조합에서 교호작용을 의미하는 $\phi_{i,j}$가 0이라는 뜻이다. 귀무 가설이 맞다면 다음의 관계가 성립한다.

$$\frac{MSI}{MSE} \sim F((p-1)(q-1), \; pq(m-1))$$

이 경우의 p-value가 0.05보다 커야 교호작용이 유의미하지 않다고 판단한다.

5.4 Two-way ANOVA의 예시

직접 Two-way ANOVA를 계산해 보기 위한 예시를 살펴보자. <표 5.3>은 한국, 독일, 미국에서 어린이와 성인의 수면 시간을 나타낸 표이다. 국가가 한 요인이며, 다른 요인은 어린이인지 성인인지 여부이다. 참고로 ANOVA는 요인의 수준이 2개여도 잘 돌아간다. 각 조합마다 Replication은 3이다. 예컨대 독일 어린이를 3명, 미국 성인도 3명 조사한 것이다. 각 나라의 평균은 옅은 회색으로 강조된 칸에 나와 있으며 한국, 독일, 미국이 각각 6.9, 7.7, 8.4 시간이다. 어린이와 성인의 평균은 짙은 회색으로 강조된 칸에 나와있으며 각각 8.0, 7.3시간이다. 전체 평균은 7.7시간이다.

▶ 표 5.3 Two-way ANOVA의 계산을 위한 예시 데이터. 세 국가의 어린이, 성인의 수면 시간을 나타낸다.

	Korean (1)	German (2)	American (3)	
Children (1)	7.2	8.0	8.1	
	7.7	7.9	9.0	8.0
	6.5	9.2	8.3	
Adult (2)	6.5	6.0	8.0	
	7.5	7.8	8.9	7.3
	6.1	7.3	7.9	
	6.9	7.7	8.4	Total average: 7.7

먼저 총변동을 구해보자. 직접 손으로 구하는 것은 지나친 노동을 요하고, 통계 패키지를 사용하면 계산 과정을 알 수 없으니 Microsoft Excel을 이용해 계산하는 것을 권한다. 총변동은 각 값에서 전체 평균인 7.7을 뺀 뒤 제곱해 더한 값이다. 그렇게 계산하면 14.9가 나온다. 국가 요인에 의한 변동은 각 국가의 평균에서 전체 평균을 뺀 뒤 제곱해 더하면 된다. 각 국가에는 6개의 데이터가 있으므로 이 제곱 값에 6을 곱해준다. 그렇게 구한 국가 요인의 변동(첫째 요인이라고 하면 $SS1$)은 6.3 이다. 성인 여부에 따른 변동은 어린이와 성인의 평균에서 전체 평균을 뺀 뒤 제곱해 더하면 된다. 성인과 어린이에는 각각 9명의 피험자가 있으므로 이 제곱값에 9를 곱해준다. 그 값은 1.9이다. 각 관찰값을 해당 값이 속한 조합의 평균으로 빼준 다음에 제곱해 더한 값들의 합은 5.6이다. 이 값은 오차 변동에 해당한다.

총변동은 4가지의 변동으로 구성되어 있는데, 4가지 중 3가지를 구했으므로 나머지 변동인 교호작용의 변동은 직접 그 값을 계산하지 않고 구할 수 있다. 총변동이 14.9이고, 두 요인에 의한 변동과 오차 변동의 합이 6.3 + 1.9 + 5.6 = 13.8이므로 교호작용의 변동은 14.9에서 13.8을 뺀 1.1이다.

국가는 세 수준이 있으므로 자유도는 2이다. 성인 여부는 두 수준이 있으므로 자유도는 1이다. 국가의 수준에서 하나를 뺀 뒤, 성인 여부의 수준에서 하나를 빼 곱한 2는 교호작용의 자유도이다. 총 자유도 17에서 국가, 성인 여부, 교호작용의 자유도의 합을 뺀 12는 오차 변동의 자유도이다.

먼저 교호작용이 유의미한지 살펴보자. 교호작용의 평균적인 변동은 1.1을 자유도인 2로 나눈 0.5이다. 평균적인 오차 변동은 5.6을 자유도인 12로 나눈 0.5이다. 교호작용의 영향이 없다는 귀무 가설이 맞다면 MSI/MSE는 자유도 2, 12인 F-분포를 따를 것이다. 이를 통해 0.3 근처의 p-value를 구할 수 있다. 때문에 교호작용은 유의미하지 않다고 결론 내릴 수 있다.

교호작용이 유의미하지 않으므로, 정상적인 Two-way ANOVA를 수행할 수 있다. 국가 요인의 평균 변동을 오차의 평균 변동으로 나눈 뒤 F-test를 시행하면 0.05보다 작은 p-value가 나온다. 따라서 국가는 수면 시간에 유의미하게 영향을 미치는 요인이다. 반면 성인 여부의 p-value는 0.05보다 크다. 따라서 성인 여부가 유의미한 요소인지는 이 데이터로부터 확인되지 않는다. 어떤 국가의 값이 다른 국가보다 큰지 확인하기 위해서는 One-way ANOVA를 쓸 때처럼 Post hoc analysis를 수행하면 된다.

ANOVA Table

Source	Sum of squares (SS)	Degree of freedom (df)	Mean square (MS)	F	p
Factor 1	6.3	2	3.15	6.7	0.0111
Factor 2	1.9	1	1.9	4.0	0.0687
Interaction	1.1	2	0.65	1.4	0.2841
Error	5.6	12	0.47		
Total	14.9	17			

5.5　교호작용이 유의미한 경우

앞 절에서 살펴본 예시는 교호작용이 유의미하지 않아 분석하기 수월했다. 그렇다면 교호작용이 유의미한 경우에는 어떻게 분석해야 할까?

Two-way ANOVA는 기본적으로 선형성(Linearity)을 가정하고 있다. 선형성이란 각 요소가 미치는 영향을 단순히 더하기만 하면 최종적인 결과를 얻을 수 있다는 뜻이다. 예컨대 고온은 호르몬을 5 μg/L만큼 올리고, 저온은 10 μg/L만큼 내린다고 하자. 약물 A는 호르몬을 20 μg/L만큼 올리고 약물 B는 호르몬을 7 μg/L만큼 내린다. 선형성을 가정한다면 각 조합에서 호르몬의 변화는 온도에 의한 변화와 약물에 의한 변화를 더한 값이라고 볼 수 있다. 예컨대 고온에서 약물 B를 먹었을 때의 변화는 고온의 효과인 +5 μg/L와 약물 B의 효과인 −7 μg/L를 단순히 더한 −2 μg/L가 되는 것이다<표 5.4>.

교호작용을 배제한 Two-way ANOVA 모델인 $y_{i,j,r} = \mu + \alpha_i + \beta_j + \varepsilon_{i,j,r}$ 역시 α_i와 β_j의 합이 $y_{i,j,r}$을 만든다고 가정한다. 문제는 이런 관계가 성립하지 않는 경우이다.

▶ 표 5.4 선형성을 가정한 온도와 약물의 효과

	High temperature (+5)	Low temperature (−10)
Drug A (+20)	5 + 20	−10 + 20
Drug B (−7)	5 − 7	−10 − 7

▶ 그림 5.1 Interaction plot의 예시

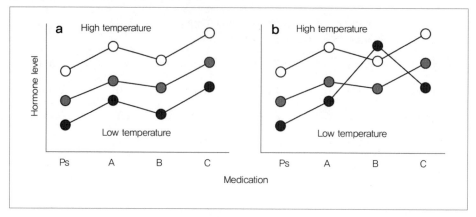

(a) 흰색 점은 고온, 회색 점은 중온, 검은색 점은 저온에서의 측정값이다. 가로 축은 위약(Ps), 약물 A, B, C에서의 측정값을 나타낸다. 만일 ANOVA의 선형성이 잘 지켜진다면, 각 온도에서의 측정값을 이은 선들은 일정한 트렌드를 나타내고, 온도에 따라서 서로 평행한 모습을 보일 것이다.
(b) 약물 B가 저온에서만 특출난 효과를 나타낸다고 해보자. 이 경우, 같은 온도에서 측정한 값들을 이은 선들은 평행하지 않다. 저온의 약물 B 값은 다른 트렌드와 확연하게 다른 모습을 보인다. 교호작용에 의해 선형성 가정이 만족되지 않기 때문이다.

약물 B는 고온일 때는 -10 μg/L의 효과를 내지만 저온일 때는 -2 μg/L의 효과를 낼 수 있다. 즉 약물과 온도 사이의 교호작용이 발생하는 것이다. 이럴 때는 Interaction plot을 통해 어떤 조합에서 선형성이 위배되는지 보여주는 것이 좋다 [그림 5.1 참조].

교호작용이 유의미하다면 Two-way ANOVA를 쓰기가 상당히 조심스러워진다. [그림 5.1]처럼 딱 하나의 조합에서만 교호작용이 나타난다면, 그 조합을 제외하고 분석을 진행할 수 있지만, 여러 부분에서 교호작용이 나타나면 Two-way ANOVA를 쓰지 않는 것이 좋다.

5.6 Two-way repeated measures ANOVA

One-way ANOVA를 다루며 Repeated measures ANOVA를 살펴보았다(4.14절). Two-way ANOVA에서도 Repeated measures ANOVA를 쓸 수 있다. 다만 요인이 두 개이므로 두 개 중 어느 요인이 Repeated measures인지가 중요하다.

168 실험 논문 작성을 위한 통계학의 정석

하나만 Repeated measures일 수 있고, 두 요인 모두 Repeated measures일 수 있다. 예컨대 한 명의 사람을 여러 조건에서 측정해 데이터를 얻을 수 있다. 4가지 약물과 3가지 온도 환경에 따른 효과를 측정한다고 할 때, 총 12가지의 조합에서 서로 다른 사람에게 Replication을 5로 잡으면 총 60명의 사람이 필요하지만, 같은 약을 먹은 사람으로부터 고온, 중온, 저온에서의 효과를 측정한다면 20명의 사람만 있으면 된다. 만일 같은 온도에 있는 사람에게 4가지 약을 먹여 효과를 측정한다면 15명의 사람만 있으면 된다. 전자는 온도 요인이, 후자는 약물 요인이 Repeated measures가 된 것이다. 물론 같은 사람을 다른 조건에서 측정할 때는 충분한 시간 차이를 두고 측정해서 이전의 효과가 다 사라진 다음에 측정해야 할 것이다. 두 요인 중 하나만 Repeated measures인 경우, Mixed design이라 부른다. 같은 피험자에게 여러 번 측정한 요인을 Within factor, 피험자끼리 서로 다른 요인을 Between factor라 부른다.

극단적으로 온도와 약물 요인을 모두 Repeated measures로 설정할 수도 있다. 한 사람에게 총 12가지의 조합을 모두 적용한 뒤 결과를 측정하는 것이다. 이 경우

▶ 표 5.5 Two-way repeated measures ANOVA의 예시

9명의 피험자(ID1에서 ID9)에 대해 4가지 약물의 효과를 측정했다. 약물은 같은 피험자에게 여러 번 측정했으므로 Within factor이다. 반면 온도는 3명씩 서로 다른 환경에서 측정되었다. 때문에 온도는 Between factor이다. 하나의 요인은 Within factor이고 나머지 하나는 Between factor이므로 이 실험은 Mixed design이다.

	Temp.	Ps	A	B	C
ID1	Low	101.6	100.5	123.2	82.6
ID2	Low	101.0	91.1	128.7	81.0
ID3	Low	110.7	103.3	126.0	89.1
ID4	Mid	113.9	106.3	126.4	96.0
ID5	Mid	112.0	105.9	128.5	96.0
ID6	Mid	109.6	106.1	129.1	100.5
ID7	High	113.2	105.8	143.1	90.4
ID8	High	110.6	110.5	145.2	95.3
ID9	High	113.0	102.4	143.2	95.9

필요한 피험자의 수는 Replication 수와 같은 5명이다. 이렇게 하면 피험자 수를 획기적으로 줄일 수 있다. 두 요인 모두 Repeated measures인 경우, Repeated design이라 부른다.

Two-way repeated measures ANOVA의 경우, 개인의 차이를 고려한 두 가지 효과의 유의미성을 확인할 수 있다. 같은 피험자에게 여러 상황에서 데이터를 얻으므로 실험에 필요한 피험자 수도 줄일 수 있다. 다만 Repeated measures ANOVA에서 설명한 것처럼 하나의 데이터만 믿을 수 없게 되어도 그 피험자에게서 측정한 모든 데이터를 사용할 수 없게 된다.

One-way repeated measures ANOVA와 마찬가지로, Within factor에 대해서는 구형성 검정을 실시할 필요가 있다. 만일 구형성 가정을 통과하지 못한다면, 보정된 p-value를 사용해 통계 검정을 진행해야 한다.

5.7 Factorial ANOVA

ANOVA의 요인은 2개보다 많을 수도 있다. 예컨대 요인이 3개인 경우, Three-way ANOVA를 시행할 수 있다. Three-way ANOVA의 모델 식은 다음과 같이 복잡해진다.

$$y_{i,j,k,r} = \mu + \alpha_i + \beta_j + \gamma_k + \phi_{i,j} + \psi_{j,k} + \lambda_{i,k} + \Pi_{i,j,k} + \varepsilon_{i,j,k,r}$$

$y_{i,j,k,r}$는 세 요인의 수준이 각각 i, j, k일 때, r번째 측정값이다. μ는 전체 기댓값, α_i, β_j, γ_k는 세 요인에 의한 효과이다. $\phi_{i,j}$는 첫째 요인과 둘째 요인에 의한 교호작용이다. $\psi_{j,k}$는 둘째 요인과 셋째 요인에 의한, $\lambda_{i,k}$는 첫째와 셋째 요인에 의한 교호작용이다. $\Pi_{i,j,k}$는 특정한 i,j,k의 조합에서 나타나는 교호작용을 의미한다. 요인은 Two-way ANOVA보다 하나 증가했지만, 모델의 항은 네 개 증가했다. 그만큼 추정해야 할 항도 많아졌다. 여러 요인에 대한 ANOVA를 Factorial ANOVA 혹은 N-way ANOVA라 부른다.

일반적으로 요인이 N개인 경우, 전체 평균(μ)과 더불어 각 요인의 효과를 계산해야 한다. 여기서 추정해야 할 항이 $N+1$개가 발생한다. 교호작용은 요인의 수가 많아질수록 더 복잡하게 나타날 수 있다. 때문에 요인의 수가 늘어날수록 추정해야 할 항의 수는 기하급수적으로 증가한다.

데이터 수 역시 마찬가지이다. 각 조합당 5개의 데이터가 있다고 해보자. 각 요인당 수준이 3개씩 있다고 하면, 필요한 데이터의 수는 5×3^N이다. 요인 수에 따라 필요한 데이터 수도 기하급수적으로 증가한다. 이처럼 요인이나 차원이 늘어날수록 더 많은 항을 추정해야 하고 필요한 데이터가 많아지는 것을 차원의 저주(Curse of dimensionality)라 부른다.

CHAPTER

06

회귀 분석
Regression Analysis

지금까지는 확연하게 구분되는 두 그룹, 혹은 셋 이상의 그룹에서 측정된 값들이 유의미하게 다른지 확인하는 t-test, F-test, ANOVA 등을 알아보았다. 이제는 좀 더 확장된 논의를 위해 연속적인 값과 연속적인 값이 어떤 관계를 갖는지 살펴보자. 나아가 연속적인 값과 그룹이 섞여 있을 때 어떤 분석이 가능한지 알 수 있다. 이러한 논의를 위해서는 우선 데이터의 형태를 파악할 필요가 있다.

6.1 데이터의 종류와 그에 따른 통계 검정

데이터에는 여러 종류가 있다. 온도나 키, 몸무게처럼 연속적인 숫자로 나타낼 수 있는 값은 연속형(Continuous) 변수이다. 반면 연속적인 숫자가 아닌, 하나의 범주로 표현되는 값들이 있다. 쥐가 암컷인지 수컷인지 여부는 연속적인 값이 아니라 어느 집단에 속했는지를 보여주는 범주형(Categorical) 데이터이다. 환자의 기저 질환, 세포주(Strain)의 종류 등도 마찬가지다. 범주형 데이터 중에 순서가 있는 경우를 생각해볼 수 있다. 예를 들어 다음과 같은 설문 조사를 시행한다고 해보자.

질문: 새로운 음료의 맛은 기존 음료에 비해 어떻습니다?
① 매우 뛰어남   ② 다소 뛰어남   ③ 비슷함   ④ 다소 떨어짐   ⑤ 매우 떨어짐

5개의 답변은 연속적인 숫자가 아닌 범주형 데이터이다. 그렇지만 '매우 뛰어남'이란 답변은 '다소 뛰어남'이란 답변보다 시음자의 만족도가 높다는 것을 나타낸다. '다소 뛰어남' 역시 '비슷함'보다 더 큰 만족도를 나타낸다. 즉 5개의 답변 사이에는 순서가 있다. 순서는 존재하지만 각 답변 사이의 간격은 일정하지 않다. 어떤 시음자는 상당히 만족할 때만 '매우 뛰어남'이나 '다소 뛰어남'을 체크하고 웬만한 범위의 만족도에 대해서는 '비슷함'을 체크할 수 있다. 즉 '매우 뛰어남'과 '다소 뛰어남'의 만족도 차이는 '다소 뛰어남'과 '비슷함'의 차이와 다를 수 있다. 이처럼 범주형

이지만 순서가 있는 데이터를 순서형(Ordinal) 데이터라고 부른다.

한편 온도에 따른 세포의 성장률을 관찰한다고 해보자. 온도와 성장률 모두 연속적인 숫자로 표현 가능한 연속형 데이터이다. 온도는 실험자가 일부러 변화시키는 설명변수(Explanatory variable)이다. 설명변수는 독립변수(Independent variable)라고도 불린다. 온도를 설정한 후 세포를 길러 그 성장률을 관찰해 얻은 값은 반응변수(Response variable)이다. 반응변수는 설명변수에 영향을 받으므로 종속변수(Dependent variable)라고도 불린다.

지금까지 다룬 t-test, ANOVA는 설명변수가 범주형이고 반응변수가 연속형인 경우에 쓰는 검정법이다. 예를 들어 위약을 맞은 그룹과 백신을 맞은 그룹의 호르몬 데이터를 측정했다면, 설명변수에 해당하는 백신 접종 여부는 범주형 데이터이고, 반응변수에 해당하는 호르몬 측정값은 연속형 데이터이다. 반면, 온도에 따른 성장률을 관찰하는 실험에서처럼 설명변수와 반응변수가 모두 연속형(Continuous)인 경우 회귀 분석(Regression)을 사용할 수 있다. 회귀 분석을 통계학적으로 분석하기에 앞서 회귀 분석에 필요한 여러 개념을 살펴보도록 하자.

6.2 상관성과 인과성

인과관계(因果關係)는 말 그대로 원인(因)과 결과(果)의 관계이다. 하나가 일어났기 '때문에' 다른 사건이 발생한 경우에 인과관계가 성립한다. 감염이 일어나면 그 '때문에' 면역계가 활성화된다. 반면 원인과 결과 관계인지 여부와는 무관하게 하나가 변할 때 다른 것이 변하면 상관관계가 성립한다. 상관관계에 대해서는 1.9절에서 다룬 적이 있다.

인과관계가 성립하면 상관관계는 당연히 성립한다. 예컨대 감염은 발열의 원인이 되며, 감염 여부와 체온 사이에는 상관관계가 존재한다. 문제는 상관관계가 성립하기 때문에 인과관계가 성립한다고 잘못 판단하는 경우이다. 많은 사람들이 인과관계(Causality)와 상관관계(Correlation)를 구분하지 못하거나 상관관계가 인과관계를 보장한다고 생각하는 오류를 범한다. 이런 오류를 나타내는 라틴어 표현이 'Cum hoc, ergo propter hoc'이다. 영어로 번역하면 'With this, therefore because of this'가 되며, '이것과 같이, 따라서 이것 때문에'로 해석될 수 있다. 같

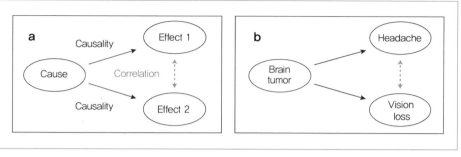

하나의 원인(Cause)은 여러 효과(Effect 1, Effect 2)를 나타낼 수 있다. 뇌종양이 생겼을 때 두통과 시력 저하가 일어나는 것이 그 예이다. 두 효과 사이에는 상관관계가 있지만 하나가 다른 하나의 원인이 되는 것은 아니다.

이 일어난 무언가를 가지고 인과성을 판단한다는 뜻이다.

뇌종양이 발생하면 두통과 함께 시력 상실이 일어날 수 있다. 따라서 뇌종양 환자의 경우, 두통과 시력 상실 사이에는 상관관계가 존재한다. 그렇지만 두통 때문에 시력 상실이 일어나거나, 시력 상실 때문에 두통이 생기는 것은 아니다. 두통과 시력 상실은 하나의 원인의 서로 다른 두 결과이다. 따라서 두통을 경감하는 약을 먹어도 시력 상실에 영향을 주지는 않는다.

인과관계를 반대로 생각하는 것도 문제를 일으킬 수 있다. 감염이 일어나기 때문에 면역 세포가 활성화되는 것인데, 면역 세포가 활성화되어 감염이 생긴다고 믿는다면, 감염을 치료하기 위해 면역 세포를 없애는 말도 안 되는 일을 벌일지 모른다.

두 요소가 서로에게 인과관계로 작용할 수도 있다. 서로가 서로를 촉진시키면 양성 피드백(Positive feedback)의 관계라 부른다. 이 경우 양쪽 요소는 극단으로 향하게 된다. 옥시토신 분비는 자궁 수축을 촉진하고, 자궁 수축은 옥시토신 분비를 촉진한다. 한번 자궁이 수축되고 옥시토신이 분비되면 자궁은 극단으로 수축해 출산을 돕는다. 면역 세포가 활성화되면 사이토카인이 분비되고, 사이토카인은 면역 세포를 활성화시킨다. 때문에 잘못하면 사이토카인의 수치가 극단적으로 높아지는데 이를 사이토카인 폭풍이라 부른다.

한편 서로가 서로를 억제할 수도 있다. 이 경우 음성 피드백(Negative feedback) 관계가 성립한다. 인슐린은 혈당을 낮추고, 낮아진 혈당은 수용체를 자극해 혈당을 높이는 글루카곤을 분비시킨다. 따라서 혈당은 일정하게 유지될 수 있다. 음성피드

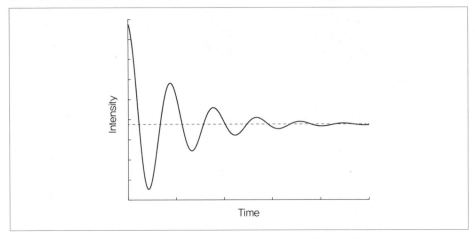

◼ 그림 6.2 음성 피드백의 예시

항상성을 위한 음성 피드백이 작용하는 경우, 시간이 지나면서 변동폭이 점차 작아지며 한 값으로 수렴하는 것을 관찰할 수 있다.

백이 작용하는 경우 대개 값이 변동하다가 일정값으로 수렴하는 양상을 보인다. 이런 매커니즘으로 인해 음성 피드백은 항상성을 유지하는 데 유용하게 사용된다. 다만 음성 피드백의 세기에 따라 사인파처럼 계속해서 파동을 만드는 현상이 나타날 수도 있다.

선후관계와 인과관계를 착각해서도 안 된다. 당뇨병의 전조 증상 중 하나는 피부 가려움이다. 그렇지만 피부 가려움 때문에 당뇨병이 생긴다고 착각하면 안 된다. '이것 다음에, 따라서 이것 때문에'라는 뜻의 라틴어 문장 'Post hoc, ergo propter hoc'이 이런 오류를 나타낸다. 이번 절에서 든 사례들은 주로 인과관계가 명확하게 밝혀진 사실들이지만, 연구자로서 그 메커니즘이 밝혀지지 않은 새로운 현상을 접할 때 이런 오류를 범하지 않도록 주의해야 할 것이다.

6.3 **Anscombe's quartet**

관측값이 하나라거나, 모든 설명변수(x_i)가 같은 수(예컨대 모든 데이터를 21°C에서 측정한 경우)인 특이한 경우를 제외하면 어떤 데이터 집합에 대해서든 회귀 직선을 그릴 수 있다. 심지어 트렌드가 없어 보이는 데이터에 대해서도 직선을 그릴 수 있다.

그림 6.3 Anscombe's quartet의 데이터셋

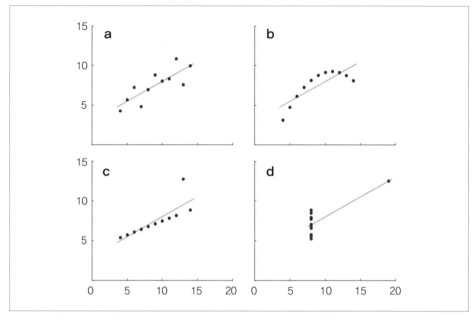

검정 점들은 관측값이고 회색 선은 선형 회귀선이다. 네 데이터셋의 선형 회귀선은 모두 같다.

문제는 선형 회귀를 시행해 결과를 얻었다고 해서 그 데이터가 선형이라고 믿는 경우가 종종 발생한다는 것이다. 데이터가 선형이라는 것은 직선을 따라 배치되었다는 뜻이다. 선형 회귀가 수행 가능하다고 해서 그 데이터가 선형이라고 믿어서는 안 되며, 그것을 잘 보여주는 사례가 Anscombe's quartet이다. 미국의 통계학자 Francis Anscombe이 1973년 발표한 논문에 등장하는 네 개의 데이터셋은 (작은 유효숫자 이내에서) 동일한 x의 평균, y의 평균, x의 분산, y의 분산을 보이며, 선형 회귀식 역시 $y = 0.5x + 3$으로 동일하다(Anscombe 1973). 그럼에도 불구하고 같은 회귀식을 갖는 4개의 데이터셋은 상당히 다른 모습을 보인다[그림 6.3].

[그림 6.3 (a)]는 선형 회귀의 이상적인 예시이다. 데이터는 직선을 따라 배치되었고 잔차의 분산은 일정하다. 선형 회귀는 이렇게 생긴 데이터셋에 사용하라고 만들어진 방법이다. [그림 6.3 (b)]는 명백한 비선형 데이터이다. 이런 데이터에도 선형 회귀를 수행해 선형 회귀선을 도출할 수 있다. 데이터의 배치를 보지 않고 선형 회귀선만 본다면 데이터가 선형이라고 착각할 여지가 생긴다. 게다가 이런 선형 회귀선으로 예측을 수행하면 더 큰 문제가 생긴다. 관측값의 트렌드를 보았을 때, 이

그림 6.4 비선형 그래프와 선형 회귀 추세선의 비교

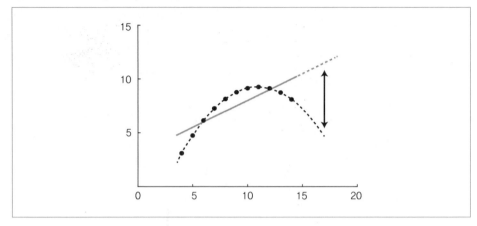

관찰값을 토대로 그린 추세선(검정 점선)은 선형 회귀선(회색 선)과 상당히 다르다. x가 15 이상인 구간에서 각각의 방식대로 데이터를 예측하면 그 차이가 상당히 심하다(양방향 화살표). 이 그림은 [그림 6.3 (b)]에 곡선 추세선을 추가한 것이다.

데이터는 (x값 기준) 10 이후로 감소하는 추세이다([그림 6.4]의 검정 점선). 그렇지만 선형 회귀선은 양의 기울기를 갖는다. 데이터가 관측되지 않은 (x값 기준) 15 이상의 영역에서 데이터 자체로 y값을 예측하면 y가 10 이하라고 나오지만, 선형 회귀를 기준으로 예측하면 y가 10 이상이라는 결과를 얻는다. 이 차이는 [그림 6.4]의 양방향 화살표로 나타나있다.

[그림 6.3 (c)]는 선형 회귀가 이상치에 민감하다는 것을 보여준다. 잔차의 제곱을 활용하기 때문인데, 잔차가 2배 커지면 잔차의 제곱은 4배 커지므로 이상치가 큰 영향을 미칠 수밖에 없다. 9개 중 하나의 이상치가 전반적인 회귀선을 더 가파르게 만들었다.

[그림 6.3 (d)]에서 오른쪽에 홀로 있는 점을 제외하면 나머지 관측값에는 별다른 트렌드가 없다. 여기에 단 하나의 점이 추가되니 선형 회귀선이 그려지는 것을 볼 수 있다. 이렇게 그려지는 회귀선은 데이터가 선형이라는 것도 보장하지 않으며, 오히려 어떠한 트렌드가 존재한다는 잘못된 인상을 심어줄 수 있다.

때문에 데이터셋에 무분별하게 선형 회귀를 수행하지 말고, 데이터의 '꼴'이 어떠한지 눈으로 자세히 살펴보는 것이 반드시 선행되어야 한다. 이러한 함의를 갖는 데이터셋에 Anscombe이 quartet(4중주)라는 표현을 쓴 것은 아마도 '환장의 4중주' 정도의 느낌이지 싶다.

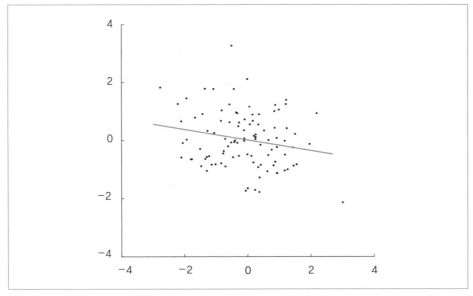

x값과 y값은 서로 독립적인 분포에서 추출되었다. 그럼에도 불구하고 회귀 직선은 약간의 기울기를 갖는다. 통계 검정 없이 이와 같은 그림만을 보여주면 마치 두 데이터 사이에 유의미한 상관관계가 있다는 잘못된 인상을 심어줄 수 있다.

필자는 여기에 하나를 더하고 싶다. 서로 상관관계가 없는 두 데이터를 평면에 나타낸다고 하자. 상관관계가 없더라도 회귀 직선을 그릴 수 있는데, 그 회귀 직선을 보여주며 마치 두 데이터 사이에 상관관계가 존재한다고 누군가 주장할 수도 있다. 기울기가 유의미한지(0과 다른지) 확인하기 위해서는 그에 따른 통계 검정을 수행해야 한다. [그림 6.5]에는 최소자승법에 의한 회귀선이 그려져 있지만 그 기울기는 유의미하지 않다.

참고로 미국의 경우 창의성이 발휘되지 않은 '사실(Fact)'은 저작권을 갖지 않는다. 데이터셋의 숫자 역시 창의성이 결여된 사실의 일종이므로 저작권법의 보호를 받지 않는다. 따라서 미국인인 Francis Anscombe이 미국에서 1973년에 발행된 저널(*The American Statistician*)에 소개한 데이터셋 역시 별다른 제약 없이 인용할 수 있다. 다만 데이터를 독창적으로 재배열, 가공하는 도식의 경우 저작권의 보호를 받을 수 있다. 반면 유럽 연합(EU)은 데이터셋에 저작권을 부여하므로 주의해야 한다.

📖 **참고문헌**

- https://sco.library.emory.edu/research‒data‒management/publishing/copyright‒data.html
- https://europa.eu/youreurope/business/running‒business/intellectual‒property/database‒protection/index_en.htm
- Anscombe, F. J. (1973). Graphs in statistical analysis. *The American Statistician*, *27*(1), 17‒21.

6.4 선형 관계(Linear relationship)

이제 설명변수와 반응변수가 모두 연속형인 데이터를 통계학적으로 분석하는 방법을 살펴보도록 하겠다. 여러 번의 실험을 통해 온도 x_i에 따른 세포의 성장률 y_i를 관찰했다고 해보자. 여기서 i는 i번째 관찰값이란 뜻이다. 온도는 설명변수, 성장률은 반응변수며 성장률을 연속적인 지표로 나타낼 수 있다면, 두 변수 모두 연속형이다. 우리는 설명변수와 반응변수의 관계를 설명하는 함수를 찾으려 한다. 가장 간단하게 생각할 수 있는 관계는 선형 관계(Linear relation)이다. 선형 관계는 설명변수와 반응변수 사이에 직선의 관계가 있다는 뜻이다. 선형 관계의 가정하에서 설명변수가 여러 종류라면 평면의 관계가 있을 수 있지만, 우선은 설명변수가 한 종류여서 직선의 관계가 성립하는 상황만 생각한다. 직선은 기울기와 절편이라는 두 가지 요소로 정의된다. $y = ax + b$라는 식에서 a는 x가 커질 때 y가 커지는지, 작아지는지, 그 정도는 얼마인지를 알려주는 기울기이다. b는 y의 전반적인 높이가 얼마나 되는지를 알려주는 절편이다. 절편은 x가 0일 때 y값이기도 하다.

실험을 통해 얻은 데이터는 다음과 같을 것이다.

	온도(설명변수)	성장률(반응변수)
실험 1	27	5.8
실험 2	33	7.0
실험 3	15	3.3

한 번의 실험을 통해 서로 연관된 한 쌍의 데이터를 얻는다. 실험 1에서는 27°C 라는 온도(설명변수)에 대해 5.8이라는 관측값(반응변수)를 얻었다. 따라서 $x_1 = 27$, $y_1 = 5.8$이다. 이렇게 얻은 여러 쌍들에 대해 2차원 산점도를 그릴 수 있다.

산점도를 보면 설명변수와 반응변수 사이에 상관관계가 있는지 직관적으로 확인할 수 있다. 또한 이 데이터를 가장 잘 설명하는 하나의 직선을 그릴 수 있다. 가장 잘 설명한다는 것은 직선과 데이터 사이의 오차가 최소가 된다는 뜻이다. 각각의 데이터가 다음과 같이 설명된다고 해보자.

$$y_i = \mu + \beta x_i + \varepsilon_i$$

이 식은 성장률이 어떠한 기본값(μ)을 가지며, 온도가 1°C 올라갈수록 성장률이 β만큼 증가한다는 가정(모델)을 반영한다. 물론 실제 관찰값에는 오차가 존재하므로 ε_i라는 오차항의 존재를 통해 온도와 성장률의 관계를 설명한다. ε_i는 평균이 0인 정규 분포를 따른다고 가정한다. 즉, $\varepsilon_i \sim N(0,\ \sigma^2)$이 성립한다. 물론 실제 데이터를 관찰해보면 오차항이 정규 분포를 따르지 않는 경우가 많다. 그런 상황에서 어떻게 대처할지에 대해서는 추후에 설명하겠다.

▶ 그림 6.6 데이터와 선형 관계

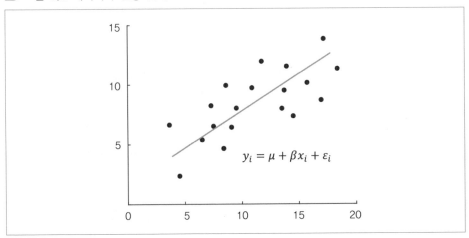

2차원 산점도를 보면 데이터의 트렌드를 파악할 수 있다. 그 트렌드에 맞는 선형 회귀 직선을 그릴 수 있다.

만일 데이터에 오차가 없다면 어떨까? 즉 온도와 성장률 사이의 이상적인 이론적 관계는 어떨까? x_i라는 설명변수가 주어졌을 때, 그 조건에서의 y_i는 조건부 확률로 정의된다.

$$E[y_i \mid x_i] = \mu + \beta x_i$$

반응변수의 기댓값은 $\mu + \beta x_i$라는 직선 위에 있게 된다. 식의 우변에는 오차항(ε_i)이 없는데, 오차는 정의상 기댓값이 0이기 때문에 기댓값의 함수에서 사라질 수 있다. 이런 직선을 구한다면 우리가 직접 관찰한 설명변수 x_i 외에 다른 온도를 넣었을 때 어떤 반응변수가 기대되는지 구할 수 있다. 즉 임의의 온도 x에 대해 $y = \mu + \beta x$일 것으로 기대할 수 있다. 다만 우리는 모분포의 값에 해당하는 μ와 β를 알지 못한다. 따라서 연구자는 오차가 포함된 관찰값(x_i, y_i)을 토대로 데이터를 설명하는 μ와 β를 추정하게 된다.

기울기와 절편의 추정치는 실제값(모분포의 값)이 아니므로 $\hat{\beta}$와 $\hat{\mu}$라고 쓴다. ANOVA를 설명할 때 말한 것처럼 추정치의 변수 위에는 ^를 씌워서 hat이라고 읽는다. 예컨대, $\hat{\mu}$는 mu hat(뮤 햇)이라고 읽는다. μ와 β는 우리가 알지 못하는 상수이며, $\hat{\mu}$와 $\hat{\beta}$는 관측치를 통해 우리가 추정한 확률 변수다.

어떤 조건을 만족해야 데이터를 잘 설명한다고 볼 수 있을까? 오류를 최소화하는 $\hat{\mu}$와 $\hat{\beta}$를 구하면 데이터를 잘 설명한다고 볼 수 있지 않을까? 이럴 때 우리는 오차 추정치($\hat{\varepsilon}_i$)의 제곱을 하나의 지표로 사용한다. 각각의 관측값에 $\hat{\mu}$와 $\hat{\beta}$를 사용한 반응변수(y_i)의 추정값을 빼주고 그 값을 제곱하면 오차 추정치의 제곱이 된다. 여기서 $\hat{\mu}$와 $\hat{\beta}$를 사용한 y_i의 추정값은 $\hat{y}_i = \hat{\mu} + \hat{\beta} x_i$로 쓸 수 있다. 따라서,

$$\hat{\varepsilon}_i^2 = \left(y_i - \hat{y}_i\right)^2 = \left(y_i - \left(\hat{\mu} + \hat{\beta} x_i\right)\right)^2$$

모든 관측값에 대해 이런 오차의 제곱을 구한 뒤 더한 것을 우리는 오차 제곱합(Error sum of square, *SSE*)이라 부른다.

$$SSE = \sum_{i=1}^{n} \left(y_i - \left(\hat{\mu} + \hat{\beta} x_i\right)\right)^2$$

따라서 오차 제곱합은 $\hat{\mu}$와 $\hat{\beta}$에 의해 결정된다는 것을 알 수 있다. $\hat{\mu}$와 $\hat{\beta}$의 값을 잘 정한다면 주어진 데이터의 오차 제곱합을 최소로 만들 수 있다. 이런 조건을 만족하는 $\hat{\mu}$와 $\hat{\beta}$은 편미분이라는 기법을 사용해 구한다. 편미분은 변수가 여럿 있는 다변수 함수를 미분할 때 사용하는 기술인데, 기본적으로 고등학교에서 배운 미분과 동일하다. 우리는 고등학교에서 미분가능한 연속 함수의 일정 구간 내 최대, 최솟값을 구하려면 함수의 기울기가 0이 되는 지점, 즉 미분값이 0이 되는 지점을 찾아야 한다는 것을 배웠다. 예를 들어 $y = x^2$이라는 함수는 기울기가 0이 되는, 즉 $\dfrac{dy}{dx} = 0$인 지점($x = 0$)에서 최소가 된다. 마찬가지로 오차 제곱합을 최소로 만드는 $\hat{\mu}$와 $\hat{\beta}$을 구하기 위해서는 오차 제곱합에 $\hat{\mu}$와 $\hat{\beta}$로 편미분을 수행해서 기울기가 0이 되는 $\hat{\mu}$와 $\hat{\beta}$을 찾으면 된다.

$$\frac{\partial\,(SSE)}{\partial\,\hat{\mu}} = 0, \quad \frac{\partial\,(SSE)}{\partial\,\hat{\beta}} = 0$$

여기서 ∂는 편미분 기호인데, $\dfrac{dy}{dt}$에서의 d와 같은 역할을 한다. 실제로 편미분을 수행하면 조건을 만족하는 $\hat{\mu}$와 $\hat{\beta}$가 다음과 같다는 것을 알 수 있다.

$$\hat{\mu} = \overline{y} - \hat{\beta}\overline{x}$$

$$\hat{\beta} = \frac{\displaystyle\sum_{i=1}^{n}\left(x_i - \overline{x}\right)\left(y_i - \overline{y}\right)}{\displaystyle\sum_{i=1}^{n}\left(x_i - \overline{x}\right)^2}$$

여기서 $\overline{y}$는 반응변수의 평균, $\overline{x}$는 설명변수의 평균이며 당연히 확률 변수이다. 따라서 반응변수의 추정값($\hat{y}_i = \hat{\mu} + \hat{\beta}x_i$)에 $\hat{\mu} = \overline{y} - \hat{\beta}\overline{x}$를 대입하면, 다음과 같이 쓸 수 있다.

$$\hat{y}_i = \overline{y} + \hat{\beta}\left(x_i - \overline{x}\right)$$

즉, 반응변수의 추정치($\hat{y}_i$)는 설명변수가 평균으로부터 떨어진 정도($x_i - \overline{x}$)에 기울기의 추정치($\hat{\beta}$)를 곱한 값을 반응변수의 평균($\overline{y}$)에 더한 값이다. 이런 도출 과정의 자세한 이론을 알 필요는 없다. 통계 패키지를 통해 회귀선을 그리면, 컴퓨터가 위와 같은 연산을 수행해서 오차 제곱합을 최소로 만드는 $\hat{\beta}$와 $\hat{\mu}$를 구해준다. 이렇게 오차의 제곱이 최소인 회귀 직선을 그리는 방법을 최소자승법(Least squares method)이라 부른다.

6.6　(참고) 왜 오차의 절댓값이 아닌 제곱을 최소화하는가?

회귀 직선을 그릴 때, 관측값과 추정치의 차이($y_i - \hat{y}_i$)를 제곱한 뒤 더해 그 합을 최소로 하는 직선을 구했다. 혹자는 왜 차이를 제곱하는지 의문을 가질 수 있다. 가장 직관적인 지표로 차이의 크기를 나타내는 절댓값을 사용할 수 있기 때문이다. 즉, $SSE = \sum_{i=1}^{n} |y_i - \hat{y}_i|$으로 정의한 후 회귀를 구하면 어떻게 될까? 이런 경우 SSE을 최소로 만드는 직선이 여럿일 수 있다.

[그림 6.7]의 경우, 최소자승법으로 회귀 직선을 그리면 단 하나의 직선이 SSE을 최소화한다(검정 선). 반면 차이의 절댓값을 최소화하는 직선은 여럿이다(점선). 두 점선 모두 절댓값의 합을 최소화한다. 이처럼 절댓값의 합을 최소화하는 직선이 무수히 많을 수도 있다. 때문에 회귀의 모호성이 생겨난다. 또한 제곱합을 사용하면 총제곱합이 회귀 제곱합과 오차 제곱합의 합으로 설명되어 추후 통계 검정을 할 때 훨씬 편리하다.

제곱의 의미를 생각해보면, 멀리 있는 것들에 더 큰 가중치를 준다는 것을 알 수 있

▶ 그림 6.7 6개의 점에 대한 회귀선

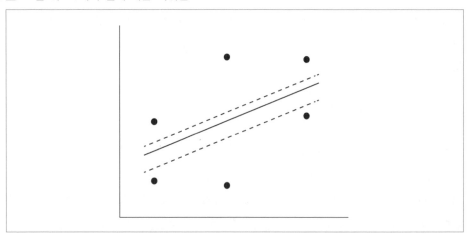

다. 2, 2라는 두 수의 제곱합은 $2^2 + 2^2 = 8$이 된다. 반면, 1, 3의 제곱합은 $1^2 + 3^2 = 10$이 된다. 즉, 총 합이 같더라도 하나의 값이 도드라지게 크다면 제곱합 역시 커진다. 오차의 경우, 작은 것이 여럿 있는 경우보다 큰 것이 하나라도 있다면 모델의 신뢰도와 적합성이 하락한다. 따라서 제곱합을 사용해 회귀를 판단하는 것이 더 적합하다고 볼 수 있다. 참고로 기계 학습(Machine learning)에서 예측값과 실제값의 차이에 대한 점수(Cost)를 구할 때에도 보통 이와 같은 차이의 제곱을 사용한다.

6.7 기울기의 통계적 유의미성

6.3절에서 상관관계 없이 원형으로 퍼진 데이터라 할지라도 (최소자승법으로) 회귀선을 그리면 어느 정도의 기울기가 생겨난다는 점을 지적했다[그림 6.5]. 어느 데이터라도 회귀선을 그리면 대부분 0이 아닌 기울기가 생겨날 텐데, 그 기울기가 유의미한지 판단할 수 있어야 한다.

회귀에서 기울기의 유의미성 검정은 ANOVA의 유의미성 검정과 거의 동일하다. 회귀에서도 SST, SSR, SSE라는 세 가지 오차 제곱합을 활용해 $F-test$를 수행한 후 $p-value$를 구한다(앞 절에서 SSE라는 개념이 나왔을 때 이미 이런 느낌을 받은 독자도 있을 것이다).

ANOVA에서 총제곱합 SST를 각 데이터에서 전체 평균을 뺀 뒤 제곱해 더해 구한 것처럼 회귀에서도 각 y_i에서 전체 평균 $\bar{y}$를 뺀 뒤 제곱해 더하여 SST를 구한다. 총 n개의 데이터가 있다고 하면,

$$SST = \sum_{i=1}^{n} (y_i - \bar{y})^2$$

한편 회귀에 의해 설명되는 제곱합이 있다. 이 제곱합은 최소제곱합으로 추정된 직선과 전체 평균 사이의 거리를 제곱해 더한 값이다. Regression의 R을 따서 SSR이라 부른다. SSR은 회귀가 뚜렷할수록(추정된 기울기가 클수록) 커진다. 이 제곱합은 ANOVA의 SSB에 대응된다. SSB 역시 그룹 간 차이가 클수록 그 값이 커진다.

$$SSR = \sum_{i=1}^{n} (\hat{y}_i - \bar{y})^2$$

추정된 직선과 실제 데이터 사이의 거리는 앞선 절에서 말한 것처럼 오차가 된다. 그 오차의 제곱합은 SSE이다.

$$SSE = \sum_{i=1}^{n}\left(y_i - \hat{y}_i\right)^2$$

ANOVA에서 $y_{i,j} - \overline{Y} = \left(y_{i,j} - \overline{Y}_i\right) + \left(\overline{Y}_i - \overline{Y}\right)$라는 식을 소개한 후 $SST = SSB + SSE$이 성립한다고 설명했다. 회귀에서도 마찬가지로 $y_i - \overline{y} = \left(y_i - \hat{y}\right) + \left(\hat{y} - \overline{y}\right)$라 쓸 수 있다. $y_i - \overline{y}$는 SST, $y_i - \hat{y}$는 SSE, $\hat{y} - \overline{y}$는 SSR에 대응되며 역시나 $SST = SSR + SSE$이 성립한다. SSE가 작을수록 관찰된 점들이 회귀 직선과 가깝다고 볼 수 있다.

회귀가 얼마나 잘 되었는지 확인하는 지표로 R^2이라고 표기하는 결정계수(Coefficient of determination)를 자주 사용한다. 선형 회귀를 수행한 논문의 그래프를 보면 대부분 R^2이 병기된 것을 볼 수 있다. R^2는 SSR을 SST로 나눈 값이다. SSR은 SST에서 SSE를 뺀 값이기도 하므로 다음과 같이 쓸 수 있다.

$$R^2 = \frac{SSR}{SST} = \frac{SST - SSE}{SST} = 1 - \frac{SSE}{SST}$$

SST, SSR, SSE는 제곱합이므로 모두 0 또는 양수이다. 따라서 R^2은 0에서 1 사이의 값을 가지며, 전체 제곱합 중에 회귀 제곱합이 차지하는 비중이라고 해석할 수 있다. R^2이 클수록 설명변수와 반응변수 사이에 무언가 유의미한 관계가 있다고 추정할 수 있다. 절대적인 지표는 아니지만 보통 R^2이 0.7 이상이면 회귀가 어느 정도 잘 되었다고 볼 수 있다.

6.8 회귀의 자유도와 F-test

회귀의 유의미성을 구할 때에도 ANOVA와 같이 각 제곱합의 자유도를 구한 뒤, 각 제곱합을 자유도로 나누어 평균제곱합을 구해야 한다. 회귀에서 자유도는 어떻게 구할 수 있을까? 앞서 자유도를 구하는 거친 방법으로 '평균을 알 때 몇 개의 데이터가 있어야 모든 값을 유추할 수 있는가?'라는 질문을 던질 수 있다고 했다. SST에 이 방법을 적용하면 SST의 자유도는 $n-1$이다. SST는 SSR과 SSE의 합이며, SSR과 SSE의 자유도 합도 이 SST의 자유도와 같다.

설명변수가 k개 있다고 하자. 즉 회귀식을 다음과 같이 설정하는 것이다.

$$y_i = \mu + \beta_1 x_{i,1} + \beta_2 x_{i,2} + \ ... \ + \beta_k x_{i,k}$$

자유도를 수학적으로 도출해내는 것은 꽤 복잡한 과정이다. 그 결과만 요약하자면, k개의 설명변수가 있는 경우, SSR의 자유도는 k이다. 자연스럽게 SSE의 자유도는 $n-k-1$이 된다. k가 1인 경우, SST, SSR, SSE의 자유도는 각각 $n-1$, 1, $n-2$라는 것을 알 수 있다. 여러 개의 설명변수가 있는 회귀에 대해서는 추후에 더 자세히 설명하도록 하겠다. 지금은 하나의 설명변수가 있는 경우만 생각하자.

ANOVA와 마찬가지로 SSR과 SSE를 각각의 자유도로 나누면 평균적인 변동을 알 수 있다. 회귀에 의한 평균적인 변동(MSR)이 오차에 의한 평균적인 변동(MSE)에 비해 얼마나 큰지 확인하면 회귀가 유의미한지 혹은 단순한 오차에 의한 것인지 검정할 수 있다. 설명변수가 하나라면($k=1$),

$$MSR = SSR/1$$
$$MSE = SSE/(n-2)$$

회귀에서의 귀무 가설은 설명변수와 반응변수 사이에 상관관계가 존재하지 않는다고 가정한다. 즉, 회귀식 $y_i = \mu + \beta x_i$에서 기울기인 β가 0이라는 뜻이다. β가 0이라면 x는 y에 아무런 영향을 미치지 못한다.

$$H_0 : \ \beta = 0$$

β는 우리가 알지 못하는 모집단(Population)에 속한 값이다. 우리는 관찰을 통해 회귀계수를 추정하는데, 그 값인 $\hat{\beta}$는 0이 아닐 것이다. $\hat{\beta}$는 관찰을 통해 계산되므로 표본집단(Sample)에 속하며 통계적 검정을 통해 우리가 측정한 $\hat{\beta}$가 0과 유의미하게 다른지를 판단한다. ANOVA에서와 마찬가지로 만일 귀무 가설이 참이라면 다음이 성립한다.

$$\frac{MSR}{MSE} \ \sim \ F(1, \ n-2)$$

여기서도 단측검정을 통해 p-value를 구한다. 전체 제곱합 중 회귀에 의해 설명되는 부분이 오차에 의해 설명되는 부분보다 유의미하게 커야만 귀무 가설을 기각할 수 있기 때문이다. 만일 p-value가 0.05보다 작다면 $\beta = 0$이라는 귀무 가설이 기각되어 설명변수와 반응변수 사이에 유의미한 상관성이 있다는 것을 알 수 있다. 예컨대 81개의 측정값에 대해 MSR/MSE가 5.8이라고 하자. 이때의 p-value는 다음의 적분식을 통해 구할 수 있다.

$$p = \int_{5.8}^{\infty} F(x)dx = 0.0184$$

여기서 $F(x)$는 자유도 1, 79를 따르는 F-분포이다. p-value가 0.05보다 작으므로 회귀가 유의미하다고 할 수 있다. 가상의 유전자 IXP의 온도에 따른 발현량으로 회귀분석을 진행하여 유의미한 양의 상관관계를 발견했다고 하자. 이 경우에 논문의 결과(Results)에 다음과 같이 쓸 수 있다. 되도록 앞서 말한 결정계수도 같이 적어주는 것이 좋다.

The expression of IXP significantly increased as the temperature increased (linear regression of IXP on temperature, $R^2 = 0.78$, $p = 0.0184$).

▶ 그림 6.8 회귀식을 나타내는 그림

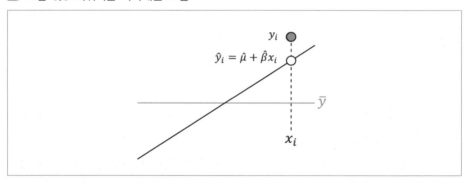

여러 점이 있을 때, 최소자승법을 통해 회귀식을 유도할 수 있다($\hat{y}_i = \hat{\mu} + \hat{\beta}x_i$). 각 x_i에 대하여 y_i의 추정값인 $\hat{y}_i$와 실제 y_i를 비교할 수 있다. 실제값과 추정값의 차이($\hat{y}_i - y_i$)를 제곱한 후 더하면 SSE가 된다. 한편 추정값에서 전체 평균을 뺀 뒤($\hat{y}_i - \bar{y}$) 제곱해 더하면 SSR이다. SST는 회귀를 고려하지 않고, 마치 표본분산을 구할 때처럼 각 관찰값에서 전체 평균을 뺀 뒤($y_i - \bar{y}$) 제곱해 더하면 구할 수 있다.

회귀를 수행하고 난 뒤에는 반드시 잔차들의 분포를 확인해야 한다. 그래야만 회귀가 제대로 수행되었는지 알 수 있다. 많은 연구자들이 회귀만 수행할 뿐 잔차분석을 제대로 하지 않아 문제가 되기도 한다.

잔차란 실제값과 추정값의 차이($y_i - \hat{y_i} = \hat{\varepsilon_i}$)이다. 잔차들의 제곱합이 SSE가 된다. 회귀분석은 잔차들이 다음과 같은 분포를 이룬다고 가정한다.

(1) 잔차들은 기댓값이 0이다.

(2) 잔차들은 정규 분포를 따른다.

(3) 잔차의 평균과 분산은 추정값($\hat{y_i}$)에 무관하다.

가정 (1)과 (2)는 회귀의 모분포에 관한 식($y_i = \mu + \beta x_i + \varepsilon_i$)에서 다음이 성립함을 가정하기 때문에 필요하다.

$$\varepsilon_i \sim N(0, \sigma^2)$$

회귀분석을 비롯해 여러 통계 분석에서 잔차는 기댓값이 0이고 어느 정도의 분산을 따른다고 통상적으로 가정한다.

문제는 가정 (3)이다. 여러 회귀 분석들이 가정 (3)을 위반하는 경우가 많다. 가정 (3)을 비롯해 나머지 가정들이 잘 들어맞는지 확인하기 위해서는 잔차도(Residual plot)와 잔차 히스토그램(Histogram of the residuals)을 들여다볼 필요가 있다.

[그림 6.9 (a)]는 50개 점에 대한 선형 회귀를 나타낸다. 세로선들은 회귀선과 실제 데이터의 차이인 잔차를 나타낸다. x값이 1보다 작은 경우 실제 데이터가 회귀선보다 아래에 있는 경우가 대부분이다. 즉 잔차가 음수이다. 반면 x값이 1부터 3인 구간에서는 잔차가 양수이다. x값이 4 이상이면 잔차는 다시 음수가 된다.

잔차도[그림 6.9 (b)]는 y의 추정값($\hat{y_i}$)에 따른 잔차의 분포를 나타낸 산점도이다. [그림 6.9 (a)]를 바탕으로, $\hat{y_i}$가 2.5보다 작으면 잔차는 음수이고, 3에서 4 사이에서는 양수이고, 5보다 크면 다시 음수가 된다는 것을 알 수 있다. 앞선 가정이 맞다면, 잔차는 $\hat{y_i}$의 영향을 받지 말아야 한다. 그렇지만 잔차들이 명백히 $\hat{y_i}$에 영향을 받는다는 것을 [그림 6.9 (b)]를 통해 알 수 있다. 즉, 이 회귀는 선형 회귀의

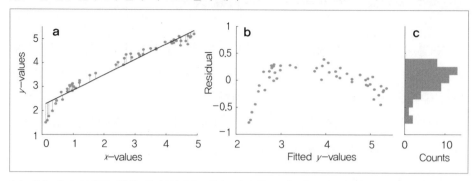

(a) 실제 데이터(회색 점)와 회귀선(검은 선)을 나타낸 그림. 세로선은 잔차를 나타낸다.
(b) $\hat{y}_i$(Fitted y-values)에 따른 잔차
(c) (b)의 히스토그램

기본 가정을 만족하지 않는 데이터에 대해 시행된 것이다.

$\hat{y}_i$에 따른 잔차들의 분포에 대한 히스토그램[그림 6.9 (c)]을 보면 또 다른 문제가 있다는 것을 알 수 있다. 잔차들의 분포는 정규 분포를 따른다고 가정했는데, 실제로는 그렇지 않기 때문이다. 이 역시 이 회귀가 좋지 않다는 것을 보여준다.

잔차도를 볼 때 또 확인해야 할 점은 $\hat{y}_i$에 따라 잔차의 퍼진 정도가 일정한지이다. [그림 6.10]을 보면 $\hat{y}_i$이 커질수록 잔차의 분산이 커진다는 것을 확인할 수 있다. 이 경우 잔차의 평균은 계속 0에 가까우나, 그 분산이 일정하지 않다는 것을 알 수 있다[그림 6.10 (b)]. 이처럼 잔차의 분산이 일정하지 않은 경우 이분산성(Heteroscedasticity)이 존재한다고 말한다. 만일 분산이 일정하면 등분산성(Homoscedasticity)이 만족된다. [그림 6.10 (c)]에서 잔차가 정규 분포와 유사하다고 해도, [그림 6.10 (b)]를 보면 이 회귀가 이상적이지 않다는 것을 알 수 있다. 결론적으로 회귀를 수행하고 난 뒤에는 잔차가 $\hat{y}_i$에 관계없이 평균이 0에 근사하고 분산이 일정한지, 잔차의 분포가 정규 분포와 유사한지를 확인해야 한다. 잔차의 분포가 이와 다르다면 이상적인 회귀라고 하기 어렵다.

만일 잔차 분석을 했는데 데이터에 곡률이 있어 [그림 6.9]처럼 특정 구간에서만 잔차가 양수라면(혹은 음수라면) 어떻게 해야 할까?

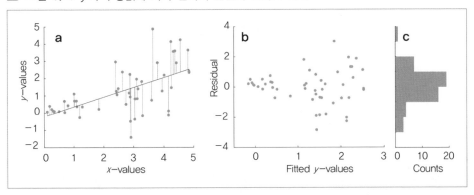
■ 그림 6.10 y의 추정값에 따라 잔차의 분산이 변하는 사례

x가 2보다 작은 경우($\hat{y}_i$가 1보다 작은 경우), 잔차의 분산이 작으나, 나머지 구간에서는 잔차의 분산이 상대적으로 크다. (b)를 보면 $\hat{y}_i$가 커질수록 잔차의 퍼진 정도가 커지는 것을 확인할 수 있다.

6.10 오목함수와 볼록함수

데이터가 직선 형태를 띄지 않는다면 변환(Transformation)을 통해서 데이터를 직선에 가깝게 만들 수 있다. 적절한 변환을 위해서는 함수의 볼록성과 오목성을 이해할 필요가 있다. 대표적인 볼록 함수는 $y = x^2$이다. 함수의 의미를 강조해서 표현하면 $f(x) = x^2$라고 할 수 있다. x축 위에 서로 다른 두 점을 잡아 작은 것을 x_1, 큰 것을 x_2라고 하자. 두 점의 중간 점은 $\dfrac{x_1 + x_2}{2}$이다.

그렇다면 $(x_1,\ f(x_1))$과 $(x_2,\ f(x_2))$를 잇는 선은 $f(x)$보다 위에 있을까? 혹은 아래에 있을까? 만일 [그림 6.11 (a)]처럼 두 점을 이은 선분이 해당 구간의 함수보다 위에 있으면 그 함수는 볼록(Convex)하다고 표현한다. 볼록 함수라면 어느 두 점을 잡더라도(서로 다른 두 점), 두 점을 이은 선분은 함수보다 위에 있다. 두 점의 중점 $\left(\dfrac{x_1 + x_2}{2},\ f\left(\dfrac{x_1 + x_2}{2} \right) \right)$ 또한 당연히 함수보다 위에 있다.

반면 $f(x) = \sqrt{x} = x^{0.5}$를 나타낸 [그림 6.11 (b)]의 경우, 임의의 두 점을 이은 선분은 함수보다 아래에 있다. 이런 함수는 오목(Concave)하다고 표현한다.

데이터의 개형이 오목하거나 볼록할 경우, 잔차가 특정 구간에서만 양수이거나, 특정 구간에서만 음수일 수 있다. 이런 경우 변환(Transformation)을 통해서 데이터를 똑바로 펼 수 있다. 오목한 데이터에는 볼록한 변환을 가하고, 볼록한 데이터에

▶ 그림 6.11 볼록함수와 오목함수의 예시

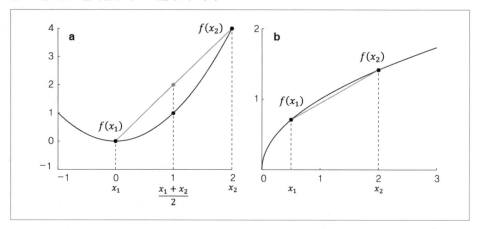

(a) $f(x) = x^2$의 경우 임의의 두 점을 잡아 선을 이으면 그 선은 함수보다 위에 있다. 따라서 이 함수는 볼록하다.

(b) $f(x) = \sqrt{x}$의 두 점을 이으면 그 선은 함수보다 아래에 있다. 따라서 이 함수는 오목하다.

는 오목한 변환을 가하면 된다.

이것은 특정 함수의 역함수(Inverse function)를 찾는 과정과 유사하다. 어떠한 함수 $f(x)$에 역함수를 적용($f^{-1}(x)$)하면 항등함수($I(x) = x$)가 된다. 즉 $f^{-1}(f(x)) = x$이며, 항등함수는 선형이다. 볼록한 함수의 역함수는 오목하다. 오목한 함수의 역함수 역시 볼록하다. 볼록한 함수의 예시로 $f(x) = x^2$를, 오목한 함수의 예시로 $f(x) = \sqrt{x}$를 들었는데, 이들은 서로 함수와 역함수 관계에 있다. $(\sqrt{x})^2 = x$이기 때문이다.

즉 데이터의 볼록 또는 오목 여부에 따라 적절한 역함수를 찾아서 변환을 시키면 데이터를 직선에 가깝게 교정할 수 있다.

6.11 차수를 활용한 변환

오목 및 볼록 함수를 이용해 데이터를 똑바로 '펼 때' 다음의 단순한 함수를 활용할 수 있다.

$$y = x^n$$

이 간단한 다항식의 차수(n)를 통해 볼록성과 오목성을 결정할 수 있으며 그 곡률의 세기까지 조절할 수 있다. 여기서 곡률이란 곡선이 얼마나 휘어진지를 나타내는 지표이다. 곡률이 클수록 더 휘어져 있고, 곡률이 작을수록 직선과 비슷해진다. 큰 곡률의 오목한 데이터에는 큰 곡률의 볼록한 함수로 변환을 적용하고, 작은 곡률의 볼록한 데이터에는 작은 곡률의 오목한 변환을 적용한다.

n이 0보다 크고 1보다 작으면 x^n은 오목함수이다. n이 0에 가까워질수록 x가 0 근처에서 더 휘어진 모습을 보인다. 반면 n이 1보다 크면 x^n은 볼록함수가 된다. 1보다 더 많이 클수록 x가 0.5에서 1 사이일 때의 곡률도 더 커진다. n이 1이면 곡선이 아닌 선형 관계가 성립한다[그림 6.12].

어떤 데이터셋이 있는데 그 형태가 오목이라고 하자. 그 데이터셋에 볼록의 변환을 가하면 어느 정도 직선에 가까워질 것이다. 예를 들어 $y = x^{\frac{1}{3}} + a$의 형태를 보이는 데이터셋이 있다. 이 데이터셋은 오목하다. 양변에 a를 빼고 세제곱을 하면 $(y-a)^3 = x$의 형태가 된다. $T(y)$를 변환된(Transformed) y라고 정의하고 $T(y) = (y-a)^3$로 놓자. 그렇다면 $T(y) = x$라는 선형관계가 성립한다. 이렇게 변환을 시킨 $T(y)$와 x 사이에 선형성이 존재하고 잔차 또한 선형 회귀의 가정을 따른다면 $T(y)$와 x는 이상적인 선형관계를 만족한다. 예컨대, x축에 엄지의 길이, y축에 몸무게를 대입해 선형 회귀를 시행한다고 해보자. 엄지 길이는 신장에 비례하고 체중은

▶ 그림 6.12 $y = x^n$의 그래프

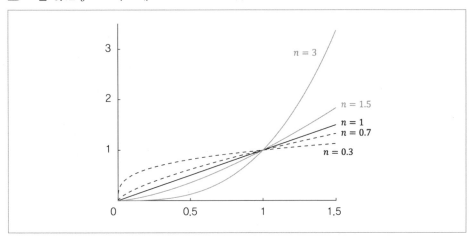

$y = x^n$에서 n을 조절하면 다양한 곡률의 곡선을 만들 수 있다.

신장의 세제곱에 비례할 것이다. 따라서 엄지 길이와 체중 사이에는 선형관계가 없지만 엄지 길이의 세제곱과 체중 사이에는 선형관계가 나타날 것이다.

[그림 6.9]는 오목한 형태이므로 $T(y)=y^3$으로 놓고 x와 $T(y)$에 대한 회귀를 진행하면 [그림 6.13]과 같이 좀 더 직선에 가까운 회귀가 이뤄지는 것을 볼 수 있다. 그 형태는 $T(y)=27.2x+0.15$이다.

이러한 변환을 수행할 때, 되도록 y값이 음수가 되면 안 되는데 y^n에서 n이 짝수라면 부호가 바뀌고 n이 정수가 아니면 허수가 나올 수 있기 때문이다. $y=-2$인 상태에서 y^2은 부호가 반대인 4가 되고, $\sqrt{y}$는 허수가 된다.

이처럼 전반적으로 데이터셋이 오목하거나 볼록하면 적당한 수를 더하거나 차수를 적용해서 데이터를 펼 수 있다. 다만 데이터셋에 오목하고 볼록한 형태가 같이 나타나면 변환을 통해 펴기는 어렵다. 이 경우에는 추후에 설명할 비선형 회귀(Non-linear regression)가 더 적합할 수 있다.

잔차의 분포가 정규분포가 아니거나 이분산일 경우, 데이터의 트렌드가 뚜렷하다면 그 트렌드를 인정받을 수도 있다. 다만 이런 경우에는 회귀선과 잔차도를 논문 혹은 Supplementary materials에 게시하여 리뷰어, 에디터, 독자의 판단에 맡기는 것도 한 가지 방법이 된다. 등분산성을 확인해주는 Breusch-Pagan test가 있으나 자주 쓰이는 것 같지는 않다.

▶ 그림 6.13 변환을 진행한 데이터의 잔차도와 잔차 히스토그램

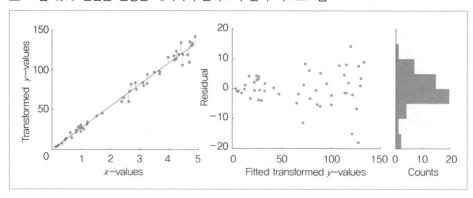

1.9절에서 상관관계를 알려주는 피어슨 상관계수(Correlation coefficient)를 소개한 적이 있다. 다만 1.9절에서는 모분포와 표본분포를 설명하기 전이어서, 모분포의 값을 아는 상태에서 상관계수를 구하는 법을 소개했다. 표본의 값만 아는 경우, 상관계수는 다음과 같이 추정된다.

$$r_{x,y} = \frac{\sum_{i=1}^{n}(x_i - \bar{x})(y_i - \bar{y})}{\sum_{i=1}^{n}(x_i - \bar{x})^2 \sum_{i=1}^{n}(y_i - \bar{y})^2}$$

회귀계수(Regression coefficient) 역시 데이터 사이에 상관성이 있을 때 사용된다. 회귀계수는 앞서 설명한 것처럼 다음과 같이 추정된다.

$$\hat{\beta} = \frac{\sum_{i=1}^{n}(x_i - \bar{x})(y_i - \bar{y})}{\sum_{i=1}^{n}(x_i - \bar{x})^2}$$

상관계수와 회귀계수는 비슷한 요소로 표현된다는 것을 알 수 있다. 가장 큰 차이는 데이터의 x와 y가 바뀐 경우에 드러난다. 즉 설명변수와 반응변수를 반대로 놓고 분석을 진행하면, 상관계수는 대칭적 성질에 의해 그 값이 변하지 않지만, 회귀계수는 ($\hat{\beta} = 1$ 또는 $\hat{\beta} = -1$이 아닌 이상) 보통 그 값이 변한다.

이처럼 같은 데이터라 하더라도 어느 축을 y축으로 잡는지에 따라 회귀계수는 변화할 수 있다. 때문에 어떤 축을 y축, x축으로 잡았는지를 설명할 필요가 있다. 'Regression of growth rate on temperature'라는 표현은 Growth rate를 y축으로, Temperature를 x축으로 잡았다는 것을 나타낸다. 즉, 'Regression of A on B'에서 A는 반응변수, B는 설명변수로 해석하면 된다.

한편 상관계수를 제곱하면 앞서 설명한 SSR/SST로 표현된 R^2과 그 값이 같다.

  논문의 제목을 쓸 때는 대문자를 적절히 써야 한다. Capitalization이라 불리는 이 과정은 대문자가 없는 한국어 사용자에게 낯설 수 있다. 주요 규칙은 다음과 같다.

- 명사나 부사, 동사, 형용사 등 주요 단어들은 모두 첫 글자를 대문자로 쓴다.
- 반면 a, an, the를 뜻하는 관사는 제일 처음에 나오지 않는 한 소문자로 쓴다. And, but과 같은 접속사도 마찬가지다.
- 제일 처음과 제일 마지막에 나오는 단어는 대문자로 시작한다.
- On, about, with, without, under, below와 같은 전치사의 경우 조금 헷갈릴 수 있다. APA, AP 스타일에서는 첫 글자를 대문자로 적지만, Chicago, MLA 스타일에서는 소문자로 적는다. 저널에서 요구하는 스타일 혹은 적당한 스타일로 통일해서 적으면 문제가 없다.
- 하이픈 다음에 나오는 단어는 중간에 띄어쓰기가 있다고 생각하면 편하다. 예컨대 Theory-Based라는 단어의 Based 역시 대문자로 시작한다. En dash와 Em dash 역시 마찬가지이다. 다만 AP 스타일에서는 하이픈 뒤가 소문자로 시작한다.

  세세한 규칙은 논문 작성 양식(Chicago style, APA style, MLA style, AP style)마다 조금씩 다르지만 위와 같은 규칙으로 작성하면 어느 정도 안전하다고 할 수 있다.

CHAPTER

07

고급 회귀
Advanced Regression

고급 회귀
(Advanced Regression)

이전 장에서는 설명변수가 하나인 회귀를 다루었다. 이번 장에서는 설명변수가 여럿인 다중회귀 분석을 다룰 것이다. 또한 반응변수가 0 또는 1일 때 확률을 표현하는 로지스틱 회귀와 더불어 여러 후보 중에서 적합한 모델을 찾는 과정을 알아보자. 최종적으로는 ANOVA와 회귀를 모두 활용하는 ANCOVA를 배워서 데이터셋의 종류와 관계없이 적절한 모델을 만드는 능력을 기르게 될 것이다.

. 7.1   다중회귀 분석(Multiple regression analysis)

앞 장에서는 설명변수가 하나인 경우만 다루었지만 One-way ANOVA와 N-way ANOVA가 나눠지는 것처럼 설명변수는 여럿일 수도 있다. 예컨대 식물의 성장률에는 온도와 영양성분, 호르몬 농도 등 다양한 요소가 설명변수로서 영향을 미칠 것이다.

ANOVA를 다루는 부분에서 연구자들은 자연을 잘 설명하는 모델을 찾아나간다고 말한 적이 있다. 회귀 모델 역시 현상을 잘 설명하는 회귀식, 즉 모델을 찾아나가는 과정이다. 이를 위해서 연구자들은 다양한 요소들을 바꿔가면서 반응변수를 측정한다. 예컨대 k개의 설명변수를 지정했다고 하자. $x_{i,j}$는 j번째 설명변수의 i번째 측정값이 된다. 회귀 모델은 다음과 같다.

$$y_i = \beta_0 + \beta_1 x_{i,1} + \beta_2 x_{i,2} + \beta_3 x_{i,3} + \ ... \ + \beta_k x_{i,k} + \varepsilon_i$$

첨자가 너무 많으므로 편의상 위 모델을 다음과 같이 줄여 쓰도록 하자. 각 설명변수의 이름은 $x_1, \ x_2, \ x_3, \ ..., \ x_k$가 된다.

$$y = \beta_0 + \beta_1 x_1 + \beta_2 x_2 + \beta_3 x_3 + \ ... \ + \beta_k x_k$$

우리가 추정할 것들은 절편(β_0)과 각 설명변수의 기울기들($\beta_1, \ \beta_2, \ \beta_3, \ ..., \ \beta_k$)이

다. 일차회귀에서와 마찬가지로 SSE를 최소화하는 절편과 기울기의 추정값들을 구할 수 있다. 그 추정값들은 hat 기호를 사용해 $\hat{\beta}_k$로 표기한다. 따라서

$$\hat{y} = \hat{\beta}_0 + \hat{\beta}_1 x_1 + \hat{\beta}_2 x_2 + \hat{\beta}_3 x_3 + \ldots + \hat{\beta}_k x_k$$

SST, SSR, SSE 역시 일차 회귀와 동일하게 정의된다.

$$SST = \sum_{i=1}^{n} \left(y_i - \bar{y} \right)^2$$

$$SSR = \sum_{i=1}^{n} \left(\hat{y}_i - \bar{y} \right)^2$$

$$SSE = \sum_{i=1}^{n} \left(y_i - \hat{y}_i \right)^2$$

SST의 자유도는 $n-1$이며, SSR의 자유도는 설명변수의 개수와 같은 k이다. $SST = SSR + SSE$이므로 SSE의 자유도는 $n-k-1$이다. 따라서 다음과 같이 평균적인 제곱합을 구할 수 있다.

$$MSR = \frac{SSR}{k}, \quad MSE = \frac{SSE}{n-k-1}$$

다중회귀에서의 귀무 가설은 모든 설명변수의 기울기가 0이라고 가정한다. 즉 절편을 제외한 설명변수는 반응변수에 영향을 미치지 않는다는 것이다.

$$H_0 : \quad \beta_1 = \beta_2 = \beta_3 = \ldots = \beta_k = 0$$

만일 귀무 가설이 기각된다면 적어도 하나의 β_i에 대하여 $\beta_i \neq 0$이라는 결론을 내릴 수 있다. 적어도 하나의 설명변수는 반응변수에 유의미한 영향을 미친다는 뜻이다.

만일 귀무 가설이 맞다면 다음이 성립한다.

$$\frac{MSR}{MSE} \sim F(k, \; n-k-1)$$

MSE에 비해 MSR이 유의미하게 크다면, 즉 One-tailed test로 구한 p-value가 0.05보다 작다면, 적어도 하나의 β_i는 0과 유의미하게 다르다고 할 수 있다.

다중회귀 분석을 시행한 후에도 잔차분석은 반드시 시행해야 한다. 만일 잔차가 특정 구간에서만 양수가 나오는 식으로 그 평균이 $\hat{y}$의 영향을 받는다면, 앞 장에서 설명한 것처럼 데이터를 변환하는 방법을 고려해 볼 수 있다.

한편, 설명변수가 많을수록 모델은 더 정교하고 복잡해지기에 그만큼 오차가 작아지는 경향이 있다. 설령 반응변수와 전혀 상관없는 설명변수가 포함되더라도 오차 자체는 더 작아진다. 예컨대 몸무게라는 반응변수에 일별 칼로리 섭취량, 신진대사량 등의 설명변수 외에 태어난 시각이라는 전혀 상관없는 설명변수를 추가한 모델을 만들어도, 이런 항이 추가된 모델의 오차는 이전보다 더 작아질 수밖에 없다. 때문에 모델의 적합도를 나타내는 R^2도 증가하게 된다. 항의 증가에 따라 필연적으로 의미 없이 작아지는 오차를 상쇄하기 위해 다중회귀 모델에서는 수정된 R^2 (Adjusted R^2)을 자주 사용한다.

$$\text{Adjusted } R^2 = 1 - \frac{n-1}{n-k-1}(1-R^2)$$

Adjusted R^2는 그 구조상 k가 증가할 때 의미 없이 높아지는 R^2을 보정해서(낮춰서) 모델이 데이터를 얼마나 잘 설명하는지를 좀 더 객관적으로 나타낸다.

여러 항이 포함된 다중회귀 모델의 $p-\text{value}$가 낮다면 그 모델은 귀무 가설 모델($y_i = \mu$)보다 데이터를 더 잘 설명할 수 있다. 그렇다고 다중회귀 모델의 모든 항이 다 유의미하다고 보기는 어렵다. 유의미하지 않은 항이 몇 개 끼어 있어도 전반적인 모델이 유의미하다고 나올 수 있다. 이런 경우, 유의미하지 않은 항들이 유의미한 항들 사이에 '끼워팔기' 되었다고 볼 수 있다. 일차 회귀는 항이 하나이기에 이런 걱정을 할 필요가 없다. 모델의 유의미성이 설명변수의 유의미성과 같기 때문이다. 반면 다중회귀에서는 어떤 항들이 유의미한지 각각 판단할 필요가 있다. 즉, 다중회귀에서의 유의미성은 모델 전체의 유의미성과 모델 내 각 항의 유의미성을 나눠서 판단한다.

지금까지 알아본 방법은 모델 전체의 유의미성을 판단하는 방법이었다. 모델 내 각 항의 유의미성을 판단하기 위해서는 좀 더 복잡한 방법이 필요하다.

다중회귀에서는 회귀식을 행렬로 표현하는 것이 더 효율적이다. 예컨대 다음과 같은 다중회귀식을 세웠다고 해보자.

$$y_i = \beta_0 + \beta_1 x_{i,1} + \beta_2 x_{i,2} + \ldots + \beta_k x_{i,k} + \varepsilon_i$$

그렇다면 각 i에 대해서 다음과 같은 식들을 도출할 수 있다.

$$y_1 = \beta_0 + \beta_1 x_{1,1} + \beta_2 x_{1,2} + \ldots + \beta_k x_{1,k} + \varepsilon_1$$

$$y_2 = \beta_0 + \beta_1 x_{2,1} + \beta_2 x_{2,2} + \ldots + \beta_k x_{2,k} + \varepsilon_2$$

$$\ldots$$

$$y_n = \beta_0 + \beta_1 x_{n,1} + \beta_2 x_{n,2} + \ldots + \beta_k x_{n,k} + \varepsilon_n$$

이 식들은 간단하게 행렬로 나타낼 수 있다.

$$\begin{bmatrix} y_1 \\ y_2 \\ \vdots \\ y_n \end{bmatrix} = \begin{bmatrix} 1 & x_{1,1} & x_{1,2} & \cdots & x_{1,k} \\ 1 & x_{2,1} & x_{2,2} & \cdots & x_{2,k} \\ 1 & \vdots & \vdots & \ddots & \vdots \\ 1 & x_{n,1} & x_{n,2} & \cdots & x_{n,k} \end{bmatrix} \begin{bmatrix} \beta_0 \\ \beta_1 \\ \vdots \\ \beta_k \end{bmatrix} + \begin{bmatrix} \varepsilon_1 \\ \varepsilon_2 \\ \vdots \\ \varepsilon_n \end{bmatrix}$$

행렬의 기본적인 연산이 익숙지 않은 독자들은 해당 내용을 숙지한 후 다시 돌아오기 바란다. 각 행렬의 이름을 다음과 같이 간단히 표현할 수 있다.

$$Y = \begin{bmatrix} y_1 \\ y_2 \\ \vdots \\ y_n \end{bmatrix}, \quad X = \begin{bmatrix} 1 & x_{1,1} & x_{2,1} & \cdots & x_{1,k} \\ 1 & x_{2,1} & x_{2,2} & \cdots & x_{2,k} \\ \vdots & \vdots & \vdots & \ddots & \vdots \\ 1 & x_{n,1} & x_{n,2} & \cdots & x_{n,k} \end{bmatrix}, \quad \beta = \begin{bmatrix} \beta_0 \\ \beta_1 \\ \vdots \\ \beta_k \end{bmatrix}, \quad \varepsilon = \begin{bmatrix} \varepsilon_1 \\ \varepsilon_2 \\ \vdots \\ \varepsilon_n \end{bmatrix}$$

따라서

$$Y = X\beta + \varepsilon$$

여기서 설명변수들을 모아놓은 행렬 X는 회귀계수의 집합인 β를 추정하는 데 중요하게 사용된다. β의 추정값들을 모아놓은 또 다른 행렬을 $\hat{\beta}$이라고 하자. 마찬가지로 $\hat{Y}$은 Y의 추정값을 모아놓은 행렬이다.

$$\hat{\beta} = \begin{bmatrix} \hat{\beta}_1 \\ \hat{\beta}_1 \\ \vdots \\ \hat{\beta}_k \end{bmatrix}, \quad \hat{Y} = \begin{bmatrix} \hat{y}_1 \\ \hat{y}_1 \\ \vdots \\ \hat{y}_k \end{bmatrix}$$

추정값에 대해서만 기술하면 오차항이 필요하지 않다. 즉 $\hat{Y} = X\hat{\beta}$ 로 쓸 수 있다. 한편 오차항은 $\varepsilon = Y - \hat{Y}$ 로 표현 가능하다.

X^t를 X의 전치행렬(Transpose matrix), X^{-1}를 X의 역행렬(Inverse matrix)이라고 하자. 몇 가지 증명 과정을 거치면 회귀계수의 추정값은 다음과 같이 도출될 수 있다.

$$\hat{\beta} = (X^t X)^{-1} X^t Y$$

이 계산은 통계 프로그램의 패키지가 대신 수행하므로 우리가 직접 계산할 필요는 없다. 이런 식으로 회귀계수를 구한다는 것 정도만 알고 넘어가면 된다.

7.3 회귀계수에 대한 t-test

다중회귀에서의 공분산 행렬(Covariance matrix)은 다음과 같이 정의된다.

$$C = MSE(X^t X)^{-1}$$

즉 MSE에 $X^t X$의 역행렬을 곱한 형태로 정의된다. C의 j행, j열에 루트를 씌운 값을 j번째 계수 추정값($\hat{\beta}_j$)의 Standard error라고 정의한다.

$$SE(\hat{\beta}_j) = \sqrt{C_{j,j}}$$

여기서 SE는 Standard error를 나타낸다. 해당 회귀계수가 0이라는 귀무 가설에 대해 다음과 같은 관계가 성립한다.

$$\frac{\hat{\beta}_j}{SE(\hat{\beta}_j)} \sim t(n-k-1)$$

이러한 t-test를 통해 각 회귀계수의 유의미성을 판단할 수 있다. 만일 해당 회귀계수의 p-value가 0.05보다 크다면, 다중회귀 모델에서 해당 설명변수를 제거하는 것을 고려해 볼 수 있다.

예를 들어, 4가지 변수(온도, 습도, 호르몬 농도, 영양분)에 대한 식물의 성장률을 조사한 후 다중회귀 분석을 적용해 다음과 같은 결과를 얻었다고 해보자.

	Estimate	SE	t	p
Intercept	−0.404	1.388	−0.291	0.773
Temperature	5.980	0.340	17.596	2.35E−17
Humidity	0.234	0.245	0.954	0.348
Hormone	0.987	0.136	7.275	4.23E−08
Nutrition	1.758	0.333	5.276	1.07E−05

Intercept로 표기된 절편(μ)의 p−value는 추정된 절편이 0과 유의미하게 다른지를 알려준다. 최소자승법으로 추정된 값(Estimate)은 −0.404이지만 p−value가 0.05보다 크므로 0보다 유의미하게 작다고 할 수는 없다.

온도의 경우, 최소자승법으로 추정된 기울기가 5.98이다. 그 값에 대한 Standard error는 0.34이다. 5.98를 0.34로 나누면 17.596이 되며 이것은 해당 기울기의 유의미성을 판단할 t−value이다. 데이터 수는 35개이고, 사용된 설명변수는 4개이므로 오차 제곱합의 자유도는 30이다. 이 자유도는 다음 t−분포의 자유도이기도 하다.

$$\frac{\hat{\beta}_1}{SE(\hat{\beta}_1)} \sim t(30)$$

이렇게 얻은 첫 번째 설명변수의 기울기에 대한 p−value는 0.05보다 작으므로 그 기울기는 0보다 유의미하게 크다고 할 수 있다.

한편 나머지 회귀계수는 모두 유의미하지만 두 번째 계수인 Humidity의 t−test에 대한 p−value는 0.05보다 크므로 0과 유의미하게 다르다고 할 수 없다. 전체 모델을 F−test로 분석해 얻은 p−value는 1.97E−18이다. 비록 다중회귀의 모델 전체는 귀무 가설의 모델과 유의미하게 다르지만, 다중회귀의 모든 항목이 유의미한 효과를 나타내지는 않았다. 이 경우, 유의미성을 발견하지 못한 Humidity를 제외하고 다시 다중회귀 분석을 시행할 수 있다.

	Estimate	SE	t	p
Intercept	−1.050	1.210	−0.868	0.392
Temperature	5.947	0.338	17.614	1.06E−17
Hormone	0.957	0.132	7.263	3.60E−08
Nutrition	1.664	0.318	5.236	1.09E−05

이렇게 다시 분석을 시행하면 모든 회귀 항목(절편 제외)이 유의미한 다중회귀 모델을 만들 수 있다. 이처럼 회귀 분석을 시행하면서 더 적절한 회귀 모델을 찾는 과정을 Model selection이라 부른다. Model selection은 이번 장의 후반부에서 더 자세히 다룰 예정이다.

7.4 Variance Inflation Factor(VIF)

자세한 원리는 설명하지 않겠지만 다중회귀 역시 N−way ANOVA와 마찬가지로 각각의 설명변수가 총 회귀 제곱합(SSR)을 나눠 가지는 형태이다. 따라서 설명변수가 필요 이상으로 많아지면, 각 설명변수가 갖는 제곱합 역시 작아지고, 이에 따라 해당 설명변수의 유의미성이 잘 드러나지 않을 수 있다. 다시 말해, 설명변수가 많아져 모델이 복잡해지면 그만큼 각 설명변수의 유의미성을 확인하기가 어려워진다. 특히나 데이터 수가 설명변수에 비해 적으면 더욱 그렇다. 보통 설명변수 하나당 10개 이상의 관찰값은 있어야 안정적으로 각 설명변수의 유의미성을 확인할 수 있다.

때문에 설명변수가 지나치게 많은 것은 좋지 않은데, 특히 설명변수 간에 상관관계가 존재한다면 불필요한 설명변수가 포함되었다고 볼 수 있다. 하나의 설명변수가 나머지 설명변수와 상관관계가 높다면, 비슷한 성향의 (혹은 반대 성향의) 설명변수들이 들어가 있다는 뜻이다. 이런 경우 상관관계에 있는 설명변수 중 하나만 모델에 포함시키는 것이 좋다. 이러한 상관관계를 확인하기 위한 객관적 지표로서 VIF(Variance inflation factor)를 확인한다.

만일 설명변수 간에 상관관계가 존재한다면, 하나의 설명변수에 대해 나머지 설명변수를 가지고 선형 회귀를 구했을 때 유의미한 결과가 나올 것으로 예상할 수 있다. 예를 들어 설명변수가 키, 몸무게, 기초대사량이라고 하면, 키를 반응변수로, 몸무게와 기초대사량을 설명변수로 설정한 뒤 회귀를 진행하는 것이다. 이렇게 회귀를 진행해 결정계수(R^2)를 구할 수 있다. j번째 설명변수에 대해 나머지 설명변수로 회귀를 돌려 구한 결정계수를 R_j^2라고 하자. 해당 변수의 VIF는 다음과 같이 정의된다.

$$VIF_j = \frac{1}{1 - R_j^2}$$

이 값이 5를 넘는 설명변수가 있다면, 설명변수 사이에 상관성이 존재하는 다중공선성(Multicollinearity)이 있다고 판단한다(경우에 따라 10을 기준으로 삼기도 한다). 설명변수 중 특정 설명변수를 빼서 VIF가 5를 넘는 설명변수가 없도록 모델을 수정해야 정확한 회귀를 시행할 수 있다. 키, 몸무게, 기초대사량은 굳이 VIF를 조사하지 않더라도 서로 상관관계가 명확하게 알려진 변수들이다. 따라서 이 셋 중에 대표적인 변수 하나만 회귀식에 설명변수로 넣는 것이 적절할 것이다.

7.5 교호작용(Interaction)과 2차식 모델(Quadratic model)

때로는 각 설명변수의 선형 조합으로 데이터를 설명하기 어려울 수 있다. 예컨대 가상의 두 유전자 *Alty*, *Jorto*가 있다고 하자. *Alty*는 두 가지 아미노산 A, R1을 만든다. *Jorto*는 아미노산 B, R2를 만든다. 아미노산 A와 B 모두 식물의 성장률을 높이는 역할을 한다. R1과 R2는 각각 홀로 존재할 때는 아무런 역할을 하지 않지만 R1과 R2가 합쳐진 이합체(Dimer)는 A와 B처럼 성장률을 높인다고 하자. *Alty*의 발현량 x_1, *Jorto*의 발현량 x_2와 성장률 y에 대한 선형 모델을 다음과 같이 설정하면 문제가 생길 수 있다.

$$y = \mu + \beta_1 x_1 + \beta_2 x_2$$

이 경우 R1과 R2의 이합체가 성장률에 미치는 영향이 고려되지 않는다. x_1과 x_2의 양이 비슷할 때 실제값과 회귀식의 차이가 클 것으로 예상할 수 있다. 이러한 현상을 잘 설명하기 위해서는 식을 다음과 같이 설정해야 한다.

$$y = \mu + \beta_1 x_1 + \beta_2 x_2 + \gamma x_1 x_2$$

x_1과 x_2의 곱을 새로운 설명변수라고 생각하면 편하다. 이렇게 회귀 분석식을 설정하면 설명변수가 3개인 경우와 같이 분석을 진행한다. 이처럼 두 변수의 곱이 영향을 미치면 교호작용(Interaction)이 존재한다고 표현한다.

두 변수 사이의 곱뿐만 아니라 한 설명변수의 제곱도 고려할 수 있다. 예컨대 어떤 물질은 제곱의 형태로 영향을 미칠 수 있다. 농도가 1일 때는 1만큼의 효과를 내다가, 농도가 2일 때는 4의 효과를, 농도가 3일 때는 9의 효과를 내는 경우를 상정할 수 있다. 일례로 저온일 때는 온도가 1℃ 올라가도 호흡량에 별 변화가 없지만, 고온일 때는 온도가 1℃ 올라가면 호흡량이 많이 증가한다고 알려져 있다. 이 경우에는 설명변수에 온도의 제곱을 넣는 것이 적절하다. 제곱과 교호작용까지 고려한 모델은 다음과 같을 것이다.

$$y = \mu + \beta_1 x_1^2 + \beta_2 x_1 + \beta_3 x_1 x_2 + \beta_4 x_2 + \beta_5 x_2^2$$

이 식은 2차식(Quadratic) 모델이라 불린다.

교호작용 항(Interaction term)이 추가되거나 2차 모델을 쓸 경우 추정해야 할 계수(β_i)가 더 많아진다. 추정할 계수가 많을수록 더 많은 데이터가 있어야만 올바른 추론을 할 수 있다. 따라서 데이터 수가 적을 때에는 추론하는 계수가 적은 단순한 선형 회귀 모델을 쓰는 것이 좋다. 반대로 데이터가 많다면 여러 항을 넣어 더 정교한 모델을 만들 수 있다. 데이터 수와 선형성에 따라 적절한 모델을 선택하는 것이 중요하다. 어떤 원칙을 가지고 모델을 만드는지는 추후에 더 설명하도록 하겠다.

7.6 일반화 선형 모델과 비선형 모델

일반적인 선형 모델은 데이터가 다음과 같이 피팅(Fitting)된다고 가정한다.

$$y = \beta_1 x + \beta_0$$

그렇지만 데이터가 이런 형태와 상당히 다를 수도 있다. 이 경우에는 앞서 말한 것처럼 y에 적당한 변환을 가해서 다음과 같은 피팅을 시행할 수 있다.

$$L(y) = \beta_1 x + \beta_0$$

이처럼 변환된 $L(y)$가 x의 선형 조합으로 표현될 경우, 이러한 모델을 일반화 선형 모델(Generalized linear model)이라 부른다. 일반화란 이름이 붙은 이유는 여러가지 변환을 통해 더 일반적인, 즉 더 넓은 범위의 데이터에 대해서도 선형 회귀를 시행할 수 있기 때문이다. 여기서 y를 변환시키는 $L(y)$를 Link function이라 부른다.

반면 x의 일차식이 아닌, 즉 선형적이지 않은 식으로 회귀를 시행할 수도 있다. 간단한 예시가 2차식으로 회귀를 진행하는 것이다.

$$y = \beta_2 x^2 + \beta_1 x + \beta_0$$

이 경우, 직선이 아닌 곡선 형태의 데이터에 대해서 회귀를 시행할 수 있다. 회귀의 목적은 각 계수(Coefficient)인 β_2, β_1, β_0의 값을 추정하는 것이며, 그 값들이 각각 0과 유의미하게 다른지 가설 검정을 수행해서 각 계수마다 $p-$value를 구한다. 이처럼 선형적이지 않은 $F(x)$에 대해 $y = F(x)$로 표현되는 회귀는 비선형 회귀(Non-linear regression)라고 부른다. 통계 패키지의 Curve fitting tool은 다양한 비선형 회귀를 편하게 시행하게 해준다. 다항식, 로그함수, 지수함수, 삼각함수 등 다양한 비선형 함수를 비교해서 어떤 함수가 데이터를 잘 피팅하는지 보여준다.

Curve fitting tool을 이용하면 복잡한 관계에 대해서도 추세선을 그릴 수 있다. 예컨대 [그림 7.1]의 점들은 복잡한 추세를 띄고 있다. 전반적으로 증가하는 동시에 주기를 가지고 변화한다. 모델 식을 다음과 같이 설정한 뒤, MATLAB Curve Fitting Tool을 사용하면 그 계수를 유추할 수 있다.

$$y = \beta_1 \sqrt{\beta_2 x + \beta_3} - \sin\left(\beta_4 x + \beta_5\right)$$

이렇게 모델 식을 놓으면 그 계수는 각각 $\beta_1 = 2.32$, $\beta_2 = 3.42$, $\beta_3 = 4.80$, $\beta_4 = 2.65$, $\beta_5 = 0.98$으로 유추된다. 그 추세선은 [그림 7.1]의 회색 선으로 나타나 있다. 즉 간단한 회귀식으로 표현되지 않는 복잡한 데이터셋이 있을 때 Curve fitting tool을 쓰면 데이터에 맞는 비선형 회귀 곡선을 구할 수 있다.

그림 7.1 복잡한 형태의 데이터셋과 Curve fitting tool로 구한 회귀선

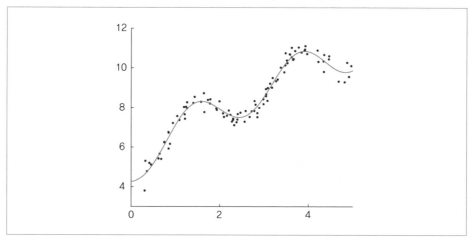

7.7 Logistic regression

경우에 따라 설명변수는 연속적이지만 반응변수가 Yes/No와 같이 이항적일 수 있다. 이 경우, 일반적인 회귀를 사용하기가 어렵다. 예를 들어, 온도에 따라 세포

그림 7.2 온도에 따른 세포 분열 여부

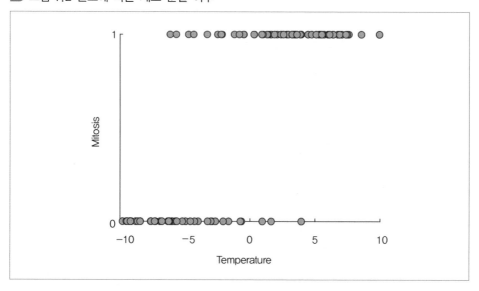

가 분화하는지 여부를 관찰했다고 해보자. 세포가 분열하는 경우 반응변수가 1, 그렇지 않은 경우 반응변수가 0이라고 하면 [그림 7.2]와 같은 그래프를 그릴 수 있다.

[그림 7.2]의 경우, 일반적인 선형 회귀를 사용할 수 없지만 온도가 올라갈수록 세포분열이 일어날 확률이 높아진다는 것은 분명해 보인다. 반응변수가 0과 1이므로 1이 나올 확률에 대한 회귀를 진행하면 좋을 것 같다. 확률은 0에서 1 사이의 값이기에 온도가 높을 때는 1에 가까운 확률이, 온도가 낮을 때는 0에 가까운 확률을 보이는 회귀 곡선이 적절할 것이다.

이럴 때 사용되는 곡선이 로지스틱 곡선(Logistic curve)이다. 이 곡선은 Sigmoidal curve로도 불린다. 로지스틱 곡선은 기본적으로 다음과 같이 기술된다.

$$y = \frac{1}{1+\exp(-kx)}$$

[그림 7.3]에는 서로 다른 k에 대한 로지스틱 곡선이 소개되어 있다. 참고로 $\exp(-kx) = e^{-kx}$이다.

k값이 클수록 곡선이 더 급격하게 변한다는 것을 알 수 있다. 이러한 로지스틱 곡선은 0에서 1사이의 값을 갖는 확률을 표현하기에 적합하다. 만일 로지스틱 함수를 x축과 y축으로 각각 x_0, y_0만큼 이동하고 싶다면 다음과 같이 변환하면 된다.

$$y = \frac{1}{1+\exp(-k(x-x_0))} + y_0$$

▶ 그림 7.3 여러 k값에 따른 로지스틱 함수의 개형

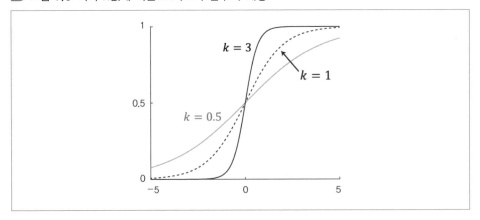

k값을 포함한 계수를 잘 조절해서 [그림 7.2]의 데이터를 잘 나타내는 회귀를 시행하면 좋을 것이다. 이러한 회귀는 y에 로지스틱 함수의 역함수인 로짓 함수(Logit function)를 적용해 시행한다. 즉 일반화 선형 모델을 활용해 회귀를 시행한다. 로짓 함수는 다음과 같이 쓸 수 있다.

$$L(y) = \ln\left(\frac{y}{1-y}\right)$$

이 변환된 y가 x와 선형 관계를 이룬다고 해보자.

$$\ln\left(\frac{y}{1-y}\right) = \beta_0 + \beta_1 x$$

자연로그(ln)가 존재하므로 계산이 쉽지 않다. $\exp\left(\ln\left(\frac{y}{1-y}\right)\right) = \frac{y}{1-y}$ 라는 성질을 이용하기 위해 양변에 지수 함수(exp)를 적용시켜 보자.

$$\exp\left(\ln\left(\frac{y}{1-y}\right)\right) = \exp(\beta_0 + \beta_1 x)$$

$$\frac{y}{1-y} = \exp(\beta_0 + \beta_1 x)$$

좌변을 y에 대해 정리하면 다음의 결과를 얻는다.

$$y = \frac{1}{1 + \exp(\beta_0 + \beta_1 x)}$$

따라서 로짓함수로 y를 변환해 회귀를 수행하면 x가 로지스틱 함수로 표현된다. 통계 프로그램을 이용해 [그림 7.2]에 로지스틱 회귀를 수행하면 $\beta_0 = -1.1231$, $\beta_1 = -0.5232$의 결과를 얻는다. 이를 그려보면 [그림 7.4]와 같다.

이러한 로지스틱 회귀를 통해 특정 온도에서 세포 분열이 일어날 확률이 얼마인지 예측하는 모델을 만들 수 있다.

▶ 그림 7.4 온도에 따른 세포 분열 여부[그림 7.2]에 확률을 유추한 로지스틱 회귀선이 추가되
었다.

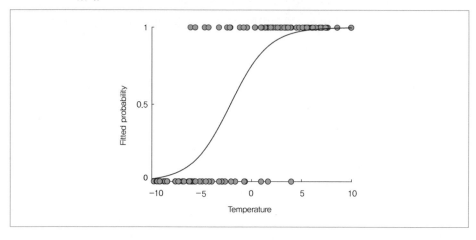

7.8 Stepwise model selection

때로는 여러 설명변수에 대한 데이터를 갖고 있을 수 있다. 예컨대 병원에서는 환자들의 여러 지표를 자주 측정한다. 다음과 같은 차트가 있다고 하자.

Patient ID	Weight (kg)	Albumin (g/dL)	TSH (μIU/ml)	Bilirubin (g/dL)	Systolic blood pressure (mmHg)	Diastolic blood pressure (mmHg)
JM7281	53	3.2	0.4	0.2	131	88
KK2913	79	6.7	3.8	0.9	140	79
OA0028	64	4.0	5.1	1.7	117	69

이와 같이 다양한 정보가 있을 때, 어떤 변수들을 설명변수로 잡아야 할지 감이 잡히지 않을 수 있다. 예를 들어 이와 같은 정보로 수축기 혈압을 예측하는 모델, 즉 수축기 혈압을 반응변수로 삼는 모델을 만든다고 해보자. 몇몇 정보는 혈압과 관련이 있지만 그렇지 않은 정보도 있을 것이다. 예컨대 체중과 신장, 갑상선 관련 호르몬은 혈압에 영향을 미칠 수 있으나 시각과 관련된 정보는 혈압과 연관이 없

을 것이다.

이런 경우 단계 선택법이라고도 불리는 Stepwise model selection을 통해 최선의 모델을 찾아낼 수 있다. 조각가가 조각상을 만들 때 석조 조각상이나 목각 조각상처럼 커다란 덩어리에서 필요없는 부분을 떼어낼 수도 있고, 찰흙처럼 작은 덩어리를 붙여 나가며 작품을 만들 수도 있다. 모델도 마찬가지이다. 간단한 모델에서 항을 늘려나갈 수도 있고(전진 선택법, Forward selection), 복잡한 모델에서 항을 빼나갈 수도 있다(후진 선택법, Backward selection).

다음과 같이 가장 간단한 모델을 생각해보자.

$$y = \mu$$

이 모델을 M_0라고 하자. 이 경우, 모든 설명변수가 영향을 미치지 않는다는 구조를 가정하고 있다. 총 네 종류의 설명변수가 있을 때, 이 모델에 각각의 변수를 하나씩 더한 네 개의 모델을 상정해보자. 각각의 모델을 M_1에서 M_4라고 이름 붙이도록 하겠다.

$$M_1: \quad y = \mu + \beta_1 x_1$$
$$M_2: \quad y = \mu + \beta_2 x_2$$
$$M_3: \quad y = \mu + \beta_3 x_3$$
$$M_4: \quad y = \mu + \beta_4 x_4$$

M_1부터 M_4까지 총 네 개의 모델을 구했다. 각 모델에 대해 Adjusted R^2을 구할 수 있다. 네 모델 중 가장 큰 Adjusted R^2을 보이는 모델의 Adjusted R^2이 M_0의 Adjusted R^2 보다 크다면, 그 모델의 변수를 포함시키는 것이 더 적절하다고 할 수 있다. Adjusted R^2이 클수록 데이터를 잘 설명한다는 뜻이기 때문이다. M_3가 가장 큰 Adjusted R^2을 보이고 그 값이 M_0보다 크다고 하자. 그렇다면 x_3를 모델에 넣는 것이 더 낫다. 이제 새로운 모델은 다음과 같다.

$$N_0: \quad y = \mu + \beta_3 x_3$$

남은 변수는 세 가지이다. 각 변수를 또 N_0에 추가해보자.

$$N_1: \quad y = \mu + \beta_3 x_3 + \beta_1 x_1$$

$$N_2: \quad y = \mu + \beta_3 x_3 + \beta_2 x_2$$

$$N_3: \quad y = \mu + \beta_3 x_3 + \beta_4 x_4$$

N_1부터 N_3까지의 모델 중 가장 큰 Adjusted R^2을 보이는 모델의 Adjusted R^2이 N_0의 Adjusted R^2보다 크다면 해당 변수를 넣는 것이 데이터를 더 잘 설명한다는 뜻이다. N_2가 가장 큰 Adjusted R^2을 보이며 그 Adjusted R^2이 N_0의 Adjusted R^2 보다 크다고 하자. 새 모델은 다음과 같다.

$$K_0: \quad y = \mu + \beta_3 x_3 + \beta_2 x_2$$

다시 다른 변수들을 넣어보자.

$$K_1: \quad y = \mu + \beta_3 x_3 + \beta_2 x_2 + \beta_1 x_1$$

$$K_2: \quad y = \mu + \beta_3 x_3 + \beta_2 x_2 + \beta_4 x_4$$

이제 새로운 모델의 Adjusted R^2이 기존에 비해 더 커지지 않을 수 있다. 이 경우 새 변수를 넣지 않고 기존의 K_0를 채택하는 것이 가장 낫다. 따라서 $y = \mu$에서 시작해 변수를 추가하는 전진 선택법으로 구한 최종 모델은 $y = \mu + \beta_3 x_3 + \beta_2 x_2$가 된다.

후진 선택법은 복잡한 모델에서 변수를 빼가면서 Adjusted R^2을 구한다. 시작 모델을 다음과 같이 설정하자.

$$C_0: \quad y = \mu + \beta_1 x_1 + \beta_2 x_2 + \beta_3 x_3 + \beta_4 x_4$$

각 변수들을 하나씩 뺀 모델을 만들어보자.

$$C_1: \quad y = \mu + \beta_2 x_2 + \beta_3 x_3 + \beta_4 x_4$$

$$C_2: \quad y = \mu + \beta_1 x_1 + \beta_3 x_3 + \beta_4 x_4$$

$$C_3: \quad y = \mu + \beta_1 x_1 + \beta_2 x_2 + \beta_4 x_4$$

$$C_4: \quad y = \mu + \beta_1 x_1 + \beta_2 x_2 + \beta_3 x_3$$

전진 선택법을 쓸 때와 마찬가지로 C_1에서 C_4 중에서 Adjusted R^2이 C_0보다 큰 것이 있는지 살펴본다. 높이는 것이 있다면 가장 많이 높이는 모델을 선택한다. 그런 식으로 변수를 줄여 나가다가 더 이상 Adjusted R^2이 커지지 않는 모델을 최종 모델로 선택한다.

방금은 선형 조합의 모델을 사용했지만 더 복잡한 항들을 넣거나 뺄 수도 있다. 예컨대 두 변수가 있을 때 이들의 이차항들을 사용해서 후진 선택법을 쓸 수 있다.

$$Q_0 : \ y = \mu + \beta_1 x_1^2 + \beta_2 x_1 + \beta_3 x_1 x_2 + \beta_4 x_2 + \beta_5 x_2^2$$

마찬가지로 간단한 모델에서 일차항, 이차항과 교호작용을 추가해가며 Adjusted R^2을 측정할 수도 있다. 또한 전진 선택법과 후진 선택법을 섞어가면서 최종적인 모델을 구할 수도 있다.

지금까지는 Adjusted R^2을 모델의 적합성을 판단하는 지표로 사용했지만 이 외에도 R^2, SSE를 지표로 쓸 수도 있다. 상관없는 변수라도 추가되면 R^2이 상승하므로, 변수가 추가될 때 R^2이 특정 값보다 높아지는 경우에만 변수를 추가한다. 항을 넣거나 뺄 때의 SSE 변화가 유의미한지 $F-test$를 통해 확인할 수도 있다. R^2이 높고 SSE가 낮을수록 데이터를 잘 설명하는 모델이라 할 수 있다. Akaike information criterion, Bayesian information criterion을 뜻하는 AIC, BIC가 지표로 사용되기도 한다. 이들은 값이 작을수록 선호된다.

이런 과정 역시 통계 프로그램을 사용하면 짧은 시간 안에 자동적으로 수행된다. 전진 선택을 쓸지 후진 선택을 쓸지, 어떤 지표를 사용할지, 최대 몇 번까지 항을 넣거나 뺄지 등을 설정할 수 있다.

7.9 모델을 만드는 원리

데이터를 설명하는 모델을 만들 때에는 적절한 복잡도의 모델을 만들어야 한다. 데이터에 비해 지나치게 단순한 모델은 중요한 정보가 누락될 위험이 있으며, 지나치게 복잡한 모델은 부정확한 정보를 줄 수 있다. [그림 7.5]의 데이터를 살펴보자.

짙은 회색 점으로 표시된 데이터를 설명하기 위해 모든 점을 지나는 복잡한 모델(회색 곡선)을 만들 수 있다. 이 경우, 모델과 데이터의 오차는 존재하지 않는다. 그렇지만 이 모델이 진실을 나타낸다고 보기는 어렵다. 이것은 정확한 모델이라기보다는 데이터에 모델을 끼워 맞춘 것에 불과하다. 화살을 쏜 뒤 박힌 화살 근

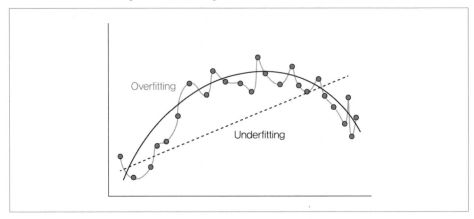

처로 과녁을 그리는 셈이다. 따라서 [그림 7.5]의 회색 회귀선은 Overfitting된 모델이다.

한편 점선으로 표시된 선형 모델은 실제 데이터에 비해 지나치게 단순하다. 잔차도를 그려보면 잔차가 특정 구간에서 양수라는 점이 확인될 것이다. 따라서 점선은 Underfitting된 모델로, 역시나 좋은 회귀라고 볼 수 없다. 검정 곡선으로 표시된 비선형 모델이 적절한 복잡도의 모델이라고 할 수 있다.

회귀에서 지나치게 많은 설명변수를 넣으면 Overfitting이, 적은 변수를 넣으면 Underfitting이 일어난다. 그렇다면 어떤 변수를 넣을지 어떻게 판단해야 할까? 앞서 말한 Stepwise model selection이 한 방법이 될 수 있다. 그렇지만 이 방법이 황금률이라고 할 수는 없다. Blanchet et al. (2008)의 시뮬레이션 연구 결과에 따르면 Stepwise model selection을 시행해도 실제 반응변수와 관계없는 설명변수들이 모델에 포함된다. 즉 모델에 불필요한 변수가 추가되는 Overfitting이 일어나는 것이다.

Harrison et al. (2014)은 각 설명변수가 반응변수에 어떤 영향을 미칠지 그 원리를 판단하라고 조언한다. *A priori*라고 불리는 이런 선험적인 방법은 특정 변수가 결과에 영향을 미칠 과학적인 근거가 있어야만 모델에 포함시킨다. 이런 방법은 Overfitting이 일어날 위험을 줄일 수 있다.

사실 모델을 어떻게 만들지에 대한 완벽한 정답은 존재하지 않는다. 때로는 자동적인 Stepwise model selection이, 때로는 주관적으로 모델을 구성하는 것이 답이 될 수 있다. 다만 모델을 기계적으로 만드는 것이 아니라 연구자의 숙고를 통해 그 방법에 대한 논리적 정당성을 확보하고 모델을 만드는 것이 가장 현명한 방법이라 할 수 있겠다.

📖 **참고문헌**

- Blanchet, F. G., Legendre, P., & Borcard, D. (2008). Forward selection of explanatory variables. *Ecology, 89*(9), 2623–2632.
- Harrison, X. A., Donaldson, L., Correa-Cano, M. E., Evans, J., Fisher, D. N., Goodwin, C. E., ... & Inger, R. (2018). A brief introduction to mixed effects modelling and multi-model inference in ecology. *PeerJ, 6*, e4794.

7.10 ANCOVA

Analysis of covariance의 줄임말인 ANCOVA(공분산분석)는 이 교재에서 소개하는 최종적인 기술이라 할 수 있다. ANCOVA는 설명변수에 연속형 데이터와 범주형 데이터가 같이 있을 때 쓰기 적절한 방법이다. 예컨대 다음과 같이 쥐의 몸무게, 나이, 종류(Strain)에 대한 데이터가 있다고 해보자.

Weight (g)	Age (Week)	Strain
277	11	JK
254	12	JK
201	10	M4
209	11	M4
134	11	OP
159	14	OP

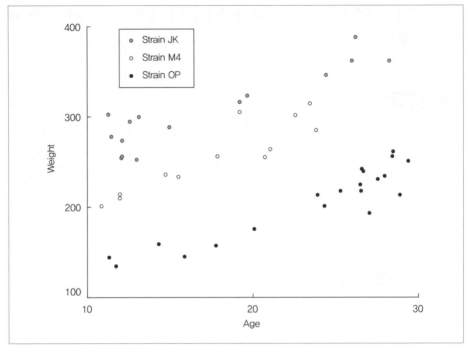

▶ 그림 7.6 세 종류 쥐의 나이와 몸무게에 대한 산점도

모두 나이가 증가함에 따라 몸무게도 증가하지만 세 종류의 쥐는 서로 다른 절편을 보인다.

체중을 반응변수로, 나이와 종류를 설명변수로 설정한 모델을 만든다고 하자. 나이는 연속형 데이터인 반면, 쥐의 종류는 범주형 데이터이다. 이 데이터를 산점도로 표현하면 [그림 7.6]과 같다.

세 종류의 쥐에 대해서 모두 나이가 증가하면 몸무게도 증가한다. 그 트렌드는 뚜렷해 보이나 종류에 따른 전반적인 평균이 다르다. 즉 쥐의 종류에 따라 회귀선의 절편이 다르다. 이 경우 쥐의 종류를 고려하지 않고 회귀를 진행하면 SSE가 커서 유의미성을 발견하지 못할 가능성이 크다. 여기서 적절한 모델은 다음과 같을 것이다.

$$y = \mu + \mu_S + \beta x$$

수식 7.1

여기서 μ_S는 쥐의 종류에 따라 달라지는 절편의 크기를 나타낸다. μ_S는 Strain JK일 때가 가장 크고 Strain OP일 때가 가장 작을 것이다. [그림 7.5]에서는 세 종류의 쥐들에 대해 기울기가 거의 같지만, 종류에 따라 기울기가 다를 수도 있다. 이런 점을 반영하는 회귀가 있으면 다양한 데이터에 적용이 가능할 것이다.

이처럼 연속형 데이터와 범주형 데이터가 섞여 있는 경우 ANCOVA를 쓰는 것이 적절하다. ANCOVA의 모델 구조는 다음과 같다.

$$y_{i,j} = \mu + \alpha_i + \beta_i x_{i,j} + \varepsilon_{i,j}$$

$y_{i,j}$는 i번째 그룹(범주)의 j번째 반응변수 관측값을 뜻한다. 마찬가지로 $x_{i,j}$는 i번째 그룹에 속한 j번째 설명변수 관측값이다. α_i는 범주에 따라 달라지는 절편을, β_i는 범주에 따라 달라지는 기울기를 나타낸다.

통계 프로그램을 통해 ANCOVA를 수행하면 모델의 추정치에 대한 유의미성을 알려준다. 예컨대 위 모델의 구조대로 예제 데이터에 ANCOVA를 수행하면 다음과 같은 ANCOVA Table을 얻는다.

	df	Sum Sq	Mean Sq	F	p-value
Group	2	141155	70577	252	< 0.0001
x-value	1	60712	60712	217	< 0.0001
Group * x-value	2	344	172	0.62	0.64
Error	41	11460	279		

표의 Group은 범주별로, 즉 쥐의 종류별로 절편에 차이가 있는지를 알려준다. 이 과정은 그룹별 차이가 있는지 검정하는 ANOVA에 대응된다. x-value는 연속형 설명변수인 나이가 반응변수에 유의미한 영향을 미치는지 알려준다. 이 과정은 회귀에 대응된다. Group * x-value는 그룹별로 기울기에 차이가 있는지 검정한다. 이 항목의 p-value는 0.05보다 크므로 그룹별 기울기의 유의미한 차이는 확인되지 않는다. 이 경우, 모델을 좀 더 단순화할 필요가 있다. 그룹별로 절편의 차이만 존재하게 다시 식을 써보자.

$$y_{i,j} = \mu + \alpha_i + \beta x_{i,j} + \varepsilon_{i,j}$$

이전 모델의 β_i가 그룹이 달라져도 변하지 않는 β로 변한 것을 확인할 수 있다. 이 식은 구조적으로 수식 7.1과 동일하다. 이렇게 모델 구조를 바꾸고 다시 회귀를 수행하면 모든 항목(Group, x-value)이 유의미한 ANCOVA Table을 얻을 수 있다. 이렇게 모델을 설정한 후 각 계수를 추정하면 다음과 같다.

	Estimate	Std. Err.	t	p-value
Intercept	131.2	8.8	14.98	< 0.0001
JK	66.5	3.6	18.01	< 0.0001
M4	10.7	3.8	2.83	0.007
OP	−76.2	3.7	−20.63	< 0.0001
Slope	6.4	0.43	14.87	< 0.0001

Intercept는 μ에 해당한다. 세 종류 쥐의 절편은 μ에 각각의 그룹별 보정값을 더해서 구한다. 예컨대 Strain JK의 절편은 131.2에 66.5를 더한 값이다. 즉 66.5, 10.7, −76.2는 α_i의 세 값에 해당한다. p-value를 통해 세 α_i 모두 유의미하다는 것을 알 수 있다. β는 6.4임을 확인할 수 있다.

비모수 분석
Non‑Parametric Tests

비모수 분석
(Non-Parametric Tests)

지금까지 다룬 대부분의 방법은 데이터가 정규 분포를 따른다는 가정하에 시행될 수 있는 것들이다. 그렇지만 상당수의 데이터는 정규 분포를 따르지 않을 가능성이 높다. 그런 데이터를 다루는 방법이 비모수 검정법이다. 이번 장에서는 정규성을 검정하는 방법과 모수적 검정을 쓸 수 없을 때 이를 대체하는 비모수 검정법을 살펴보자.

점 4개로 0에 가까운 p-value 만들기

두 그룹이 다르다는 것을 보이고 싶다. 그것을 통계적으로 확인하기 위해서는 여러 개의 관측이 필요할 것이다. 그렇지만 단 4개의 점으로 0에 가까운 p-value를 만들 수 있다면 믿을 수 있겠는가?

첫 번째 그룹은 관측값이 10.00, 10.01이다. 두 번째 그룹은 11.00, 11.01이다. 두 그룹의 평균은 10% 정도 차이가 나는데 여기에 Two-sample t-test를 적용해 p-value를 구하면 0.00005가 나온다. 관측값은 겨우 4개인데, 어떻게 이렇게 낮은 p-value가 나온 것일까?

Two-sample t-test는 각 그룹의 표본표준편차를 사용해 p-value를 구한다. 이론적으로 2개의 점만 있어도 표본표준편차를 추정할 수 있다. 물론 2개의 점으로 구한 표본표준편차는 모표준편차와 상당히 다를 가능성이 높다. 어찌되었든 각 그룹의 두 점은 서로 가깝기 때문에 표본표준편차도 상당히 낮게 측정되고 그로 인해 p-value도 비정상적으로 낮게 측정된다.

Two-sample t-test는 정규 분포를 가정하고 작동한다. 각 그룹에 2개씩의 데이터만 있다면 정규성을 검정할 수 없다. 정보가 너무 적기 때문이다. 정규성을 확인하지 않은 상태에서 억지로 정규성을 가정한 검정법을 사용하니 비정상적인 값이 나온 것이다. 단 2개의 데이터라면 애당초 어떤 분포를 가지는지 알 수 없으며 우연에 의해 두 값이 비슷하게 나와서 표본표준편차가 극단적으로 작아질 수 있다. 방금 말한 4개의 데이터를 비모수 검정법(Rank-sum test)을 사용해 비교하면 $p-$value는 0.3333이다.

가끔 실험 연구자들이 작성한 포스터를 보면 적은 수의 데이터로 0에 가까운 p $-$value를 보여주는 경우가 있다. 정규성 검정을 하지 않은 채 적은 데이터에 $t-$ test를 사용하면 그런 결과가 나올 수 있다. 다시 말해 비모수 검정법을 제대로 쓰지 않으면 실제보다 훨씬 낮은 $p-$value를 도출하는 오류를 범할 수 있다. 때로는 $p-$value가 높아질 수도 있다. 모수 검정법을 쓸지, 비모수 검정법을 쓸지 결정하기 위해서는 먼저 데이터가 정규 분포를 따르는지 확인해야 한다. 정규성을 검정하기 위해서는 여러 면을 다각도로 판단해야 한다.

8.2 정규성 검정에 대한 고찰

통계적으로 무엇이 같다는 걸 보이는 것은 매우 어렵다. 늘 오차와 무작위성이 존재하기 때문에 두 집단 사이에 작은 차이가 있다면 그 차이를 구분할 수 없기 때문이다. 관찰한 데이터의 모분포가 정규 분포인지 확인하는 것 역시 마찬가지다. 모분포가 정규 분포와 유사하지만 미세하게 다르다면 관찰값의 히스토그램 역시 정규 분포와 유사할 것이다. 이 경우, 연구자는 데이터가 정규 분포로부터 도출되었다고 결론 내릴 가능성이 높다. 그렇지만 모분포가 정규 분포와 미세하게라도 다르다면 그 모분포는 정규 분포가 아니다(수학에서는 완벽히 같아야 등호를 쓸 수 있다).

데이터 수가 적다면 이런 문제는 더욱 두드러진다. 예컨대 여러 조합이 있는 Two-way ANOVA의 경우 각 조합의 Replication이 3이나 5처럼 작을 수 있다. 그런 적은 수의 점으로 정규성을 판단하는 것은 무리가 있다. 정규성 검정을 시행하면 $p-$value가 높게 나오는데 그것은 실제로 정규 분포를 따라서가 아니라 데이터 수가 적어 높은 $p-$value가 나오는 것이다. 그 높은 $p-$value는 '현재 데이터로는 정규 분포와 유의미하게 다른지 알 수 없다'로 해석되어야 한다.

세 개 이상 그룹의 평균 차이를 확인할 때는 ANOVA, 분산 차이를 확인할 때는 Bartlett's test, Levene's test가 쓰인다. 위양성의 가능성이 커지기 때문에 그에 걸맞은 다중 검정법을 쓰는 것이다. 반면 잘 알려진 정규성 검정법 중에는 다중 검정법이 없다. 때문에 한 집단의 정규성을 검정할 때나 여러 집단의 정규성을 검정할 때 같은 방법을 쓴다. 따라서 그룹이 많아지면 모든 그룹이 정규 분포를 따르더라도 우연에 의해 한두 그룹은 정규성을 따르지 않는다고 결론을 내리는 위양성이 나올 수 있다. 이것은 무언가 문제가 있어 보이지 않는가?

비모수 검정법은 정규 분포를 따르는 집단과 그렇지 않은 집단에 모두 쓸 수 있는 광범위한 방법이다. 때문에 하나의 부분 집단이라도 정규성을 따르지 않는 것으로 의심된다면 설령 그것이 위양성에 의한 것이라도 비모수 검정법을 쓰는 것이 안전하다. 다시 말해, 정규성 검정의 위양성은 그리 나쁜 것이 아니다. 누군가 '그렇다면 모든 상황에서 비모수 검정을 쓰면 되지 않은가'라고 물은 적이 있다. 맞는 말이다. 모든 데이터에 비모수 검정을 써도 어느 정도 신뢰할 만한 결과를 얻을 수 있다. 다만 나는 여기에 항생제의 비유를 사용하고 싶다.

항생제 G는 박테리아 A에 매우 효과적이다. 반면 다른 박테리아에게는 효과가 없다. 한편 항생제 N은 모든 박테리아에게 어느 정도의 효과가 있다. 환자가 박테리아 A에 감염된 것이 확실하다면 항생제 G를 쓰는 것이 현명하다. 반면 박테리아 A에 감염되었을 가능성과 다른 박테리아에 감염되었을 가능성이 반반이라면 항생제 N을 쓰는 것이 합리적이다. 항생제 G는 정규성 데이터에 특화된 모수 검정법, 범용 항생제 N은 모든 데이터에 쓸 수 있는 비모수 검정법에 대응된다.

데이터가 정규 분포를 따르는 것이 확실하다면 정규성을 가정한 모수 검정법을 쓰는 것이 옳다. 그만큼 정확하기 때문이다. 정확하다는 것은 위양성, 위음성의 위험이 적다는 뜻이다. 반면 정규성이 의심될 때에는 비모수 검정법을 쓰는 것이 안전하다. 정규 분포를 따르지 않는 데이터에 모수검정을 쓰면 실제보다 높거나 낮은 p-value가 나오기 때문이다. 즉 모수검정은 정확하지만 위험하고 비모수검정은 범용적이며 안전한 방법이라 할 수 있다.

8.3 첨도(Kurtosis)와 왜도(Skewness)

데이터의 분포가 단봉 함수가 아니라면 정규 분포가 아니라고 확실히 말할 수 있다. 그렇지만 데이터가 단봉 함수의 형태를 보이면 그 데이터는 정규 분포에서 도출되었을 수 있다. 단봉 형태를 보이는 데이터가 정규 분포를 따르는지 확인하기 위해 몇 가지 성질을 살펴볼 수 있다. 그중 유심히 볼 것이 첨도(Kurtosis)와 왜도 (Skewness)이다. 첨도는 데이터가 얼마나 뾰족한지, 왜도는 데이터가 얼마나 대칭적인지를 알려준다. 첨도는 다음과 같이 정의된다.

$$\kappa = \frac{E[(X-\mu)^4]}{\sigma^4}$$

앞서 분산은 편차의 제곱의 기댓값이라 정의했다. 즉 $\sigma^2 = E[(X-\mu)^2]$이 성립한다. 따라서 첨도는 다음과 같이 다시 쓸 수 있다.

$$\kappa = \frac{E[(X-\mu)^4]}{(E[(X-\mu)^2])^2}$$

이렇게 정의한 첨도는 μ라는 모평균을 요구하기 때문에 실제 데이터에서 표본분포의 값으로 첨도를 추정할 때는 다음의 지표를 사용한다.

$$k = \frac{\frac{1}{n}\sum_{i=1}^{n}(x_i - \overline{x})^4}{\left(\frac{1}{n}\sum_{i=1}^{n}(x_i - \overline{x})\right)^2}$$

▶ 그림 8.1 다양한 첨도의 그래프

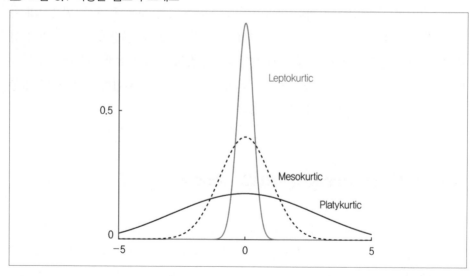

데이터가 봉우리에 모여 있을수록, 즉 봉우리가 좁고 높을수록 첨도의 값은 증가한다. 첨도는 네제곱한 값을 제곱한 값으로 나눠 구한 값이므로 늘 0 또는 양수이다. 흥미롭게도 정규 분포를 따른다면 첨도의 값은 3이 된다(Mesokurtic). 첨도를 측정해서 그 값이 3보다 크다면 정규 분포보다 표족하고(Leptokurtic), 3보다 작다면 정규 분포보다 넓게 퍼져있다(Platykurtic)는 뜻이다.

1.5절에서 데이터의 비대칭성을 나타내는 피어슨의 비대칭 계수를 소개한 적이 있다. 데이터의 비대칭성을 나타내는 왜도는 피어슨의 비대칭 계수보다 조금 더 정교하게 정의된다.

$$\phi = \frac{E\left[(X-\mu)^3\right]}{\sigma^3}$$

이 지표는 양수 또는 음수가 될 수 있다. 모평균보다 상당히 큰 값$(X-\mu > 0)$이 많이 있다면 왜도는 양수가 된다. 이 경우 분포의 오른쪽 꼬리가 두꺼울 것이다. 반대로 분포의 왼쪽 꼬리가 두껍다면 왜도는 음수가 된다.

이 지표 역시 모분포의 값을 요구하므로 실제 데이터로 왜도를 구할 때는 다음의 지표를 사용한다.

$$s = \frac{\frac{1}{n}\sum_{i=1}^{n}\left(x_i - \overline{x}\right)^3}{\left(\frac{1}{n}\sum_{i=1}^{n}\left(x_i - \overline{x}\right)\right)^{3/2}}$$

▶ 그림 8.2 왼쪽 꼬리가 두꺼운 분포의 예시

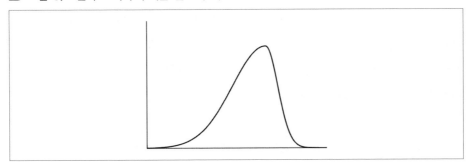

왼쪽 꼬리가 두꺼운 분포의 왜도는 음수가 나올 것이다.

정규 분포는 대칭적이므로 정규 분포와 비슷한 데이터의 왜도는 0에 가까울 것이다.

정리하자면 데이터가 정규 분포를 따른다면 왜도는 3, 첨도는 0에 가깝다. 왜도와 첨도를 사용해 정규성을 판단하는 Jarque−Bera test라는 방법도 있다. JB test라 불리는 이 방법은 다음의 지표를 계산한다.

$$J = \frac{n}{6}\left(s^2 + \frac{1}{4}(k-3)^2\right)$$

여기서 s는 왜도, k는 첨도이다. 정규 분포에 가까울수록 s는 0, k는 3에 가까워지므로 이 지표 또한 0에 가까워질 것이다.

데이터가 정규 분포인지 판단하기 위해서는 Q−Q plot, KS test, SW test, JB test 등을 사용할 수도 있지만 기본적으로 첨도와 왜도를 관찰하여 이들이 정규 분포와 얼마나 다른지 먼저 확인할 필요가 있다. 정규 분포를 확인하는 방법에는 여러 가지가 있지만, 어느 하나가 절대적으로 낫다고 말하기는 어렵다. 나름의 근거를 가지고 판단하고 정규성이 의심되면 비모수 검정을 쓰도록 한다.

8.4 카이제곱 검정법

3.2절에서 자유도 n인 카이제곱 분포는 다음과 같이 정의된다고 설명했다.

$$\chi^2(n) = Z_1^2 + Z_2^2 + Z_3^2 + \ldots + Z_n^2$$

여기서 각 Z_i^2는 표준 정규 분포에서 추출한 값을 제곱한 확률 변수다. 카이제곱 분포는 범주형 자료의 유의미성을 분석하는 데 유용하게 사용될 수 있다. 예컨대 무작위적으로 251명의 사람을 골라 이들의 흡연 여부와 최근 3년간 독감에 걸린 적이 있는지를 조사했다고 하자.

	독감 경험	독감 비경험
흡연자	19	49
비흡연자	28	155

흡연자는 총 68명, 비흡연자는 183명이다. 독감 경험자는 47명, 비경험자는 204명이다. 우리는 흡연 여부와 독감 감염률 사이에 상관관계가 존재하는지 확인하고 싶다.

만일 상관관계가 없다고 해보자. 즉 흡연 여부는 독감 감염과 상관이 없다는 귀무 가설을 설정하는 것이다. 그렇다면 흡연자 68명 중 몇 명이 독감 경험이 있을 것이라고 유추할 수 있을까? 총 251명의 사람 중 독감을 경험한 사람은 47명이다. 비율로 따지면 0.1872이다. 따라서 68에 0.1872를 곱한 12.73명이 귀무 가설하에서 흡연자 중 독감 경험자의 기대 수치이다. 비흡연자 183명에 대해서도 0.1872를 곱한 34.27명이 독감 경험자의 기댓값이다. 이런 식으로 귀무 가설하에서 각 범주의 기댓값을 구해보자.

	독감 경험	독감 비경험
흡연자	12.73	55.27
비흡연자	34.27	148.73

실제값과 기댓값의 차이가 클수록 귀무 가설이 기각될 가능성이 높아진다. 이러한 통계 검정을 위해 다음의 지표를 사용한다.

$$\chi^2 = \sum_{j=1}^{2}\sum_{i=1}^{2} \frac{(O_{i,j} - E_{i,j})^2}{E_{i,j}}$$

여기서 $O_{i,j}$는 실제 관측값 범주의 i행, j열이다. 예컨대 $O_{2,1}$는 비흡연자 중 독감 경험이 있는 28이다. $E_{i,j}$는 기댓값 범주의 i행, j열이다. 각 관측값에서 해당 기댓값을 뺀 뒤 제곱하고 기댓값으로 나눠준 값들을 더한 지표를 구하는 것이다. 기댓값은 횟수이므로 양수이고, $(O_{i,j} - E_{i,j})^2$ 역시 제곱값이므로 0 또는 양수이다. 따라서 χ^2 역시 0 또는 양수이다. 관측값의 행의 개수를 r, 열의 개수를 c라고 하면 다음이 성립한다.

$$\chi^2 \sim \chi^2((r-1)(c-1))$$

좌변의 χ^2는 관찰값과 기댓값의 차를 제곱한 뒤 기댓값으로 나눠서 더한 결과값이고 우변의 χ^2는 카이제곱 분포를 나타내는 기호이다. 마치 F가 관찰값과 분포를 나타낼 때 같은 형태로 쓰이는 것처럼 χ^2도 위치에 따라 그 역할이 다르다.

다시 말해 귀무 가설이 맞다면 χ^2은 자유도 $(r-1)(c-1)$의 카이제곱 분포를 따라야 한다. 만일 관찰값과 기댓값의 차이가 커서 χ^2가 크다면 그만큼 p-value도 작아질 것이다. χ^2가 작다는 것은 관찰값과 기댓값이 비슷하다는 귀무 가설과 잘 부합하므로 카이제곱 검정에서 p-value는 관찰한 χ^2보다 큰 관찰값을 얻는 확률만 고려하는 One-tailed test를 통해 구한다.

위의 예시에서 관찰값과 기댓값을 뺀 후 제곱해 기댓값으로 나눈 후 다 더하면 $\chi^2 = 5.2$가 나온다. 이 경우 p-value는 다음과 같다.

$$\int_{5.2}^{\infty} f(t)dt = 0.0226$$

여기서 $f(t)$는 자유도 1의 카이제곱 확률밀도함수이다. 낮은 p-value로 인해 귀무 가설이 기각되므로 흡연 여부와 독감 감염률 사이에는 상관관계가 있다고 말할 수 있다.

일반적으로 카이제곱 검정법의 기댓값은 해당 열의 합과 해당 행의 합을 전체 합으로 나눈 값과 같다. 귀무 가설하에서 비흡연자 중 독감을 경험하지 않은 사람의 수는 두 가지 방법으로 접근할 수 있다. 비흡연자의 중 독감 비경험자의 비중을 곱하는 방법이 있고, 독감 비경험자 중 비흡연자의 비중을 곱하는 방법이 있다. 어느 방법을 택하든 그 결과는 비흡연자의 수에 독감 비경험자의 수를 곱한 후 전체 조사자 수로 나눈 값이다. 비흡연자 수는 행의 합이고, 독감 비경험자 수는 열의 합이다. 이 방법은 더 많은 수준이 있는 카이제곱 검정을 시행할 때에도 쓰인다.

카이제곱 검정은 많은 종류의 범주형 데이터에 사용할 수 있다. 다만 앞선 사례에서는 편의상 2개의 요인에 수준이 2개씩 있는 2×2 구성을 소개했는데, 카이제곱 검정에서 2×2 구성을 쓰는 것은 별로 권장되지 않는다. 2×2 구성에서는 카이제곱 검정이 부정확할 수 있기 때문이다. 이 경우에는, 관찰값과 기댓값의 차이 크기(절댓값)에 0.5를 뺀 뒤 제곱하는 Yate's correction을 사용하는 것이 권장된다. 즉 다음과 같이 카이제곱값을 구하는 것이다.

$$\chi^2 = \sum_{j=1}^{2}\sum_{i=1}^{2} \frac{(|O_{i,j} - E_{i,j}| - 0.5)^2}{E_{i,j}}$$

Yate's correction을 사용하면 보통 χ^2이 작아져 p-value가 커진다.

카이제곱 검정은 관측 수에도 영향을 받는다. 2×2 구성의 경우, 각 칸의 기댓값이 5 이상이 되기를 권장한다. 관측 수가 너무 적은 경우, 혹은 기대확률이 지나치게 0에 가까운 경우 특정 칸의 기댓값이 5보다 작을 수도 있다. 2×2보다 큰 구성의 경우, 전체 칸 중 80% 이상의 기댓값이 5 이상이 되며, 어떤 칸의 기댓값도 0이 되지 않아야 한다고 권장한다. 만일 이러한 조건이 만족되지 않는다면 Yate's correction을 사용하거나 Fisher's exact test를 사용할 수 있다.

8.5 Rank sum test(Mann-Whitney U test)

독립적인 두 그룹이 있다. 두 그룹의 호르몬 수치을 비교하려는데, 각 그룹의 호르몬 수치 분포가 정규 분포를 따르지 않거나, 피험자 수가 적어 정규성을 검정할 수 없다고 해보자. 이런 경우 비모수 검정법을 통해 두 집단 간 차이의 유의미성을 구할 수 있다. 비모수 검정법은 주로 순위나 부호를 통해 검정을 시행한다. 이들은 이상치에 의한 영향을 덜 받기 때문이다. 예컨대 1등의 점수가 10점 올라간다고 하면, 평균은 변화하지만 전체 순위는 변하지 않는다. 즉 순위는 데이터의 분포에 영향을 덜 받는다. 같은 이유로 중간 순위인 중앙값 역시 이상치에 영향을 덜 받는다. 독립적인 두 그룹의 유의미성을 따질 때는 Mann-Whitney U test라고도 불리는 윌콕슨 순위합 검정(Wilcoxon rank-sum test)을 사용할 수 있다.

그룹 1에는 5개의 데이터, 그룹 2에는 3개의 데이터가 있다고 하자. 두 그룹의 모평균이 같다는 귀무 가설하에서 각 8개 데이터의 순위 기댓값은 어떻게 될까? 예컨대 두 그룹의 수치가 각각 다음과 같다고 하자.

> 그룹 1 = {20, 25, 37, 19, 13}
> 그룹 2 = {21, 24, 11}

그렇다면 각 그룹 데이터의 순위(1순위부터 8순위)는 다음과 같다. 제일 높은 값을 갖는 37이 1등, 가장 낮은 값을 갖는 11이 8등이 되는 식이다.

> 그룹 1 = {5, 2, 1, 6, 7} 순위합: 21
> 그룹 2 = {4, 3, 8} 순위합: 15

귀무 가설이 맞다면 각 관측치는 평균적으로 4.5등의 순위를 보일 것이다. 따라서 그룹 1의 순위합은 22.5, 그룹 2의 순위합은 13.5등과 크게 다르지 않아야 한다. 그룹 1의 순위합은 기댓값보다 살짝 낮고, 그룹 2의 순위합은 기댓값보다 살짝 높다. 따라서 그룹 1이 평균적으로 조금 더 크다고 볼 수 있지만, 중요한 것은 그 유의미성을 어떻게 검증하는지이다.

귀무 가설이 맞다고 가정해 보자. 그렇다면 각 그룹의 등수는 1부터 8까지의 숫자를 무작위적으로 섞은 뒤 5개, 3개로 나누는 것과 같다. 8개의 데이터 중 그룹 1에 1등부터 5등이 포함될 확률은 가능한 전체 경우인 8! 중에서 1등부터 5등을 첫째 그룹에 포함시키는 경우인 5!3!의 비율인 0.01786이다. 마찬가지로 8개의 데이터 중 그룹 1에 1등부터 5등의 반대 극단인 4등부터 8등이 포함될 확률도 0.01786이다. 따라서 그룹 1에 1등부터 5등의 데이터가 포함되었을 때의 p-value는 양측검정으로 0.01786의 두 배인 0.0357이다. 따라서 첫째 그룹의 순위합이 $1+2+3+4+5$인 15 또는 $4+5+6+7+8$인 30인 경우의 p-value는 0.0357이다. 이와 같이 각 그룹의 순위합에 대해 그보다 극단적인 분포가 나올 확률로 p-value를 구할 수 있다.

그룹의 크기가 커질 경우, 이와 같이 경우의 수를 통해 p-value를 구하려면 많은 계산량이 필요하다. 때문에 데이터가 크면 정규 분포 근사식을 통해 p-value를 구하게 된다. 첫째 그룹의 데이터 수를 n_1, 둘째 그룹의 데이터 수를 n_2라고 하자. 귀무 가설이 맞다면 한 데이터의 등수 기댓값은 전체 평균인 $\dfrac{n_1+n_2+1}{2}$일 것이다. 첫째 그룹에 이런 데이터가 n_1개 있으므로, 귀무 가설하에서 첫째 그룹 순위합(W_1)의 기댓값은 $E[W_1]=n_1\dfrac{n_1+n_2+1}{2}$이 된다. 이런 데이터의 분산은 $V[W_1]=n_1n_2\dfrac{n_1+n_2+1}{12}$이라고 알려져 있다. 따라서 첫째 그룹의 순위합 W_1에 대해 다음의 관계가 성립한다.

$$\frac{W_1-E[W_1]}{V[W_1]} \sim N(0,\ 1^2)$$

이 관계를 통해 관찰한 W_1보다 극단적인 값이 나올 p-value를 구할 수 있다. 기준을 두 번째 그룹의 순위합인 W_2로 잡아도 같은 p-value가 나올 것이다.

이번에는 Paired t-test 대신 비모수적으로 사용하는 윌콕슨 부호순위 검정 (Wilcoxon signed-rank test)을 알아보자. 한 그룹에서 처리를 하기 전과 후의 차이를 비교할 때 사용하는 방법이다. 예컨대 약물을 투여하기 전과 후의 호르몬 수치를 비교한다고 해보자. 중요한 것은 이전에 비해 수치가 올라갔는지 떨어졌는지 여부(부호)와 그 정도(순위)이다. 각 피험자의 변화량이 다음과 같다고 해보자.

$-9, +3, -4, +7, -1$

두 피험자는 값이 올랐고, 세 피험자는 값이 내려갔다. 그 크기를 비교할 때는 부호를 무시한 변화량(절댓값)으로 순위를 매긴다. 0과 가까울수록 1순위에 가까워지게 잡는다. 따라서 위 값의 순위는 다음과 같다.

$5, 2, 3, 4, 1$

이 중에서 양의 변화를 보인 값의 순위만을 더해 W^+라고 표기한다. 위의 경우에 W^+는 $2+4$인 6이 될 것이다.

귀무 가설은 변화에 방향성이 없다는 내용으로 설정한다. 귀무 가설하에서 5명의 데이터가 모두 양의 변화를 보일 확률은 $\left(\frac{1}{2}\right)^5$이다. 모두 음의 변화를 보일 확률도 마찬가지로 $\left(\frac{1}{2}\right)^5$이다. 귀무 가설이 맞다면 피험자의 값이 올라갈 확률은 $\frac{1}{2}$, 내려갈 확률도 $\frac{1}{2}$이기 때문이다. p-value는 귀무 가설하에서 관찰값 또는 그 반대보다 더 극단적인 값을 얻을 확률이다. 따라서 5명이 모두 동일한 방향의 변화를 보일 때의 p-value는 1/16이다. 이 경우 W^+는 15 또는 0이다.

이번에는 가장 작은 크기의 변화를 보인 피험자만 그 값이 감소하고 나머지는 모두 값이 증가했다고 하자. 이 경우, W^+는 14이다. 귀무 가설하에서 이런 분포가 나올 가능성은 $\left(\frac{1}{2}\right)^5$이다. 반대 극단인 가장 작은 크기의 변화를 보인 피험자만 그 값이 증가하고 나머지가 모두 값이 감소할 경우의 확률 역시 $\left(\frac{1}{2}\right)^5$이다. 이 경우 W^+는 1이다. 따라서 이 상황만 놓고 보면 p-value는 1/16이지만, 이보다 W^+이 더 극단인 15 또는 0이 되는 경우의 확률도 더해서 최종적인 p-value는 1/8이 된다.

이처럼 경우의 수를 하나하나 따지는 것은 Rank-sum test처럼 시간이 많이 소모되므로 근사식을 사용한다. 귀무 가설이 맞다면 W^+의 기댓값은 전체 순위의 반이 될 것이다.

$$E[W^+] = \frac{n(n+1)}{4}$$

그 분산의 구조 또한 다음과 같다고 알려져 있다.

$$V[W^+] = \frac{n(n+1)(2n+1)}{24}$$

Rank-sum test처럼 다음의 관계를 통해 p-value를 구할 수 있다.

$$\frac{W^+ - E[W^+]}{V[W^+]} \sim N(0,\ 1^2)$$

8.7 ANOVA를 대신하는 비모수 검정법

ANOVA는 크게 일반적인 ANOVA와 Repeated measures ANOVA로 구분된다. 만일 그룹별 데이터의 분포가 정규 분포가 아니거나 이들의 분산이 다르면 ANOVA를 사용해서는 안 된다([그림 3.2] 참조). 세 그룹 이상의 독립적인 데이터를 비모수적으로 검정하기 위해서는 Kruskal-Wallis test를 사용한다. Kruskal-Wallis test는 F-value 대신 χ^2을 사용해 검정을 진행하며 ANOVA와 동일한 정보를 알려준다. 만일 Kruskal-Wallis test를 통해 유의미한 결과를 얻으면 Post hoc analysis로서 Dunn test, Conover test, Nemenyi test 등을 사용해 그룹별 차이를 검정한다.

Repeated measures ANOVA에 대응되는 비모수 검정법은 Friedman test이다. 이 검정법은 같은 피험자, 피험체에게 다른 조건에서 측정한 값을 비모수적으로 검정하기 위해 사용된다. Friedman test 역시 χ^2을 사용해 검정값을 구한다. 유의미한 결과를 얻으면 Nemenyi Test, Conover Test 등으로 Post hoc analysis를 수행한다. ANOVA의 사용법과 원리를 알고 있으면 그 구조적 유사성으로 인해 Kruskal-Wallis test와 Friedman test를 사용하고 해석하는 데 별다른 어려움이 없을 것이다.

종합하자면 각각의 모수적 방법을 사용할 수 없을 때 다음의 비모수 검정법을 사용한다.

Two−sample t−test → Rank−sum test

Paired t−test → Signed−rank test

ANOVA → Kruskal−Wallis test

Repeated measures ANOVA → Friedman test

이제 우리는 [그림 3.2]에 등장하는 모든 통계 검정법을 배웠다. 실험을 하면서 구하는 거의 모든 종류의 데이터는 [그림 3.2]에 나오는 검정법 또는 회귀를 통해 분석할 수 있을 것이다. 물론 통계학에서 사용하는 방법은 이보다 훨씬 더 다양하고 많지만 이 정도만 익혀도 실험 연구자로서는 충분한 소양이지 않을까 싶다. 이보다 더 복잡한 방법은 스스로 자료를 찾아 익히거나 통계에 전문성을 가진 연구자와의 협업을 통해 수행할 수 있을 것이다.

memo

문제 및 사례

문제 및 사례

이번 장에서는 개념을 정리하는 문제를 통해 이 책에서 학습한 내용을 복습하고, 연구를 하며 마주할 수 있는 여러 상황에서 어떤 통계적 판단을 내릴 수 있는지 알아보자. 모든 문제와 사례에 대한 해답은 책 안에 나와있다. 몇몇 경우에는 힌트나 답을 적어 놓았다. 만일 명확하게 답변할 수 없다면 내용을 다시 살펴보는 계기로 삼길 바란다.

● 문제

평균은 이상치에 민감하게 반응한다. 이를 극복하기 위해 사용되는 지표는 무엇인가?

● 문제

표본집단과 모집단의 차이는 무엇인가? 왜 표본분산을 구할 때에는 관측값과 평균의 차이 제곱합을 n이 아닌 $n-1$로 나누는가?

● 문제

주사위를 던져서 얻는 수들은 왜 독립이라고 말할 수 있는가? 한쪽 면이 많이 나오는 주사위를 여러 번 던질 때 나오는 값들도 독립이라고 말할 수 있는가?

● 사례

누군가 다음과 같은 말을 했다.

"이 데이터는 그 크기가 30 이상이므로 중심극한정리를 통해 그 분포가 정규분포일 것이라고 말할 수 있습니다."

이 주장을 어떻게 반박할 수 있을까?

● 사례

연구실 미팅에서 자료를 발표하는데 누군가 이런 말을 했다.

"$p-value$가 상당히 낮은 것으로 보아 두 그룹 간 차이가 매우 크다고 볼 수 있습니다."

이 말은 올바른가?

문제

p-value란 무엇인가?

문제

p-value가 크다면 어떤 것을 말할 수 있는가? p-value가 작다면 어떤 것을 말할 수 있는가?

사례

누군가 다음과 같은 말을 했다.

"이공계열 연구자들은 비윤리적인 경우가 많은 것 같습니다. 연구의 재현성 (Reproducibility)이 절반이 안 되기 때문입니다. 쉽게 말해서, 발표된 실험 논문 중 절반 이상은 그 실험을 재현할 수 없습니다."

이 주장을 어떻게 반박할 수 있을까?

힌트: 2.10절을 참조하라. 다음의 논문을 보는 것도 도움이 된다.

Ioannidis, J. P. (2005). Why most published research findings are false. *PLoS medicine*, *2*(8), e124.

https://plato.stanford.edu/entries/scientific-reproducibility/

문제

Student's t-test, Welch's t-test, One sample t-test, Paired t-test를 사용하기 위한 조건은 무엇인가?

사례

누군가 다음과 같이 발표했다.

"네 그룹 중 두 그룹의 값에 대해 t-test를 시행한 결과 유의미성이 확인되었습니다."

이 사람의 문제는 무엇인가?

문제

세 개의 집단이 있을 때, 첫째 집단과 셋째 집단을 t-test로 비교하면 어떤 문제가 생기는가? 두 번째 집단이 처음부터 없었다고 생각하면 이런 방법을 정당화할 수 있지 않은가?

사례

총 4가지 약물과 3가지 온도 상태에 대해서 호르몬 농도를 측정하려고 한다. 같은 조건(동일한 약물과 온도)에서 최소한 5명의 피험자에 대한 값을 구하려면 총 몇 명의 피험자가 필요한가? Two-way ANOVA, Repeated measures ANOVA 중 Repeated design, Mixed design인 경우에 대해 각각 답을 구하라.

답변: 일반적인 Two-way ANOVA를 시행하면 총 $4 \times 3 \times 5 = 60$명이 필요하다. 반면 약물을 Repeated measure로 삼으면(Mixed design) $3 \times 5 = 15$명이 필요하다. 온도를 Repeated measure로 삼으면(Mixed design) $4 \times 5 = 20$명이 필요하다. 극단적으로 온도와 약물을 Repeated measures로 설정하면 Replication 수인 5명만 있으면 된다.

문제

특정 유전자의 발현량에 대한 회귀를 수행할 때, 설명변수로 세포의 직경과 세포의 넓이를 넣으면 어떤 문제가 발생하는가?

답변: 세포의 직경과 세포의 넓이는 서로 양의 상관관계에 있을 것이다. 따라서 다중공선성이 발생한다. 이 경우, 유의미성을 발견하지 못할 가능성이 커진다. 두 설명변수 중 하나만 넣는 것이 적절하다.

문제

어떤 유전자가 많이 발현될수록 암이 생길 확률이 높아진다고 하자. 이 경우 어떤 회귀법을 사용해야 반응변수로 0에서 1 사이의 확률을 표현할 수 있는가?

문제

Factorial ANOVA와 Multiple regression에서 왜 설명변수가 많아질수록 더 많은 데이터가 필요한가? 데이터가 적은데 이런 분석을 시행하면 어떤 문제가 있는가?

답변: 추정하려는 값들이 많아질수록 더 많은 데이터가 필요하다. 각각의 설명변수들이 ANOVA나 회귀에 의해 설명되는 제곱합(SSB 혹은 SSR)을 서로 나눠 갖는데, 데이터 수가 적으면 총제곱합(SST)을 비롯해 이런 제곱합의 크기 역시

작아진다. 때문에 실제로 상관관계가 있더라도 데이터 수에 비해 많은 설명변수를 설정하면 유의미성을 발견하기 어려워진다.

● 사례

한 연구자가 t-test를 이용해 두 그룹의 차이를 비교했는데 p-value가 0이 나왔다. 그룹 1에는 관찰값이 3개 있었는데, 그 값이 모두 같았다. 그룹 2에는 관찰값이 2개 있었는데, 역시 그 값들이 모두 같았지만 그룹 1에 비해서는 낮았다. 이 경우, 어떤 질문을 던질 수 있을까?

답변: 연속적인 값을 관찰할 때 두 값이 정확하게 같게 나오는 것은 매우 드문 일이다. 여러 관찰값이 같게 나왔다면 유효숫자의 단위가 지나치게 큰 것은 아닌지 의심할 필요가 있다. 예컨대 실제 값이 2.3, 1.9, 2.1인데 최소 측정 단위가 1이라면 세 값은 모두 2로 기록될 것이다. 따라서 유효숫자 혹은 측정의 정밀성을 살펴볼 필요가 있다.

또한 각 그룹의 데이터 수가 적기 때문에 애당초 정규성 검정을 시행할 수 없는 구조이다. 따라서 t-test가 아닌 Rank-sum test를 사용하는 것이 적절하다. Rank-sum test를 사용하면 p-value는 0.2이므로 유의미성을 확인할 수 없다.

맺음말

  늦은 밤, 몇 시간째 벗지 못한 노란 라텍스 장갑 때문에 손 안이 찜찜하다. 눈을 부릅뜨고 습기 찬 손가락을 움직여 피펫을 누르길 몇천 번 반복하면 점을 몇 개 얻을 수 있다. 말 그대로 피 땀 눈물이 서린 데이터이다. 그렇게 소중하게 구한 데이터는 그에 걸맞은 적절한 방법으로 처리되어야 하지만, 때로는 실험에만 집중한 나머지 조잡한 통계를 사용해 에디터나 리뷰어에게 좋지 못한 평가를 받는 경우가 있다. 고급 요리가 이가 빠진 접시에 놓인 꼴이다.

  가끔 실험 연구자들이 자신의 통계 분석 결과를 갖고 와 자문을 요청하는 경우가 있다. 그럴 때 잘못된 부분이 있으면 나는 돌려 말하지 않고 사실대로 말한다. 그중에서 "현재의 데이터로는 유의미성을 확인할 수 없으니 실험을 더 수행해야 한다."라는 말이 가장 힘들다. 그 데이터를 얻기 위해 피나는 노력을 한 연구자가 크게 낙담하기 때문이다. 나 역시 개미와 효모를 가지고 밤새 실험을 수행했기에 그 감정에 공감할 수 있다. 그럼에도 불구하고 잘못된 것은 잘못된 것이다. 다른 사람들이 지금까지 잘못된 방법을 써왔다는 주장은 무지를 정당화시키지 않는다.

  실험 연구자들은 실험에 쏟는 노력의 일부를 올바른 통계 기법을 배우기 위해 투자해야 한다. 물론 그 과정은 간단치 않다. 그렇지만 그 고난은 완전한 실험 연구자로 거듭나기 위한 통과 의례이다. 익숙한 것만 반복하는 관성을 이겨내고 낯설지만 필요한 지식을 온전히 당신의 것으로 만들기를 바란다. 박사라면 모름지기 스스로 연구를 기획하고 수행하며 그 결과를 분석할 수 있어야 한다.

  이 책을 선택한 당신에게 감사함을 표한다. 이 책이 인류의 지식에 기여하고 병을 치료하는 단서를 제공하는 당신에게 도움이 되길 희망한다.

저자소개

　서울대학교 자유전공학부에서 수학과 생명과학을 전공한 후 서울대 생명과학부 대학원에서 이론 생물학과 동물 행동학 연구로 박사학위를 받았다. 이후 경희대학교 응용수학과 학술연구교수로 연구를 이어가고 있다. 4권의 과학 교양서를 저술했으며 서울대학교 생명과학부, 화학부 대학원과 명지병원 등에서 실험 논문 작성을 위한 실용 통계학을 강의했다.

실험 논문 작성을 위한 통계학의 정석

초판발행	2023년 8월 22일
중판발행	2024년 3월 20일

지은이	최지범
펴낸이	안종만·안상준

편 집	김민조
기획/마케팅	정연환
표지디자인	BEN STORY
제 작	고철민·조영환

펴낸곳	(주)**박영사**
	서울특별시 금천구 가산디지털2로 53, 210호(가산동, 한라시그마밸리)
	등록 1959. 3. 11. 제300-1959-1호(倫)
전 화	02)733-6771
f a x	02)736-4818
e-mail	pys@pybook.co.kr
homepage	www.pybook.co.kr
ISBN	979-11-303-1812-7 93320

* 파본은 구입하신 곳에서 교환해 드립니다. 본서의 무단복제행위를 금합니다.

정 가	18,000원